現代会計の認識拡大

加藤盛弘編著

東京 森山書店 発行

は　し　が　き

　現代の新しい会計状況の特徴をどのように見るかは，会計の性質をどのようなものとしてみるか，ということでもある。われわれはそれを「会計認識領域の拡大」とみている。それが本書に『現代会計の認識拡大』というタイトルを用いた理由である。

　アメリカにおいて1960年代頃から顕著になった現代会計の新しい波は，リース会計，退職給付会計，偶発事象会計と続き，従来は会計の認識対象とされていなかった事象を会計の認識対象に取り込んでいった。その傾向はその後いっそう強まり，領域的・概念的に拡大・変化を遂げてきたし，続けている。今日では，金融商品会計，ストック・オプション会計，企業結合会計，減損会計およびのれん会計等へと展開され，その新しい状況は目を見張るばかりである。そしてそれらをいつしか，自然の流れであるかのように受け止めるほどになっているように思える。

　その現代における会計認識領域の拡大は，一方では金融商品，リース，無形資産あるいは資産除却原価（資産）の会計などにおけるように資産側の拡大であるとともに，もう一方では，そして私はこちらの方こそが現代会計における認識拡大のもっとも大きな柱であると思うが，退職給付，偶発損失事象，ストック・オプション，資産除却債務あるいは環境修復債務の会計などにおける負債・資本の拡大である。その負債の拡大は将来に発生すると思われる事象の予測と見積によって行われるところに特徴がある。またそれらの資産および負債の認識拡大は当然のことながら，メダルの他の一面とも言うべき収益および費用（損失）の計上と結びついている。つまり，資産・負債の拡大はあくまでも会計上の等式のなかでなされる拡大なのである。

　周知のように，試算表の等式は，＜資産＋費用＝負債＋資本＋収益＞からな

るが，この等式のなかでは，どのような理論づけにせよ資産が増大することは等式の右辺のいずれかの項目と結びつかなければならないし，負債の増大は等式の左辺のいずれかの項目と結びつかなければならない。そのことは結局は，損益（費用または収益）の増減に結びつくということである。たとえば資産の増加は資本または負債の増加か当期の収益と結びつき，その増加資産は将来の償却または除却を通じて費用（損失）の増加に結びつく。負債の増加は当期の費用の増加または資産の増加による将来の費用（損失）の増加となる。その損益への影響のあり方は個々のケース（それぞれの会計基準による処理内容）によって異なるが，資産・負債の増加の会計上の専門的意味は，損益との関係にあるといえる。

　われわれはこのように現代会計の特徴を「会計認識領域の拡大」としてとらえて，①その認識拡大をもたらす会計方法・会計処理基準はどのような理論づけによって正当化されるのか，そしてさらに，②その会計方法・処理基準はそれぞれの国の会計制度構造のなかで，どのように正当化・正式化されるのか，さらに，③その会計方法・処理基準はどのような会計上の専門的な意味（損益計算への影響）をもつのかについて解明を試みた。

　また，①の理論的正当化のあり様は，一つには理論化のレベルにおいて，より基礎的あるいは基底的レベルにおけるもの（たとえば概念フレームワークのようなもの）と，より直接的なレベルのものとで重層化されていると考える。その理論化のあり様も，近年の会計基準の国際化の流れのなかで，一面では類似性を増す傾向にあるとはいうものの，なお②の制度環境との関係のなかで，国によっての特殊性を持っているとみられる。理論的正当化にも国による（とりわけアメリカとドイツ）固有の側面が存在すると考える。

　本書は上記①から③の課題をアメリカ，イギリスあるいはドイツの会計基準および会計制度を中心に研究している者たちが，それぞれの研究テーマに即して解明することを試みたものである。その意味で，①および②についてのアメリカとドイツのあり方（現代の新しい会計処理基準の理論化と制度的合理化のあり方）の違いと，その会計上の機能の解明を目指したものである。

本書の序章は，会計認識領域拡大を伴う現代会計処理基準についての理論化方式と合理化の制度的構造に関する予備的考察であり，本書の総論部分にあたる。共同討論を通じてアメリカのあり方については加藤盛弘が執筆し，ドイツのそれについては木下勝一が執筆した。

　第1章は認識領域の拡大を進める現代会計の概念的・理論的基礎とそのあり方のアメリカ的特徴について考察したものであり，第3章は将来事象を取り込む現代アメリカ会計基準の測定構造の展開において，理論的・概念的に合理化の中心的位置にある公正価値について考察したものである。また第2章は会計基準の国際的展開のもとでのアメリカの基準設定活動の位置と，その国際的な活動がアメリカの国内の基準設定に対して果たす影響および意味について考察したものである。その意味でそれらの3つの章はその後の各章で展開されるアメリカの具体的会計基準についての準総論的な基礎的な部分に位置するものといえる。

　第4章から第13章までは各論部分であり，認識領域の拡大を進めるアメリカを中心とする現代会計基準の個別・具体的内容とその進展の状況を示している。

　第14章から第18章は，アメリカと対比される，ドイツの現代会計基準を正式化させる制度的構造のあり方，会計基準の国際的統一化に対応するドイツにおける会計概念構造の設定，および公正価値会計指令への転換，ならびに個別会計処理基準について考察したものである。

　本書が変転きわまりない現代の新しい会計状況の解明にいささかなりとも寄与することを願うものである。

　最後に，本書の出版を快諾いただいた森山書店菅田直文社長に厚くお礼申し上げる。

2005年4月

編者　加　藤　盛　弘

執筆者紹介

加藤　盛弘（編者）　同志社大学商学部教授　博士（商学）（同志社大学）：序章，第5章，第11章担当
〔主要著書および論文〕
『現代の会計原則』［改訂増補版］（森山書店，1987年）
『会計学の論理』（森山書店，1973年）

佐藤　博明　静岡大学名誉教授　宇都宮大学監事　商学博士（明治大学）：第14章担当
〔主要著書および論文〕
『ドイツ会計制度』（森山書店，1989年）
『ドイツ会計の新展開』（編著，森山書店，1999年）

今田　正　長崎大学経済学部教授：第3章，第7章担当
〔主要著書および論文〕
『企業連結会計』（森山書店，1988年）
「将来キャッシュ・フローと公正価値測定」（加藤盛弘編著『将来事象会計』森山書店，2000年）

川口八洲雄　大阪産業大学経営学部教授：第16章担当
〔主要著書および論文〕
『会計と取引の形成過程』（森山書店，1996年）
『会計指令法の競争戦略』（森山書店，2000年）

堤　一浩　岡山商科大学商学部教授：第4章担当
〔主要著書および論文〕
『現代年金会計論』（森山書店，1991年）
「わが国の年金会計における将来予測要素の導入」（『岡山商大論叢』第36巻第1号，2000年）

木下　勝一　新潟大学大学院現代社会文化研究科教授：序章，第17章担当
〔主要著書および論文〕
『適用会計基準の選択行動』（森山書店，2004年）
『ドイツの連結納税』（森山書店，1999年）

村瀬　儀祐　高知大学人文学部教授　博士（商学）（同志社大学）：第1章，第6章担当
〔主要著書および論文〕
『現代会計制度論』（森山書店，1987年）
『会計判断の制度的性質』（編著，森山書店，1998年）

佐藤　誠二　静岡大学副学長　理事　博士（経営学）（明治大学）：第15章担当
〔主要著書および論文〕
『会計国際化と資本市場統合』（森山書店，2001年）
『ドイツ会計規準の探究』（森山書店，1998年）

深谷　和広　東邦学園大学経営学部助教授：第12章担当
〔主要著書および論文〕
「英国カレントコスト会計」「ブランドおよび無形固定資産の会計」（阪本欣三郎編著『現代会計の理論』法律文化社，1995年）
「業績報告書の新展開—英国基準草案第22号を中心に—」（『東邦学誌』第30巻第1号，2002年）

永田　守男　静岡大学人文学部助教授：第13章担当
〔主要著書および論文〕
　「法人税申告書公開論の台頭とその方向」（『静岡大学　経済研究』8巻2号，2003年）
　「全事象テストにおける『合理的な正確さ要件』の意味」（『會計』第160巻第5号，2001年）

志賀　理　同志社大学商学部助教授：第8章担当
〔主要著書および論文〕
　「デリバティブ会計における将来事象の導入」（加藤盛弘編著『将来事象会計』森山書店，2000年）
　「FASB金融商品会計における負債概念の解釈のあり方—FASB財務会計基準書公開草案『負債，持分，もしくは両方の特徴を有する金融商品に関する会計処理』について」（『同志社商学』第54巻第1・2・3号，2002年）

稲見　亨　西南学院大学商学部教授　博士（経営学）（立命館大学）：第18章担当
〔主要著書および論文〕
　『ドイツ会計国際化論』（森山書店，2004年）
　「商法会計とグローバリゼーション」（佐藤博明編『ドイツ会計の新展開』森山書店，1999年）

上田　幸則　浜松大学経営情報学部専任講師：第10章担当
〔主要著書および論文〕
　「従業員ストック・オプションの会計—FASB財務会計基準ステイトメント第123号『株式による報酬の会計』について—」（村瀬儀祐編著『会計判断の制度的性質』森山書店，1998年）
　「従業員ストック・オプションの会計における将来予測要素の導入—FASB財務会計基準ステイトメント第123号『株式による報酬の会計』について—」（加藤盛弘編著『将来事象会計』森山書店，2000年）

川本　和則　岡山商科大学商学部助教授：第2章担当
〔主要著書および論文〕
　「G4＋1報告書のアメリカ会計基準形成に対する役割—減損会計報告書と財務業績報告書を中心として—」（『會計』第162巻第2号，2002年）
　「ガー会計プロフェッション論の意味—ジェイムズ・C・ガー『会計の倫理的基礎』にそくして—」（村瀬儀祐編著『会計判断の制度的性質』森山書店，1998年）

山内高太郎　聖泉大学短期大学部専任講師：第9章担当
〔主要著書および論文〕
　「年金会計—アメリカにおける年金が示す現代会計の方向性—」（修士論文）
　「JWGドラフト基準『金融商品及び類似項目』の内容と役割—会計基準の国際的調和化の問題点—」（『同志社大学大学院商学論集』第36巻第1号，2001年）

目　次

序　章　現代会計と会計認識領域の拡大 …………………………… *1*

　　1　現代会計の特徴―会計認識領域の拡大と将来予測要素の導入― …………*1*
　　2　アメリカにおける会計認識領域拡大の構造 …………………………*5*
　　3　ドイツにおける認識拡大の構造 …………………………………*7*

第1章　会計認識拡大理論の制度機能 ……………………………… *15*

　　はじめに …………………………………………………………*15*
　　1　「取引ベースの会計」から「認識の会計」への制度転換 ……………*16*
　　2　認識領域の拡大と会計判断 ………………………………………*21*
　　3　公正価値による測定可能性の拡大 ………………………………*24*
　　4　認識領域の拡大の受け皿としての包括利益計算書 ………………*27*
　　5　認識拡大のもとですすむ利益縮小計上の会計実務 ………………*30*
　　6　株主価値評価目的会計理論の制度役割 …………………………*32*
　　おわりに …………………………………………………………*35*

第2章　会計基準の国際的形成と会計認識領域の拡大 ……… *39*

　　　　―FASBの国際的活動のアメリカ会計基準形成に対する影響―

　　はじめに …………………………………………………………*39*
　　1　FASB減損会計基準と将来予測要素 ………………………………*40*
　　2　ノーウォーク合意とFASB減損会計基準 …………………………*42*
　　3　ノーウォーク合意と会計認識領域の拡大 …………………………*44*
　　おわりに …………………………………………………………*49*

第3章　公正価値会計の展開と会計機能 ……53

　は じ め に …… 53
　　1　公正価値とはなにか …… 54
　　2　公正価値評価の展開とその論理 …… 57
　　3　公正価値会計の機能 …… 61
　お わ り に …… 63

第4章　退職給付会計における会計認識領域の拡大 …… 67

　は じ め に …… 67
　　1　SFAS 第87号における年金費用の認識と測定 …… 68
　　2　SFAS 第87号における年金負債の認識および測定 …… 69
　　3　SFAS 第106号における退職後医療給付等会計の認識と測定 …… 73
　お わ り に …… 77

第5章　減損会計における将来予測と損失の見積計上 …… 79

　は じ め に …… 79
　　1　減損会計基準による会計処理法 …… 80
　　　　―アメリカ会計基準を中心に―
　　2　減損会計処理についてのアメリカ，日本および
　　　　国際会計基準の違い …… 85
　　3　減損会計処理の中心となる概念 …… 87
　　　　―将来見積キャッシュ・フロー―
　お わ り に …… 91

第6章　のれん・無形資産減損会計における
　　　　公正価値概念の制度効果 …… 95

　は じ め に …… 95

1　無形資産とのれんの認識……………………………………………95
　　2　無形資産の減損評価…………………………………………………97
　　3　のれんの減損評価……………………………………………………98
　　4　のれんと無形資産会計における認識領域の拡大を支える
　　　　測定の概念…………………………………………………………103
　　おわりに…………………………………………………………………108

第7章　企業結合会計の会計的性質……………………111

　　はじめに…………………………………………………………………111
　　1　IASB企業結合会計基準の特徴……………………………………112
　　2　新基準の内容 —認識と測定—……………………………………115
　　3　新基準の特質と会計機能…………………………………………118
　　おわりに…………………………………………………………………121

第8章　FASB金融商品会計による負債の
　　　　　会計認識領域拡大化……………………………125

　　1　FASBステイトメント第150号公表の経緯………………………125
　　2　FASBステイトメント第150号の内容……………………………128
　　3　FASBステイトメント第150号による負債領域拡大化の
　　　　論理とその本質的意味……………………………………………133

第9章　金融商品会計基準と資産概念…………………141

　　はじめに…………………………………………………………………141
　　1　アメリカにおける金融商品会計基準の発展と問題点の推移………141
　　2　デリバティブの認識………………………………………………143
　　3　公正価値の導入に関わる問題……………………………………147
　　おわりに…………………………………………………………………148

第10章　FASBとIASBにおけるストック・オプション会計調和化の持つ意味 …153
　　　　　―FASB Invitation to Commentにおけるオプション権利失効の会計処理を中心に―

　は じ め に …153
　1　Invitation to Commentの目的 …154
　2　FASBおよびIASBによる会計処理の共通点と相違点 …155
　3　FASBおよびIASBのオプション権利失効の処理 …158
　4　Invitation to Commentのもつ意味 …162
　お わ り に …163

第11章　将来損失事象計上の枠組 …167

　は じ め に …167
　1　将来損失事象計上の基準 …167
　2　将来損失事象の計上を支える中心概念 …176
　お わ り に …179

第12章　財務業績報告書の構成とその特徴 …183
　　　　　―IASB提案とFASBモデルの比較検討―

　は じ め に …183
　1　財務業績報告書が登場する理論的背景 …183
　2　財務業績報告書の論点整理 …185
　3　財務業績報告書の構成とその特徴 …188
　お わ り に …194

第13章　繰延税金資産の評価 …197

　は じ め に …197

1	SFAS 第109号の特徴	198
2	繰延税金資産の認識	200
3	繰延税金資産の実現可能性と評価引当金	202
4	実現可能性の評価プロセス	204

おわりに ……………………………………………………………………… 208

第14章　ドイツ商法会計における機能領域の拡大 …………… 211
―EU会計指令現代化への対応―

はじめに ……………………………………………………………………… 211

1	ドイツ会計規準形成の特徴	211
2	EU会計指令の現代化	214
3	「EU現代化指令」の概要	216
4	「EU現代化指令」のドイツ法への転換	220

おわりに ……………………………………………………………………… 223

第15章　ドイツ会計基準（DRS）における
　　　　会計認識領域拡大 ……………………………………………… 227
―ドイツ版「概念フレームワーク」を中心に―

はじめに ……………………………………………………………………… 227

1	IAS/US-GAAPの開放とDRS	228
2	概念フレームワークとDRS	230
3	認識領域拡大と会計法改革	238

第16章　ドイツ商法における公正価値会計指令の転換 ……… 243

はじめに ……………………………………………………………………… 243

1	ドイツ商法個別決算書における公正価値会計指令の転換	244
2	公正価値会計指令のドイツ商法への転換の意義	251

第17章　ドイツの年金給付の会計―ドイツ会計基準公開草案19号―…253

　はじめに―ドイツにおける年金給付会計の背景―……………253
　　1　公開草案19号の年金給付債務の適用対象と適用範囲 …………254
　　2　年金給付債務引当金の貸方計上選択権から貸方計上義務 ……256
　　3　年金給付債務の予測給付債務評価方式による測定 ……………256
　　4　保険数理差損益の認識方法 ………………………………………257
　　5　定額年金給付債務の予測給付債務評価方式の他の
　　　　年金給付債務への準用 ……………………………………………259
　　6　年金給付債務の表示 ………………………………………………261
　　7　連結附属説明書における報告 ……………………………………263
　おわりに―公開草案19号の年金給付債務会計基準の特徴― …………264

第18章　ドイツ引当金会計の欧州的側面とその意味…………267

　はじめに……………………………………………………………………267
　　1　BIAO判決の概要…………………………………………………268
　　2　欧州裁判所の判断 …………………………………………………272
　おわりに……………………………………………………………………275

〔略語表〕

〈英文〉

AAA	American Accounting Association	アメリカ会計学会
AIA	American Institute of Accountants	アメリカ会計士協会
AICPA	American Institute of Certified Public Accountants	アメリカ公認会計士協会
APB	Accounting Principles Board	会計原則審議会
ASB	Accounting Standards Board	会計基準審議会（イギリス）
FASB	Financial Accounting Standards Board	財務会計基準審議会
FRS	Financial Reporting Standard	財務報告基準（イギリス）
IAS	International Accounting Standard	国際会計基準
IASB	International Accounting Standards Board	国際会計基準審議会
IASC	International Accounting Standards Committee	国際会計基準委員会
IFRS	International Financial Reporting Standard	国際財務報告基準
IOSCO	International Organization of Securities Commissions	証券監督者国際機構
JWG	Joint Working Group	ジョイント・ワーキング・グループ
SFAS	Statement of Financial Accounting Standards	財務会計基準ステイトメント

〈独文〉

BilKoG	Bilanzkontrollgesetz	会計統制法
BilReG	Bilanzrechtsreformgesetz	会計法改革法
BiRiLiG	Bilanzrichtlinien-Gesetz	会計指令法
DRS	Deutscher Rechnungslegungs Standard	ドイツ会計基準
DRSC	Deutsches Rechnungslegungs Standards Committee	ドイツ会計基準委員会
DSR	Deutscher Standardisierungsrat	ドイツ基準設定審議会
GoB	Grundsätze ordnungsmäßiger Buchführung	正規の簿記の諸原則
GoR	Grundsätze ordnungsmäßiger Rechnungslegung	正規の会計の諸原則

HGB	Handelsgesetzbuch	商法典
IDW	Institut der Wirtschaftsprüfer in Deutschland e. V.	ドイツ経済監査士協会
KapAEG	Kapitalaufnahmeerleichterungsgesetz	資本調達容易化法
KapCoRiLiG	Kapitalgesellschaften-und Co. Richtlinie -Gesetz	資本会社 & Co. 指令法
KonTraG	Gesetz zur Kontrolle und Transparenz im Unternehmensbereich	企業領域統制・透明化法

序章　現代会計と会計認識領域の拡大

1　現代会計の特徴
― 会計認識領域の拡大と将来予測要素の導入 ―

（1）　新しい会計の登場と展開

　アメリカにおいては1960年代頃より，伝統的な原価評価・配分・実現の枠組みに収まりきらない年金やリースなどの新しい会計実務（それを支える会計基準）が登場し始め，1970年代からは，さらにその傾向が加速された。取引価格主義および原価・配分体系からの乖離と将来予測要素の導入は，領域的にもまたその度合いにおいても拡大された。偶発事象会計，年金会計，退職後医療給付会計，ストック・オプション会計，金融商品会計，長期資産減損会計，資産除却債務会計などはその例である。

　それらの新しい会計（いわゆる現代会計）の導入は，会計基準の国際的調和化，さらには，2001年の国際会計基準審議会（IASB）への組織転換に象徴される国際的統一化の動きのなかで，世界的に展開されるに至っている。わが国もその例に漏れないであろう。

　伝統的会計の枠組みから離脱する内容を含む，近年わが国で新しく設定された会計基準の例を拾えば，リース会計基準，退職給付会計基準，税効果会計基準，金融商品会計基準，減損会計基準，企業結合会計基準等が挙げられる。

（2） 現代会計実務・基準における変化

それでは現代会計（それを支える会計基準）は，現象的に，あるいは理論的に，どのような変化を伴っているのであろうか。

① 時価評価基準の部分的導入

もっとも現象的には，評価基準の変化である。たとえば，金融商品の評価に見られるように，時価評価基準の部分的導入である。しかし評価基準の変化は，資産評価のたんなる過去価格（原価）から現在価格（時価）への変化を意味するだけではない。市場での取引価格のないストック・オプションの現在価値や，長期資産の減損会計における将来キャッシュ・フローの現在価値のように，取引市場価格で測定できない時価（将来キャッシュ・フローの現在価値＝公正価値，ブラック・ショールズ・モデルや資本資産評価モデルによって算出される価値）による評価主義の採用をも含むものである。そればかりではない。現在価値は資産側ばかりでなく，年金負債や偶発債務，あるいは資産除却債務のような将来予想される債務支出の評価にも適用される。つまり債務履行の市場のない（取引価格のない）負債についても，予想される将来キャッシュ・フローの現在価値（公正価値）による評価が適用されるのである。

このような，取引価格（原価）から離脱して，特定の資産および負債の測定に将来キャッシュ・インフローおよびアウトフローの現在価値（公正価値）を用いる評価主義の導入は，かつての伝統的会計のもとでは対象とされなかった事象を，新たな認識対象に取り込むこと（認識領域の拡大）を伴う。つまり評価基準の変化は認識領域拡大のための技術的手段となるのである。

② 将来予測要素の導入

現代会計の第2の現象上の変化は，将来予測や見積の導入である。もちろん伝統的会計においても予測や金額の見積は存在した。たとえば減価償却費の計上における固定資産耐用年数の予測のように。しかし，それは，なされた支出の効果が及ぶ期間についての予測であり，減価償却の発生の可能性そのものの予測ではなかった。それに対して現代会計においては，金額の見積はもちろんのこと，支払時期の予測，さらには発生の可能性そのものについての予測も含

まれる。たとえば偶発債務に係わる損失，年金および退職後医療給付の負債，固定資産除却債務および環境修復債務・費用の会計においては，支払時期も金額も不確実な負債・費用のみならず，発生そのものも不確実な負債・費用も，多くの将来予測要素の見積に基づいて計上される。それらの会計における将来事象の予測および見積の程度と規模は，伝統的会計の比ではない。それは，従来は会計の認識対象とされていなかった領域への認識領域の拡大を伴う。

③ 理論構造の変化

上述のような意味での評価基準の変化，および将来予測・見積に基づく会計処理（原価主義会計でいう客観性の後退＝主観性の容認）を，論理的に包摂するものが会計理論構造の変化である。

アメリカにおける現代会計の理論は「財務会計概念ステイトメント」シリーズによって具体化されている。それは意思決定に有用な情報の提供を会計目的として演繹的に措定し，その情報提供目的を達成するための基本的理論として，費用収益アプローチ（費用配分理論）に代えて，資産負債アプローチ（資産負債評価理論）を採用している。そこでは資源（資産）を論理展開上の核に据え，資産および負債を「将来経済便益」および「その犠牲」と定義することによって，資産・負債概念を弾力化するとともに，とりわけ負債の拡大化を可能にしている。また，意思決定目的への適合性の強調のもとに，将来視点を導入し，時価・見積・予測数値を導入し得る情報の質論を展開している[1]。

ここに見られるのは，将来予測を導入し，会計認識領域を拡大する会計実務を包摂しうる理論構造への転換である。

④ 会計認識対象の変化

――過去の収入・支出から将来キャッシュ・フローへの転換――

さらに，上述の理論構造上の変化の中に含まれる概念上の変化は，論理的に会計が認識する対象の変化である。すなわち，伝統的な原価主義会計のもとにおいては，会計が認識すべき対象は取引価格であった。それは基本的には過去の収入・支出であった。それに対して現代会計は，資産を「発生の可能性の高い将来の経済便益」（probable future economic benefits），負債を「発生の可能

性の高い将来経済便益の犠牲」と定義することによって，資産・負債を予想される将来経済便益，より具体的には将来キャッシュ・フローの増減・変化として位置づけている。ここでは資産・負債とは「将来キャッシュ・フロー」を現在に引き戻したものと考えられている。このように資産・負債は将来キャッシュ・フローの事柄として定義され，将来キャッシュ・フローが会計の認識すべき対象とされることによって，将来事象を当期の会計認識領域とする道が設けられていると考える[2]。

(3) 現代会計の特徴と機能

(2)で考察したように，現代会計は，会計の処理内容としては2つの大きな変化をもたらした。

1つは原価評価に代えて現在価値を部分的に導入する評価基準の変更である。評価基準を原価から時価に変更することは，評価は上方（益）にも下方（損）にも，いずれにも作用するはずである。資産の評価差額に関しては，評価益および評価損の両方の計上になるはずである。しかし会計基準および実務はそうではない。評価損の計上はなされるが，評価益の計上はきわめて限定的である。つまり評価差額の計上は上下に等しく作用するのではない。評価損側に強く作用するものとなっている。ある資産項目については評価差額を計上しても，貸方側ではその差額を「その他の包括利益」として計上し，当期利益としての認識を排除している。その他の包括利益は，資産における評価差額の計上と評価益の認識との直接的な結びつきを排する機能を果たしている。

また現在価値評価は負債についても適用され，支払時期も支払金額も不確実な将来キャッシュ・アウトフローを「公正価値」によって計上するものとすることによって，負債の早期計上に機能している。

現代会計における会計処理上のもう1つの大きな変化は，将来予測要素の導入による会計認識領域の拡大である。将来予測・見積を用いての認識領域の拡大および財務諸表要素の早期計上は，資産増大・収益の認識に対しても，負債増大・費用の認識に対しても，論理的には等しく作用するはずであるが，ここ

でも会計基準は偶発事象会計に端的に見られる（偶発利得は計上されない）ように，負債の増大，将来損失事象の取り込みによる費用・損失の計上の方向に作用し，収益の計上の方向には作用しない。ここにこそ財務諸表要素の定義を変更し，会計の認識対象を過去の収支から将来キャッシュ・フローに変更して，認識領域を拡大する現代会計の特徴がある。

　それが果たす会計上の機能は，典型的には負債の拡大，資産減損の早期・操作的計上，費用・損失の早期計上である。それは利益縮小に傾斜する保守的会計処理の推進・加速である，とみることが出来る。

2　アメリカにおける会計認識領域拡大の構造

(1)　会計基準の設定方式と会計プロフェッション

　アメリカにおいては，公表財務諸表を作成するための会計基準（原則）は伝統的に法として設定されるのではなく，アメリカ公認会計士協会（AIA, AICPA）によって設定され，解釈されてきた。そしてそのAICPAの設定する会計基準はSECの権威によって補完されるという基本的な関係が形成されてきた。つまりアメリカ公認会計士協会なる会計プロフェッションが会計原則設定の中心に位置してきたのである。そのあり方に若干の修正をもたらしたのが，1973年における新会計基準設定機関である財務会計基準審議会（FASB）の設置とその後の機構改革である。それまでの会計基準設定機関である「会計手続委員会」および「会計原則審議会」とは異なり，財務会計基準審議会は会計士協会から組織的に切り離され，別組織とされた。FASBのメンバーは公認会計士に限定されなくなったし，FASBの上部機関である財務会計財団の理事は公認会計士協会以外の組織からも選出されるようになった[3]。その意味でAICPAの会計基準設定への影響力は絶対的なものではなくなり，相対的に低下したといえる。しかし，AICPAがもっとも大きな影響力を持ち，民間機関によって会計基準が設定されるという構図は変わっていない。会計プロフェッションが会計基準設定の中心に位置するそのあり方に変わりはない。しかも，FASBが組織されて以降，設定される会計基準の内容（性質）は，さきの1の

（2）で考察したように，それまでのものと大きく異なる内容（評価基準や将来予測要素の面で）を含むものでいる。そのような会計基準の存立に権威を与え，支えているものには，基準設定機関の権威（独立性，専門性），基準設定の方式（デュー・プロセスの包含），会計基準の内容の専門性と適用する公認会計士のプロフェッショナル性など，いくつかの重要な要素が考えられるが，新しい内容を持つ現代会計基準の設定上とくに重視される要素には，「財務会計概念ステイトメント」（概念フレームワーク）の形成がある。

（2） 認識の拡大と測定の弾力化を支える概念構造

アメリカを先駆とする現代会計における会計認識領域の拡大は，1の（2）において包括的に素描したように，意思決定に有用な情報の提供なる理論のもとに展開されてきた。ここでは将来予測要素および将来視点の導入を当然のものとし，資産および負債の定義を，将来経済便益およびその犠牲とすることによって拡大するとともに，その経済便益（キャッシュ・フロー）の測定を現在価値（公正価値）によって行うこととする，弾力的な内容（主観的，暫定的な数値）となっている。

このような内容の基本構造は「財務会計概念ステイトメント」シリーズ（第1号から7号）の中で体系的に展開され，それらはこの具体的な会計基準を支える概念的基礎として位置づけられている[4]。つまり，概念ステイトメントは評価主義に立ち，将来予測要素を取り入れた新しい内容を持つ会計基準を理念的・概念的に支える理論的枠組である。

ここで確認しておきたいことは「財務会計概念ステイトメント」の制度的位置づけである。つまり「財務会計概念ステイトメント」はFASBというアメリカ会計基準の設定機関によって承認されたものだということである。このことは特定の理論が一国の基準設定機関によってオーソライズされたことを意味する[5]。理論の正当性は本来特定の機関による承認によって権威づけられるべき性質のものではない。その検証はそれ自体の正当性によってなされるべきことである。それにもかかわらず，機関の権威によって正当性の裏付けがなされる

のは，個々の会計基準の基礎的原理となる概念ステイトメント（新しい会計処理内容を支える概念の体系）に権威を与え，それによって，プライベート・セクターとしての基準設定機関によって設定される会計基準とその基準の内容に，制度的権威と社会的信頼性を付与するものであると考えられる。だからこそ会計概念フレームワークは当初アメリカを先駆けとして，イギリス，カナダ，オーストラリア，ニュージーランドなどのG4＋1を構成した国々，すなわち会計プロフェッションが会計制度の中心に位置する国々によって設定されたのだと考える[6]。つまり，概念ステイトメントはたんなる会計理論の特定の体系ではない。それは一国の基準設定機関によって承認された会計概念の体系であり，その権威によって，将来予測および将来視点を導入して拡大される会計認識領域と，そこでの弾力的な認識（発生の蓋然性による認識）および不確実性も容認する測定（将来キャッシュ・フローの現在価値による測定）を，理念的に支える制度化された理論なのである。弾力性と幅広い判断の余地を伴う現代会計はこの概念ステイトメントによって正当化される部分がきわめて大きい。

このようなアメリカを典型とする現代の会計基準の設定方式，およびその基準の内容あるいは有り様は，会計プロフェッションが制度的に大きな権威を持ち，会計プロフェッショナルが判断行使の中心に位置するプロフェッショナル会計制度ともっとも結びつきやすいあり方であると考える。

3　ドイツにおける認識拡大の構造

(1)　ドイツにおける会計基準の制度的仕組み

ドイツ会計の制度的仕組みを特徴づけているのは，商法会計規範の枠組みのなかで，法規範と専門規範が一体の混成システムとして位置づけられる点である。ドイツ会計は，1861年ドイツ普通商法典の時代から今日に至る歴史のなかで，成文法の法規範体系にもとづき制度化され，この法規範のなかに正規の簿記の諸原則（Grundsätze ordnungsmäßiger Buchführung：GoB）と呼ばれる不確定な法概念を解釈し，法の欠缺を充填することで現実に起きている会計処理問題に柔軟に対応してきた。その際，法の欠缺を充填する有力な媒介環として裁

判所の判決があり，また商人の慣習・経営経済学の認識があった。

しかし，1980年代末以降に顕著になってきたドイツ会計の国際化対応のもとで，正規の簿記の諸原則（GoB）を解釈し，内容を充填するための媒介環に関し，独立した機構を設置することの必要性の是非が内外要因から大きな検討課題となってきた。1980年代の商法改正時に提唱された「正規の簿記の諸原則（GoB）委員会構想」がそれであり，さらに，1998年会計改革関連法（商法典第342条）を根拠規定として実現した「ドイツ会計基準委員会（DRSC）」の創設であった。

このようなドイツ会計の制度的仕組みの内的変化を促した内外の決定的な要因は，ドイツ会計の国際化対応という環境要因であった。ドイツ上場企業は，1990年代に入って，海外の証券取引所における株式上場基準に適応する必要に迫られた。とくに，象徴的な出来事として，ドイツ大手自動車メーカーのDaimler-Benz社のニューヨーク証券取引所上場が起きた。この時，Daimler-Benz社が採った会計行動は，ドイツ企業としてはじめて，アメリカの会計基準（US-GAAP）に準拠した連結財務諸表（連結決算書）を作成・開示するということであった。このDaimler-Benz社の会計行動の後，多くのドイツ上場企業は，今日まで，US-GAAP（アメリカ会計基準）またはIAS/IFRS（国際会計基準）に準拠した連結財務諸表を作成・開示する実務展開を行っている。

この現実のすがたは，ドイツ上場企業の適用会計基準の選択行動として要約することができる。すなわち，海外の資本市場に上場しているドイツ大手企業は，その連結財務諸表に関し，IAS/US-GAAPに準拠していたが，この場合に，IAS/US-GAAP準拠がすべてドイツ国内法である商法会計規範の枠組みのなかで許容されているということが留意点である。1つには，連結財務諸表の作成・開示に関する適用会計基準の選択行動を①商法上の選択権の枠内で許容してきた1998年以前の法状況から脱して，②1998年商法改正で新設された商法典（以下，HGB）第292a条の免責条項のもとで認めたことであり，他は，1998年商法改正でHGB第342条にもとづき会計基準設置機構を立ち上げたことである。

前者のHGB第292a条は，IAS/US-GAAPに準拠した連結財務諸表の作成・開示をHGB第290条のHGB準拠の連結財務諸表の作成・開示の義務から免責することを許容し，その法的根拠を明記したものであり，ドイツ上場企業は，いっせいにHGB第292a条を適用し，連結財務諸表のIAS/US-GAAP準拠シフトをつよめた。この結果，HGB第292a条の免責条項のもとで，商法上の連単財務諸表の現状は，会計基準適用の混成状況になった。

個別財務諸表（個別決算書）は，商法確定決算基準を堅持し，HGBに準拠した国内対応を行い，連結財務諸表に関し，①US-GAAPに準拠，②IAS/IFRSに準拠，③HGB・DRSに準拠，④HGBに準拠の4つの形成可能性が容認された。この混成の適用会計基準の状況は，2004年12月31日まで効力を有する。だが，このような混成の適用会計基準の状況は，資本市場の透明性と効率性を高めるということからすれば，明らかに障害物であるとともに，資本コスト負担を上場企業に強いるものであった。

だが，ドイツの商法会計規範システムの構造的特徴から見た場合，前者のHGB第292a条の免責条項よりも，むしろ，IAS/US-GAAPそのものへのドイツ会計の導入への傾斜に向けた制度的な対応措置が採られる方向への転換の方が重要であった。そして，後者のHGB第342条にもとづく会計基準設定機構の立ち上げがそのことを可能にする道として設計された。このドイツにおける会計基準設定機構の立ち上げは，内部的には，すでに，1980年代の商法改正準備過程で「正規の簿記の諸原則（GoB）委員会」構想として提起されていたものであるが，1998年になって，資本調達容易化法（KapAEG）と企業領域統制・透明化法（KonTraG）のなかで提案され，HGB第342条を根拠法として「ドイツ会計基準委員会（DRSC）」が創設された

「ドイツ会計基準委員会」は，連結財務諸表に関するドイツ会計基準（DRS）のステイトメントを開発し，連邦法務省に勧告を行い，これを連邦法務省が公告（Bekanntmachung）して後に，ドイツ会計基準となるという基準設定メカニズムとして役割と権限が付与されている。しかし，留意すべきことは，「ドイツ会計基準委員会」がデュープロセス方式を採用しているにもかかわらず，

アメリカの「財務会計基準審議会(FASB)」と同じ基準設定権限を有するプライベート・セクターであると見ることができない点である。「ドイツ会計基準委員会(DRSC)」から勧告されたドイツ会計基準(DRS)案が連邦法務省の公告を経てはじめてドイツ会計基準(DRS)となるということであり、さらに、「ドイツ会計基準委員会(DRSC)」が立法行為に関する助言を連邦法務省に行い、連邦法務省が立法手続きをした後、連邦議会(衆議院・参議院)で企業会計法が制定されるということである。このため、ドイツの場合は、「ドイツ会計基準委員会(DRSC)」のプライベート・セクターと連邦法務省・連邦議会のパブリック・セクターとが融合したハイブリッド方式が採用されているといえる。

このようにして、連邦法務省から公告されたドイツ会計基準(DRS)が連結財務諸表に関する正規の簿記の諸原則(GoB)を解釈し、内容の充填を行うというのがドイツ的な特徴である。

だが、1998年会計改革関連法以降の環境要因に劇的な変化が起きた。それは、EUが2005年以降にすべてのEU上場企業の連結財務諸表に対し、IAS/IFRSを強制適用することを命令し、さらに、立法選択権にもとづけば、それ以外にも、連結財務諸表・個別財務諸表に対し、IAS/IFRSを任意適用できるとしたことである。この場合、適用対象が連結財務諸表だけでなく、個別財務諸表にまで及ぶとした点が特徴的であった。また、US-GAAPの適用に関しても、EU命令は、2007年からUS-GAAPからIAS/IFRSへの切り替えを求めた。また、IOSCOも2000年に加盟国のクロスオーバーの上場企業に対し、IAS/IFRSの採用を勧告しており、IAS/IFRSへの適用会計基準の収斂に向けた流れになっている。

この結果、ドイツでも、「会計法改革法」(2003年に連邦法務省参事官草案・2004年に連邦政府草案が公表)が審議日程にのぼってきており、2005年以降の状況は、IAS/IFRSにシフトし、適用会計基準の選択行動から収斂への転換が予想される。

しかし、ここで大事な論点は何かというと、この一連のドイツ会計の国際化

対応が資本市場指向の情報目的の連結財務諸表（個別財務諸表）に関する制度装置に関わっての動きであるということである。したがって，ドイツ上場企業のIAS/US-GAAPの選択行動にあっても，ドイツ国内基準であるHGBに準拠した個別財務諸表の資本維持・債権者保護の処分利益計算目的は，このようなIAS/US-GAAPの基準に準拠した情報目的の連結財務諸表と別建てである。

（2） 適用会計基準の選択と会計の認識領域の拡大論

ドイツの会計国際化対応の特徴は，国際的な資本市場指向のドイツ上場企業にあって，IAS/US-GAAPに準拠した連結財務諸表の選択行動が採られたが，同時に，それらの個別財務諸表が国内基準であるHGBに準拠した処分利益計算目的を遂行したことが指摘できる。このIAS/US-GAAPとHGBとのダブル・スタンダード状況がドイツ会計の国際化対応を特徴づけた適用会計基準の選択であった。

この点を背景として，適用会計基準の中身に入って，連結財務諸表と個別財務諸表に内在する特徴点を挙げるとした場合に，注目される論点が「会計の認識領域の拡大と将来予測要素の導入」というテーマであった。

このテーマに関し，注目されるのが，「ドイツ会計基準委員会（DRSC）」が2002年にドイツの概念フレームワーク公開草案として公表した『正規の会計の諸原則（Grundsätze ordnungsmäßiger Rechnungslegung：GoR）』（以下，概念フレームワーク公開草案）におけるIAS/US-GAAPに適応した会計認識領域の拡大・将来予測要素の導入の提案である。

概念フレームワーク公開草案は，それまでのドイツ商法規範の伝統的なフレームワークであった正規の簿記の諸原則（GoB）レジームから離脱することで，投資家向け情報優位の意思決定有用性アプローチへの論理転換を行った点に特徴があり，連結財務諸表だけでなく，個別財務諸表にまでその適用領域を広げることを提案している。この結果，債権者保護に立つ慎重原則の解釈も評価原則から見積基準への転換が図られ，情報目的の債権者保護に後退してしまったとの批判が出されている。

この意思決定有用性アプローチのもとで，概念フレームワーク公開草案が打ち出したのが会計認識領域の拡大と将来予測要素の導入という論理である。第1に，概念フレームワーク公開草案は，将来の経済的便益という概念を前提とした資産（伝統的な商法概念であった財産対象物/Vermögensgegenständeに代えて財産価値＝資産/Vermögenswertを使用），負債および費用，収益の定義づけを行い，自己資本概念も将来の経済的便益の増減の差額として定義づけている。これは，IAS/US-GAAPの概念フレームワークに依拠した概念・定義への転換であった。そして，この将来の経済的便益の定義から，新しい取引事象の会計認識領域への受け入れがなされた。

また，利益の認識に関しても，商法会計規範のもとで金科玉条とされてきた収益の実現原則に関し，「実現」から「実現可能性」への拡大解釈，取得原価主義（原価評価モデル）から時価主義（時価・公正価値評価モデル）への転換が容認されていた。そして，この時価・公正価値評価モデルを支えたのが将来予測要素の認識と実現可能性の論理であった。しかし，この概念フレームワーク公開草案の提案に対し，それが期待価値という経営者の意図が働く主観的な判断を前提としていることに意思決定有用性を充たすことができても，財務諸表の信頼性に疑念が残ることへの懸念・批判が強くだされた。

しかも，第2に，概念フレームワーク公開草案は，会計認識領域の拡大と将来予測要素の導入を提唱すると同時に，原価評価モデルから時価・公正価値モデルへの全面的な移行を打ち出したものではなかった。むしろ，現状維持の点で，原価評価モデルと時価・公正価値評価モデルとの並存を認める混成評価モデルを提案した。

「ドイツ会計基準委員会（DRSC）」の概念フレームワーク公開草案が連結・個別の両方の財務諸表に関し，原価評価モデルと時価・公正価値評価モデルの混成評価システムを提唱し，会計認識領域拡大・将来予測要素の導入を採り入れる提案をしたが，現実の「会計法改革法」の政府草案においても，IAS/IFRS適応の連結・個別財務諸表については，この方向にある。しかし，会社法（配当）・税法（法人税）目的の個別財務諸表に関しては，ドイツ国内基

準のHGBに準拠した原価評価モデルが原則とされている。

　この限りで，ドイツ上場企業の会計行動においても，資本市場指向の連結財務諸表に関し，適用会計基準の選択行動が見られたし，IAS/IFRSへの収斂に向かうとしても，会計認識領域の拡大・将来予測要素の導入がドイツの認識・測定規準として実施されていくことになる。だが，IAS/IFRS準拠でない，つまり，資本市場指向でないHGB準拠の個別財務諸表に関しては，いまのところ，IAS/US-GAAPに準拠した会計認識領域の拡大・将来予測要素の導入が要請されているわけではない。

　このように，ドイツ会計の認識領域拡大・将来予測要素の導入は，IAS/US-GAAPに準拠した資本市場指向の連結財務諸表に実務展開されているということが現実の特徴である。その具体事例として，2003年度のBayer社の連結・個別財務諸表の決算行動のなかから，①年金給付債務会計，②リース会計，③税効果会計，④公正価値評価の会計方法に連結・個別の財務諸表上の会計処理の違いを挙げることができる。

　Bayer社の2003年度の決算行動は，①個別財務諸表の作成・開示をドイツ国内基準のHGBに準拠し，会社法（配当）・税法（法人税）の目的に対応させている，②連結財務諸表の作成・開示は，IAS/IFRSに準拠し，資本市場指向の目的に対応させるという実務展開を見せている。そして，Bayer社の具体事例として，連結・個別財務諸表を見てみると，年金給付債務会計に関し，連結財務諸表では，IAS19号の予測給付債務評価方式を採用しているのに対し，個別財務諸表の会計方針によれば，所得税法第6a条の年金数理方式が採用されている。リース会計に関しては，連結財務諸表では，IASに準拠したリース会計処理を行ったのに対し，個別財務諸表では従来の賃貸借取引として扱われていた。税効果会計に関しても，連結財務諸表でIASに準拠した処理がなされているのに対し，個別財務諸表には税効果会計が実施されていない。公正価値評価に関する処理は，連結財務諸表ではIAS準拠が明記されているが，個別財務諸表では取得原価主義によっていた。

　このBayer社の2003年度の決算事例からわかるように，ドイツの上場企業

は，資本市場指向の目的を担う連結財務諸表に関し，IAS/US-GAAPに適応した実務が展開され，会計認識領域の拡大と将来予測要素の導入がなされていた。これに対し，個別財務諸表では，まったく別個に，HGBに準拠した処理が行われ，連結財務諸表と違った会計認識・測定が行われている。

以上のことから，ドイツ会計における会計認識領域の拡大・将来予測要素の導入は，HGBとIAS/US-GAAPの選択行動という，商法会計規範システムの枠内における適用会計基準の混成状況のなかで浮かび上がってきたことがわかる。そして，この連結財務諸表の適用会計基準の選択行動が2005年以降，IAS/IFRSへの適用会計基準の収斂が行われていくなかで，連結財務諸表における会計認識領域の拡大・将来予測要素の導入の方向にあると思われるが，個別財務諸表の将来方向について，現状維持か，IAS/US-GAAPシフトかという点は，2005年改革の根本的な課題である。

(注)
(1) 加藤盛弘『現代の会計原則』第1章―第3章，森山書店，1987年。
(2) 加藤盛弘「キャッシュ・フロー概念と将来事象の認識領域化」，加藤盛弘編著『将来事象会計』所収，森山書店，2000年，44―45頁。
(3) 加藤盛弘『一般に認められた会計原則』第5章，森山書店，1994年。
(4) FASB「財務会計概念ステイトメント」第1号，パラグラフ3。
(5) 村瀬儀祐「制度としての会計概念フレームワーク」『會計』第149巻第1号(1996年1月)，42―43頁。
(6) その後，会計基準の国際的統一化の世界的流れの中で，ドイツや日本のような法・行政に権威の基礎をおく国々においても，会計概念フレームワークの形成が進められるようになるが。

(加藤　盛弘，木下　勝一)

第1章　会計認識拡大理論の制度機能

は じ め に

　会計の領域では，貸借対照表と損益計算書の本体に計上することを「認識 (recognition)」と言う[1]。会計情報を脚注へ掲載する行為は「開示 (disclosure)」と呼び「認識」とは言わない。一般に「認識」とは，辞書にあるように「物事をはっきり見分け判断すること」であり，財務諸表の本体へ計上するという意味はない。会計領域においては，「認識」はきわめて特異な用いられ方をしている。

　なぜ財務諸表本体への計上行為を「認識」と言わなければならないのか。「認識する」と言わなくても，「記載する」とか，「計上する」，「記録する」といった一般的な用語で済まされるはずである。

　財務諸表本体への記録を「認識」と呼ぶようになったのは，古くからのことではない。それはつい最近のこと，少なくともこの2・30年の間に生まれたことである。この歴史過程は，財務会計制度が伝統的な枠組みから離れて新しくダイナミックに変化した過程でもある。

　会計記録行為を「認識」と呼ぶようになったのは，会計記録を単なる財務諸表への記載の行為ではなく，実際世界の何らかの経済的事象を識別し認知する行為としてとくに意味づける必要が制度上，生まれてからのことである。会計は，単なるコンベンション（社会的約束事）にしたがった計上行為ではない，「認識」の行為である，と意味づけることが，現代会計制度の変革において必

要とされた。会計記録行為を情報利用者の意思決定に適合する情報を「認識」する行為であると論理づけることによって，伝統的な会計制度の枠組みから離れた新しい要素の導入が促進されることになる。会計は「認識の会計」になることによって，「事象を見分ける」認識行為が「帳簿に載せる」会計行為と同じ次元におかれ，「認識」（会計計上）すべき対象が拡大される。「認識」と「会計計上」は，その言葉の意味において落差があるにも関わらず，それをあえて無視して用いられている。その用法の普及状況は，他面，現代会計の制度論理が日常性をもって会計領域に浸透していることを物語っている。

「会計計上」を「認識」と意味づけるプロセスは，現代会計が伝統的会計から離脱する必要性から生まれたものである。会計領域における「認識」用語の普及が「認識の会計」の制度理論の浸透状況を物語るものであるとすれば，今日，この2・30年の間に形成した現代会計制度の理論をあらためて見直し，その性質を検討することも重要な課題であると思われる。

本章は，現代会計の制度理論を「認識の会計」として特徴づけ，それが伝統的「取引ベースの会計」の理論的枠組みを否定し，「認識領域の拡大」によって利益計算の弾力性を限りなく強めたことを明らかにする。さらに「認識の会計」の制度理論のもとで実際に進行したのは，利益縮小化の会計実務（保守主義会計実務）であり，この会計実務傾向は，「認識の会計」の制度理論によって合理化され促進されて形成したものであることを明らかにする。本章は，「認識の会計」理論の制度的な機能に焦点をあて，現代会計制度の性格を検討するものである。

1 「取引ベースの会計」から「認識の会計」への制度転換

（1） 会計理論の制度性

会計領域においてきわめて特異な現象は，理論が制度として構築されるということである。一般に理論構築の試みは，仮説設定と分析を通じて経験的に検証可能な法則性を導き出す知的作業であり，個人の自由意思のもとに行われる。しかし会計の領域においては，アメリカ合衆国に典型的に見られるよう

に，会計理論は概念フレームワークとして私的な団体の権威を背景に，集団的な合意の手続き（デュー・プロセス）のもと，意見調整，公聴会，多数派工作，そして最終的には代表者の投票行動を経て決定され，「概念ステイトメント」として表明されている。理論が合意のプロセス（政治的プロセスともいいうる）を経て構築されるのは，他の学術分野では見られない現象である。このような理論構築の特異性が会計領域に見られるのは，会計理論が理論一般としてあるのではなく，深くその国の会計制度のあり方と結びついて，制度機能を果たすものとして構築されるためである。

「認識の会計」理論は，アメリカ合衆国においてプロフェッショナル会計制度のもと，会計人の判断のプロフェッショナル性を支える「概念ステイトメント」として表明されたものである。アメリカにおいては，「職業的会計人及びその集団がそのプロフェッショナルとして専門性と権威によって，会計原則を設定し，解釈し，その作業を会計固有の専門的な事柄として維持し続ける[2]」制度形態が確立している。このプロフェッショナル会計制度のもとで，「概念フレームワーク」は，ステイトメントとして表明され，「会計プロフェッションの基準と権限，自主規制を正当化する[3]」ための制度装置になっている。その理論は，職業会計士のプロフェッショナルな判断の内容に係わるものとして構築され，そのことがアメリカにおける会計理論の特徴を規定している。

概念ステイトメントの内容を構成する会計理論は，財務諸表作成における会計選択と判断のための基準を形成し，財務諸表に計上されるものを承認する基礎をつくりだす。それは，職業会計士のプロフェッショナルな判断のための規準となり，財務諸表表示の適正性を職業会計士が認め，そして財務諸表を制度的に承認された文書として正式化するための基礎となっている。

（2）「認識の会計」理論の構成

プロフェッショナル会計制度の理論としての「認識の会計」理論は，会計認識を3つの段階，(1) 意思決定の特定化，(2) 認識対象の確定，(3) 測定属性の選択において構成される。

① 意思決定の特定化

会計情報利用者の意思決定を特定して，会計認識の方向づけを行う。

FASBの概念ステイトメントにおいては，「財務報告は現在と将来の投資家ならびに債権者，その他の利用者が合理的な投資と与信，それと同様な意思決定を行うのに有用な情報を提供しなければならない[4]」とする。会計認識はこの目的設定を前提としたものとなる。投資家や債権者の関心は，「良好なキャッシュ・フローを生み出す企業の能力[5]」にあるから，財務諸表はこれに適合した情報を提供しなければならない。企業の将来のキャッシュ・フローを予見するにあたって，「現在の現金収支の情報よりも，発生主義によって測定された企業利益とその構成要素の情報の方が企業業績のよりよい指標を提供する」[6]。かくして会計は，投資家と債権者の意思決定に対して，「目的適合性（relevance）」と「信頼性（reliability）」の質的特徴をもった会計情報を発生主義にもとづいて認識するものとなる。

② 認識対象の確定

投資家や債権者の意思決定目的に適合した認識すべき事象が確定される。投資家や債権者の意思決定目的に適合する事象は，「経済的資源とかかる資源に対する請求権及びそれらの変動[7]」である。すなわち「ある企業の資産と負債及び事象がそれらに及ぼす影響，ならびに事象が持分に及ぼす影響は，当該企業の財務諸表における認識の対象に値する[8]」。資本は資産から負債を控除して求められ，費用と収益は資産と負債の増減によって生じるとされるから，認識の中心は資産と負債となる。資産と負債は以下のように定義され，この資産と負債の定義に従属して費用と収益が定義される。

資産：「資産は過去の取引または事象の結果として，特定の実体によって取得またはコントロールされている，発生の可能性の高い将来の見積もり経済便益である[9]。」

負債：「負債は，過去の取引または事象の結果として，将来他の実体に資産を譲渡するかまたは用役を提供する特定実体の現在の債務から生じる，発生の可能性の高い将来の経済便益の犠牲である[10]。」

収益：「収益は、実体の資産のインフローまたは増加、もしくは負債の減少である(11)。」

費用：「費用は、資産のアウトフローまたはその他の費消、もしくは負債の発生である(12)。」

③ 測定属性の選択

事象が「適合性」をもって要素の定義にかない、「信頼性」をもって「測定可能（measurable）」であれば、認識が実行（trigger）される。認識の対象が資産と負債の要素の定義を満たし「適合性」をもっているだけでは認識は行われない。「信頼性」をもって測定できること、これが認識の要件となる。すなわち資産と負債、持分の変動は、「十分に信頼性のある貨幣単位で数量化される目的に適合する属性を有していなければならない(13)」。属性とは「数量化もしくは測定される構成要素の特質または性質をいう(14)」。それらの属性には、歴史的原価、現在価値、現在市場価値、正味実現可能価値、将来キャッシュ・フローの現在価値がある。

以上に見たように現代会計は、「認識」をキーワードにして構築されている。このような理論は、「対応と配分」概念を核に構成されていた伝統的な会計理論と比べて著しく異なった構成を示している。

（3）「取引ベースの会計」理論からの離脱

近代会計は、「取引ベースの会計（transaction based accounting）(15)」ともいわれる。近代会計においては、会計計上の対象は、「価格総計（price-aggregate）」（交換時の取引価格）によって記録される。資産は取得時の価格総計、収益は用役や商品を売却した場合の価格総計、負債は借り入れ時の契約に関する価格総計、資本金は残余持分契約の価格総計によって記録される。費用は資産もしくは負債（すなわち価格総計）をもとに計上されたものである。収益と費用の2つの価格総計の差額が純利益となる。収益は価格総計によって実現時点で記録され、費用はおもに資産（価格総計）を再分類し、配分して、収益（価格総計）に対応される。利益計算は、対応と配分の計算操作によって算

定される。「取引ベースの会計」では，資産も負債も経済的資源として評価されるものではない。資産は「価値」ではなく，「未決状態下の原価蓄積分 (cost accumulation in suspense)」であり「未決状態の対収益賦課分 (revenue charges in suspense)[16]」とされる。

「取引ベースの会計」においては，実際世界に係わる事象は「価格総計」(取引価格) である。「価格総計」を記録すれば，あとは「配分」と「対応」の計算操作によって利益が算定される。「対応」と「配分」の計算操作の適正性は，それらの計算操作が広く普及して一般に認められている約束事すなわちコンベンションを基礎としていることに求められる。

このような「取引ベースの会計」理論と「認識の会計」理論との間には，著しい違いがある。「取引ベースの会計」は，「対応」と「配分」の計算操作の理論が展開されているのに対して，「認識の会計」理論においては，経済事象の「認識」，「測定」，「評価」の理論が展開される。「認識の会計」においては，資産と負債の直接的な測定が強調され，「直接的な測定は，資産もしくは負債の簿価額を，現在の数量 (current quantities) や推定 (estimates), 仮定 (assumption) をもってうち立てる[17]」。「力点は現在の市場の状態におかれ，歴史的な情報にもとづいた期間配分と調整とは対照をなす[18]」。

「取引ベースの会計」から「認識の会計」への転換は，何を意味するか。明確に言えることは，職業会計士の会計判断領域が飛躍的に拡大したことである。「投資家，債権者への有用な情報を提供する」目的のもと，会計認識が対象とするものは際限がないほど広がった。財務諸表における資産と負債の記録は，取引価格の枠組に制約されることなく，認識されるべき範囲とそこに含まれる判断領域は大きく拡大した。「認識の会計」の概念ステイトメントは，「取引ベースの会計」の枠組みを取り払い，その制約を受けることなく会計基準の設定を可能にし，財務諸表に計上される対象領域を拡大した。

しかしながら「認識の会計」の概念ステイトメントには重要な問題が存在している。すなわち「認識の会計」理論は，「取引ベースの会計」の枠組みを取り払うのには有効であっても，会計認識において行使されるべき会計判断その

ものの内容については，未解決の大きな問題領域を生み出している。

2　認識領域の拡大と会計判断

（1）　資産要素の定義のもとでの判断規準の弾力化

　概念ステイトメントにおける資産の定義においては，資産とは，過去のビジネス取引の結果，企業がコントロールし，合理的な確かさをもって測定できる将来の見積もり経済便益を生み出すと予測されるところの資源である，とした。この場合，この定義の在り方から，資産認識において，（1）資源の「コントロール」の所在をいかに見極めるか，（2）「経済的便益」について合理的な確かさをもって測定できる可能性はあるか，という基本的な問題が生じる。

　コントロールの存在を資産の認識条件とした場合，コントロールの所在がどこにあるかが問題となる。たとえばリース取引においては，資産に対するコントロールがリース資産の借手（lessee）の側にあるのか貸手（lessor）の側にあるのか，ということが問題になる。借手の側にあれば，その資産は「金融リース（finance lease）」となり，借手の貸借対照表の資産として計上される。資産に対するコントロールが貸手の側にあれば，「営業リース（operating lease）」となるから，貸手の側の貸借対照表の資産として計上される。コントロールがどちらに属するか，明確に判定できない。コントロールの所在の判断は，経営者の判断事項となり，判断の仕方によって，リース資産はオンバランスされたり，オフバランスされたりする。

　さらにコントロールの概念は収益への適用に関連して，資産認識の問題を生み出す。収益は「稼得（earn）」されると受取に対するコントロールが生まれ，資産が認識される。このことは自明のことのように思われるが，しかし収益が稼得されたのか，されていないのか，あいまいな状態が生まれた場合はどうであろうか。ここでは収益認識における「稼得」の認定が資産のコントロールの認定の問題になる。たとえば企業が売掛債権を銀行に売却した場合，顧客が支払不能になった時，銀行の側がリコース（recourse, 償還請求権）を企業に対して有しているとすると，売掛債権に対する「コントロール」は，銀行の側にあ

るのか企業の側にあるのかが問題となる。売掛債権の資産はいずれの側に計上されるか，コントロールの見極めに判断が伴う。

PalepuとHealey, Bernardは，コントロールの認定判断において，「会計の歪曲（accounting distortion）[19]」が生まれる可能性があるとしている。すなわち，「経営者のベストな意図にもかかわらず，財務諸表は，会計ルールが所有権とコントロールに関係する微妙な問題のすべてを捉えていないために，企業の経済的資産を反映するに全く不十分な役割しか果たさない。所有権とコントロールについての会計ルールのもと，経営者は本質的に同じ取引を全く違ったものとして報告するよう取引を仕立て上げるため，たとえ企業が所有の経済的リスクの多くを負っていても，重要な資産を貸借対照表からオフバランスさせてしまう可能性がある[20]。」

さらに資産定義に関係して問題となるのは，経済的便益についての合理的な測定可能性についてである。将来の経済便益の合理的な測定可能性を資産認識の要件とすると，そこに困難な問題が伏在する。たとえば資本的支出に結びついた将来経済便益を正確に予測するとなると，その課題はほとんど不可能に近いものとなる。

試験研究（R&D）への投資額について，その将来の経済的便益は恐ろしく不確実である。研究プロジェクトは期待どおりの成果を生み出さないかもしれない。それが生み出した商品は売上を伸ばすものとならないかもしれない。その製品は競争相手の試験研究が進めばたちまち陳腐化するかもしれない。試験研究に対する投資額について，将来の経済的便益を予測し，それを資産認識のベースとすることには，非常な困難性がともなう。そのために会計ルールは，試験研究費について支出時点で費用計上するよう求めている。しかし資産は将来の見積り経済便益であり，資産定義に適合するものは資産認識の対象になる。試験研究費についての見積り経済便益は資産として認識される可能性は残っている。問題なのは合理的な測定ができるかどうかである。近年，無形資産の測定可能性が，制度上，急速に進んでいる[21]。

さらに「認識の会計」理論のもとでは，長期命数をもった資産などの価値が

簿価以下になった場合，減損損失が認識されることとなる。この資産価値の減損額の測定は，「非常に主観的[22]」なものである。「結果として，資産が減損しているかどうか決めるのに，また減損損失の価値を決定するのに，経営者による相当の判断領域が含まれる[23]」。資産価値の評価は，減損損失の計上について判断領域を拡大させている。

以上に見たように概念ステイトメントの資産定義のもとでは，コントロール概念と経済便益の合理的測定可能性において大きな判断領域が存在している。

（2） 負債要素の定義のもとでの判断規準の弾力化

概念ステイトメントにおいては，負債は，過去に受け入れた便益から生じた経済的義務であり，その金額と計上のタイミングが合理的な確かさをもって測定できるもの，と定義されている。この定義にあっては（1）義務が実際に生じているかどうか見極めること，（2）義務が合理的な確かさをもって測定可能であるか見極めることが，負債認識の要件になっている。この2つの要件に関係して，大きな会計判断の領域が存在する。

義務が実際に生じたか否かの見極めについては，掛けでの仕入れのようにサプライヤーに対する義務の発生を容易に確認できる事例ばかりであるとは限らない。「いくつかの取引についてはそのような義務が生じたか決定することはさらに難しい[24]」場合がある。たとえば，従業員のレイオフによる経営のリストラ計画が表明された場合，負債として認識を正当化する義務が生じているか認定するのは容易なことではない。またソフトウエアーの企業が，何年かのライセンスつきで譲渡し顧客から現金を受領した場合，その企業はこれを全額，収益として計上すべきなのか，それともそのうちの一部を顧客に対する将来のサービス提供とライセンス契約の実行のための継続途上にある義務が発生したものとして負債に計上すべきなのか，問題が生じる。負債認識おいては，義務が発生したか否かの確認についての広い判断領域が存在する。

義務が合理的に測定可能であるかどうか決めるにも判断が必要になる。負債の測定可能性は，社債の発行の場合のように容易に測定できる事例ばかりでは

ない。たとえば環境浄化義務についての測定は，そこに大きな不確定要素が存在し，測定可能性を確認するのは容易なことではない。さらに年金負債や退職後医療給付義務の測定においては，従業員の将来の寿命やインフレーション率などの将来の不確実な事象にもとづいた義務について判断が必要になる。同じように製品保証などの偶発債務の測定についても判断が必要になる。会計基準は，発生義務の測定について基準を設けているが，それ自体，判断を規制するものではない。この点についてPalepuとHealey, Bernardは以下のように指摘している。

「会計ルールは，いつコミットメントが発生したか，そのコミットメントの金額をいかに測定するか規定している。しかしながら会計ルールは不完全なものである。会計ルールは，契約のあらゆる可能性を網羅することは出来なく，また企業の経営関係の複雑性のすべてを反映することは出来ない。また会計ルールは，企業のコミットメントを評価するのに将来事象の主観的な推測を経営者が行うよう求めている[25]。」

このように概念ステイトメントによる負債定義によって，そこでは負債認識の時点，その測定可能性において広い範囲の判断領域が生み出された。負債定義のもと財務諸表における負債計上は，きわめて弾力的な性格を帯びるようになった。

3　公正価値による測定可能性の拡大

「認識の会計」理論においては，（1）資産と負債の要素定義への適合性，（2）信頼性をもった測定可能性を会計認識の要件としている。会計認識は，要素定義への適合性が成立しても測定可能性の要件が成立しないかぎり実現しない。現代会計における認識拡大は，要素定義の適合性の要件よりも測定可能性の要件を満たすことが重要な課題となっている。「公正価値（fair value）」概念は，この課題に応えるものとして成立した。公正価値概念によって，測定可能性の要件は弾力化され，会計認識拡大の方向性が現実のものとなった。

公正価値とは，「意思ある独立の当事者間での現在の取引において資産も

しくは負債が交換されるかも知れない（could be）ところの価格である」[26]。公正価値の最良の証拠は，「市場価格（quoted market prices）」とされる。したがって公正価値についてのFASBのステイトメントは，資産と負債の評価を市場価値（market value）に求めたものであると理解される傾向にある。しかしそうではない。もし特定の資産（と負債）に対して市場価値による評価を求めるものであれば，評価原則として市場価値を指定すればよく，わざわざ「公正価値」の用語を用いなくともよい。「公正価値」の用語を用いたのは，市場価値評価によらない評価方法を制度的に承認する必要性があったからにほかならない。Barthも指摘するように，「公正価値という用語をFASBが用いたのは，すべての資産と負債が市場から得られた価値をもたないためであった[27]」。

　公正価値の概念は，たとえ「活発な市場（active markets）」が欠如して参照すべき市場価格がない場合でも，資産と負債を評価することができる道を開いた。公正価値の概念設定によって，市場価格以外の評価方法も合理的な測定となり，信頼性を満たすものされた。すなわち「市場価格のない条件の下で，特定の環境において信頼できる公正価値の推定を生み出すこと[28]」ができるようにすること，これが公正価値概念を必要とした理由である。測定における信頼性の拡大は公正価値概念によって可能となった。

　公正価値の概念構成は，「市場価格が公正価値のベストな証拠である」として，常にこのことをトップにかざして行われる。市場価格が公正価値の代表であることで，それが観察可能で信頼性をもったものであることを強調する。その上で，市場価格がない場合，「仮想的な市場取引（hypothetical transaction）」を想定して，そこで類推された価格をもって公正価値とする。すなわち，

　「公正価値測定の目的は，資産と負債についての実際の取引が欠如している下で，測定される資産もしくは負債についての取引価格を推定することである。かくしてその推定は，独立した当事者間の現在の仮想的な取引を参照して決定される[29]。」

　このアプローチから，市場価格以外のものも公正価値であるとする方向性が導き出される。活発な市場における資産もしくは負債の市場価格が利用できな

ければ，他の同じような活発な市場にある資産もしくは負債の市場価格を参照して，これを公正価値とする。さらにそれも出来なければ，「現在価値評価」を含む「多元的な評価アプローチ」を採用して公正価値を推定する。すなわち，

「活発な市場における同一のもしくは同じような資産もしくは負債の市場価格が欠如している場合には，公正価値は多元的評価テクニックの結果に基づいて，不当なコストと労力なくしてこれらのテクニックの適用に必要な情報を利用できる場合には，推定されるべきである。現在価値評価テクニックは，公正価値の推定に用いられる。現在価値は，経済学とファイナンスの基礎となっているものであり，オプション・プライシング・モデルを含むほとんどの資産価値評価モデル（asset-pricing models）の一部となっている。さらに将来のキャッシュ・フローの現在価値は，財務諸表において認識された資産と負債の市場価格を含意している[30]。」

　市場価値は観察可能であることから，市場価値への参照を第1に要請することにより，公正価値の信頼性が誇示される。公正価値は，「表示上の誠実性」の基準を満たし，信頼性をもったものであるとされると，この公正価値概念のなかに市場価格以外の多元的な評価テクニックが含められ，これらの評価方法も公正価値を構成するものとして制度的に承認される。しかも公正価値に包摂される多元的な評価テクニックの範囲は限定されてない。何が公正価値に含まれるか，その外縁は限定されていない。ファイナンスの分野において新しく展開する評価テクニックも公正価値を構成するものとして包摂される仕組みを公正価値概念は用意している。

　しかしながら割引現在価値評価の特徴は，「観察された取引」が欠如していることにある。「観察された取引が欠如しているもとでの公正価値の推定は，必然と主観的になり，『十分な信頼性』の認識規準を満たすにはあまりにも主観的である[31]」。割引現在価値評価などの多元的な評価テクニックは，あくまで将来予測の測定モデルであり，実際のところ，将来のキャッシュ・フローの予測と割引率の設定，リスクの評価において，経営者の意図や判断に左右され

やすいものであり，経験的に検証不能，観察不能なものである。公正価値概念は，これらの検証可能性をもたない多元的な評価モデルを「仮想的な市場取引」における市場価格に類するものとして，あたかも信頼性をもったものであるかのように合理づける。このような論理をもった制度概念が公正価値概念である。多元的評価テクニックを個別に「認められたもの」とするのではなく，公正価値の網をかぶせて包括的に合理化する。その結果，公正価値概念の設定から生み出されるものは，「資産と負債の価額の推定は市場価格によらずとも公正価値である」とする制度効果である。

4 認識領域の拡大の受け皿としての包括利益計算書

「認識の会計」理論のもと，利益は「包括利益（comprehensive income）」として概念化される。FASBの概念ステイトメントは，包括利益を以下のように規定している。

「包括利益とは，出資者以外の源泉からの取引やその他の事象および環境から生じる一会計期間における営利企業の持分の変動である[32]。」

この包括利益概念の特徴は，損益を持分（資産マイナス負債）の変動（資本取引を除く）として，幅広い利益概念を設定したことにある。損益認識にあたっては，「取引（transaction）」だけでなく，「事象（events）」と「環境（circumstances）」の変化も含めるように拡大され，会計測定は大きく弾力性と変動性をもつものになった。

会計上の利益を包括利益とすれば，包括利益は損益計算書に表示される，という理解が自然と成り立つ。しかしFASBの概念ステイトメントと会計基準は，そうならないようにする制度効果をあらかじめ組み込んでいる。むしろ包括利益概念は，資産と負債の変動額のうち特定の要素を，損益計算書に含めず除外する方向性を折り込んだものとなっている。確かに，建前の上では，包括利益は，純資産の変動額としての利益概念を設定する。従来の「取引ベースの会計」とは違って，取引だけでなく事象や環境の変化を認識の対象とすることによって未実現利益など多様な要素を利益計算に計上することになる。しかし

他方では,変動要素の高い損益(特に利益)を損益計算書から除外する方向性も確保している。このような一方では幅広い利益概念を設定し,他方で,損益計算書に計上する利益を限定する,といういわば矛盾する効果を合理化している。

FASB概念ステイトメントは,包括利益概念を設定し,利益を持分の変動(資本取引を除く)総額と規定する一方で,「稼得利益(earning)」なるもう1つの利益概念を設定している。「稼得利益」とは,「期間の業績を示したもので,その期に関係しない項目—他の期間に本来帰属する項目を極力排除したものである[33]」。「包括利益」という用語は,FASBが新しく創出し用語であるが,そのような造語をしなければならなかったのは,「稼得利益」に「包括利益とは異なった意味づけを与え,包括利益を構成する一要素とする[34]」ためであった。

ここに示された稼得利益の概念は,当期業績主義の利益概念に近い。すなわち包括利益概念によって伝統的な「取引ベースの会計」概念よりも範囲の広い多様な利益を包摂する枠組みを創る一方で,稼得利益なる概念を設定することにより,実質,当期業績主義に対応するより範囲の限定された利益概念を維持している。すなわち「FASBは,概念ステイトメントにおいて包括利益を『包括主義利益』概念に一致させる形で幅広く規定した。しかしながら包括利益よりもやや狭い『稼得利益』を利益測定に採用し,『当期業績主義』概念を維持する形で損益計算書を報告する道を残した[35]」のである。

包括利益概念の制度的な効果は,包括利益と稼得利益の概念を設定することによって,稼得利益に算入されない包括利益の概念領域を創り出したことにある。稼得利益以外の包括利益は,1997年のFASBの会計基準において,「その他の包括利益」という概念でもって具体化された。FASBによって1997年に表明された会計基準(SFAS 130号「包括利益の報告(*Reporting Comprehensive Income*)」)は,「稼得利益」概念を「純利益」概念に置き換え,純利益以外の包括利益を「その他の包括利益」として表示する財務諸表モデルを設定した。包括利益計算書において,「包括利益」は「純利益」と「その他の包括利益」

から構成されることになった。

　この包括利益計算書の問題点は,「その他の包括利益」を表示するステイトメントのあり方を特定化していないことである。FASBは,包括利益の表示方法として,以下の3つの方法を列記した。
（1）　損益計算書において「純利益」に「その他の包括利益」を加えて「包括利益」として報告する。
（2）　持分変動計算書において報告された「その他の包括利益」項目に「純利益」を加えて合算したものを「包括利益」として表示する。
（3）　損益計算書とは別の独立したステイトメント（「その他の包括利益計算書」）を作成して,損益計算書において確定された「純利益」と合算して表示する。

　FASBは,「損益計算書タイプの様式で包括利益を表示する方法」が「持分変動計算書において表示する方式よりも優れている[36]」としているが,多くの企業が採用したのは,持分変動計算書に表示する方式であった。1999年の調査では,調査対象企業347社中,持分変動計算書にその他の包括利益を公表する会社は272社,全体の78パーセントを占めている。損益計算書と結び付けてその他の包括利益を公表する会社はわずか14社,全体の4パーセントにすぎない[37]。ほとんどの会社が持分変動計算書に包括利益を計上するといった傾向を見れば,FASBの包括利益計算書の制度効果は,損益計算書タイプの様式で包括利益を表示する方向を促進したことにあるのではなく,実質,その他の包括利益を持分変動計算書に表示し損益計算書への算入を排除する方向性を合理化したことにある。

　包括利益計算書は,有価証券とデリバティブについて未実現の評価益を計上する会計基準が成立するもとで必要になった。未実現の利益と損失を損益計算書から排除することが重要な課題となり,包括利益計算書は,この課題に応えたものといえる。StickneyとWeilは,この間の事情を以下のように説明している。

　「企業が資産と負債を市場価値にて評価上げ,評価下げする時,借記（損失）

もしくは貸記（利得）を如何に扱うかが問題となる。FASBは，資産と負債の再評価からの未実現利得損失を利益（earning）に含めることに消極的である。その理由は，未実現利得損失のボラテイリテイの処理にあると考えられる。例えば，市場性のある持分株式についてすべてを未実現の利得損失を各期の利益計算に含めることは，含めない場合よりも（市場価格の変動に応じて）報告利益の変動を生み出す。（中略）経営者はFASBに対して長期にわたるロビング活動を繰り広げ，報告利益から純利益の変動を生み出す要素を排除しようとしてきた。その結果，未実現の利得損失は，貸借対照表の株主持分において独立の項目を起こして表示するようになった。しかしFASBは，これらの価値変動が損益計算書に表れず比較貸借対照表にのみに現れるとした場合に，財務諸表の利用者がこれらの価値変動要素を見過ごしてしまう恐れがあることに気付いた。その結果，『その他の包括利益』と呼ばれる新しいカテゴリーのなかに，損益計算書を経由せず貸借対照表に計上されるそれらの未実現利益を含めるよう企業に求めるようなった[38]。」

このように包括利益概念は，認識領域の拡大に対する財務諸表形式による受け皿を創り出すものであった。それは，変動性の多い利益（未実現の）を損益計算書から除外させる枠組みをもつことによって，会計認識領域の拡大に対応しようとしたのである。

5 認識拡大のもとですすむ利益縮小計上の会計実務

「認識の会計」の概念ステイトメントにおいては，会計計上に大きく判断要素を導入し利益計算の弾力性をこれまでになく強めた。この利益計算の弾力化の下で，実際，何が起こったか。

FASBによる「認識の会計」の概念ステイトメントのもとで実際に生じたことは，FASBによる利益を縮小計上する会計基準の表明であり，FASB設立以前では見られなかったほどの大規模な利益縮小計上の会計実務の進行である。

FASBは，多くの会計基準を表明しているが，多くが会計上の利益を縮小計上するものであった。GivolyとHaynは，「一般に認められた会計原則が保守主

義のバイアスを組み込んでいる事実は広く認められている(39)」として，以下のように指摘している。

「近年，財務報告はより保守主義的になったことを示している。その証拠としてFASBのプロナウンスメントがあり，それらは費用と損失の認識を早期化もしくは収益認識の遅延の効果を有するものである(40)。」

FASBが設定した会計基準は，多くが利益の縮小計上を促進するものとなっている。偶発債務，閉鎖債務，環境回復義務，年金債務，退職後医療債務，長期命数資産の減損，暖簾と無形資産の減損，繰延税資産引当金，ストック・オプションの会計といった，本書が後の章で詳しく検討することになる会計基準は，利益縮小化を促進する効果をもったものであった。

確かにFASBは，利益を拡大することになる会計基準も表明している。たとえば特定の有価証券やデリバティブを公正価値にて評価することを求めた会計基準がその代表的な例である。しかしこれらの会計基準は，その適用において，評価益の損益計算書への算入を求めるのを一部（売買目的（trading）有価証券と公正価値ヘッジ）に限定するものである。売却利用目的（available-for-sale）有価証券とキャッシュ・フロー・ヘッジについての未実現利益は，損益計算書から離れた持分変動計算書の「その他の包括利益」において計上する措置を施している。未実現利益を計上するようなことがあっても，損益計算書に算入させない措置をとる，という一脈，保守主義会計にも通じる特徴をFASB会計基準はもっているのである。

さらにFASBの会計基準のもとで，どのような会計実務が進行したかと言えば，それは，会計上の利益を縮小化する作用をもった会計実務，いわゆる保守主義会計といわれる実務である。GivolyとHaynは，1950年から1998年にかけてのアメリカ合衆国企業の会計実務の調査から，「最近の数十年の間に保守主義の報告が増大したことを物語っている(41)」としている。また，HolthausenとWattsは，会計における保守主義は1940年代に会計基準が成立する以前からあったものであるが，しかし，保守主義の会計実務が飛躍的に進行するのは，FASBが会計基準を設定するようになってからのことであると指摘している。

「保守主義はFASBの時代に増大した[42]」。「合衆国の上場企業の利益における保守主義はFASBの時代に大きく増大した[43]」としている。

FASBによる「認識の会計」の概念ステイトメントのもとで実際に起こったことは，利益縮小を生み出す会計基準の表明であり，利益縮小の保守主義会計実務であった。

6 株主価値評価目的会計理論の制度役割

利益縮小計上の保守主義会計実務は，「投資家に有用な情報を提供する」目的にそぐはない。保守主義会計実務はそのような目的に規制されて成立したものではなく，税，債務契約，配当，料金などの経済事象と関連して，財務諸表本体が果たすべき機能上の必要性から生まれたものである。

とりわけ税は，利益縮小化を推進する重要な要素である。HolthausenとWattsは，法人税と会計との関係についての研究成果を要約して以下のように述べている。

「1986年の法人税改正によって，税務目的に対する会計の現金主義から発生主義への転換が企業に強いられ，財務会計目的に対して利益の繰り延べが増大した」。「全体を通じて財務会計目的に採用される会計方法と税務会計方法が調和化する暗黙のプレッシャーが存在することを証拠は示している」。「税は，会計報告利益を課税所得に一致させるインセンティブを提供している。そのような税務所得に会計報告利益を一致させることは保守主義を促進する傾向を生み出している[44]」。

また債務契条項は，ローンの返済が確実になされるのを確実にするために，配当が投資家に過大に流れないようにするなどの条項を含み，利益の過大計上を抑止しようとする。それは保守主義会計実務を生み出す重要な契機となっている。

またアメリカに特殊な傾向として，保守主義会計実務は訴訟との関係で進展する。アメリカにおいて，保守主義会計は，1970年以降，訴訟が高まるもとで普及した。HolthausenとWattsは，「保守主義は，訴訟動機とも整合している。

利益もしくは資産の過大表示は，過少表示よりも訴訟を生み出す可能性があり，このことは利益と資産の報告について経営者が保守主義的となるインセンティブを作り出す[45]」と述べている。

このように利益縮小計上の保守主義会計実務は，税，配当，訴訟，経営者報償契約，債務契約，その他の規制などに規定されて成立する。少なくとも投資家による株式価値評価の目的に規定されて成立したとは言い難い。

FASBは，「投資家の意思決定目的」中心に会計情報の役割を説いている。ここから多くの会計理論も，会計情報の機能が投資家による持分価値の評価に有意な情報を提供することを，いわば自明の前提のように主張している。すなわち「会計情報のドミナントな機能は，持分評価にある」。「会計数値は，持分の市場価値との関係で予見された結びつきを持っている場合には価値適合 (value relevant) である[46]」と主張する理論（「価値適合」理論と呼ばれる）が展開している。「価値適合」理論は，FASBの概念ステイトメントにおいて設定された会計目的（投資家の意思決定のための会計）とも関連して，「適合性」と「信頼性」のある会計情報の基準設定を求める。とりわけ「価値適合」理論は，「公正価値会計に対して第一の焦点をおいて[47]」，公正価値による測定可能性の幅を拡大することに精力を傾けている。FASBは，これらの「価値適合」理論に支援されて，「投資家の意思決定に有用な情報提供」の目的のもと，多くの会計基準を設定してきた。しかし「価値適合」理論に支援されて展開したFASBによる概念ステイトメントと会計基準のもとで，実際，何が起こったかといえば，利益縮小計上を促進する会計基準の表明であり，利益縮小化の保守主義会計実務の大規模な進行であった。FASBによる概念ステイトメントの概念と理論の表面上のプロセスと，実際になされた基準設定ならびに実際に進行した会計実務との間には大きな隔たりがある。この場合，FASBがその理論で表だって述べたことと，FASBが実際に行ったこと，実際に起こったこととは区別しなければならない。

財務諸表が持分価値評価の資料となって活用されていることは否定すべくもないが，現実の財務諸表が投資家による持分価値評価に役立つことがドミナン

トな傾向であるかと言えば，決してそうではない。「財務会計は，企業価値評価に直接向けられたものではない[48]」。「直接の持分評価が今日の貸借対照表の性格を規定する第1の決定的要因であるとする証拠はほとんどない[49]」。利益縮小の保守主義会計実務が支配的となる傾向は，会計実務が持分価値評価のために機能した結果生み出されたものであるとは決して言えない。利益縮小の保守主義会計実務は，税，配当，訴訟，債務契約などに規制されて成立する。この点からすれば，FASBによる「投資家の意思決定に有用な情報提供」の会計目的とは離れた会計実務が現実に進行したことになる。

　FASBの会計目的設定からすれば，保守主義は批判されるべきものである。それにも関わらず，保守主義はFASBのもとで支配的な実務傾向となっている。HolthausenとWattsも指摘しているように，「利益と損失の認識に異なった基準の適用を意味する保守主義概念に対してFASBは批判を投げかけているにもかかわらず，合衆国の上場企業の利益における保守主義は，FASBの時代に大きく増大した[50]」。この矛盾した状態をいかに理解したらよいか。

　現実に進行する会計実務は，持分価値評価に規定されるものではなく，税，配当，料金に規制されたものである。そのもとで，会計実務は利益縮小の保守主義の傾向を強める。他方，これらの保守主義の会計実務は，いわゆる認識領域の拡大をもたらす会計概念と会計基準によって支援されなければ，その進行は促進されなかったとも言いうる。会計認識領域の拡大化と会計計算の弾力化を合理化した「認識の会計」の制度理論に後押しされなければ，現実の利益縮小の会計実務（保守主義会計実務）の進展は合理化されなかった。FASBによる「投資家の意思決定有用性」目的は，理論の建前に照らせば，現実の会計実務と矛盾する。しかしそのような論理によらなければ，利益縮小化，弾力的利益計算による保守主義会計実務の進行は合理化されなかった。FASBが展開する会計の理論と概念は，現実の会計実務（保守主義会計実務）を，FASBが表だって展開する論理とは裏腹に，是認し合理化する制度効果をもつことによって，制度的な理論となりえたのである。「認識の会計」の制度理論は，利益縮小化の会計実務プロセスを合理化するところに，それが果たした制度機能があった

のである。

おわりに

「認識の会計」理論は，制度理論であることによって，伝統的な「取引ベースの会計」の制度理論を排撃し，利益計算をこれまでになく弾力的なものとした。その上で現実に進行する利益縮小化の会計実務を合理化し促進した。そしてそのことにより会計実務の税，配当，料金，報酬，訴訟等において会計実務が果たすべき役割を現実のものとしたのである。会計理論の特徴は，それらが制度の理論として構築されるところにある。「認識の会計」理論は，その理論の制度性に焦点をあてて検討すると，現代会計制度の特徴とその性格はより真実味をもって理解することが出来る。

(注)
(1) FASBの概念ステイトメントは，認識とは「ある項目を，資産と負債，収益，費用，もしくはこれらに類するものとして，企業の帳簿に正式に記帳するかまたは財務諸表に記載するプロセスである」としている。(FASB, Statement of Financial Accounting Concepts, No. 5, *Recognition and Measurement in Financial Statements of Business Enterprises*, 1984, par. 6.)
(2) 加藤盛弘『一般に認められた会計原則』森山書店，1995年，17頁。
(3) Ruth D. Hines, The FASB's Conceptual Framework, Financial Accounting and Maintenance of the Social World, *Accounting, Organizations and Society*, Vol. 16 No. 4, 1991, p. 314.
(4) FASB, Statement of Financial Accounting Concept No. 1, *Objective of Financial Reporting by Business Enterprises*, 1978, par. 34.
(5) *Ibid.*, highlights.
(6) *Ibid.*, par. 43.
(7) *Ibid.*, summary.
(8) SFAC No. 6, *Elements of Financial Statement*, 1985, highlights.
(9) *Ibid.*, highlights.
(10) *Ibid.*, highlights.
(11) *Ibid.*, highlights.
(12) *Ibid.*, highlights.

(13)　*Ibid.*, par. 65.
(14)　*Ibid.*, footnote 42.
(15)　Baruch Lev, New Accounting for the New Economy, 2000. www. stern. nyu. edu/~blev, p. 5.
(16)　W. A. Paton and A. C. Littleton, *An Introduction to Corporate Accounting Standards*, pp. 14 and 25,（中島省吾訳，23頁，43頁）。
(17)　FASB Financial Accounting Series, Discussion Memorandum, *An Analysis of Issues Related to Present Value-Based Measurements in Accounting*, 1990, p. 17.
(18)　*Ibid.*, p. 7.
(19)　Krisha, G. Palepu, Paul Healey and Vic Bernard, *Business Analysis & Valuation, Using Financial Statements*, Third Edition, 2004, pp. 4-33.
(20)　*Ibid.*, pp. 4-6.
(21)　FASBが公表した特別報告においては，今日，「無形資産の公正価値の推定についてガイドライン」が形成されているとしている。そのようなものとして，（1）現在価値評価テクニックと資産の経済価値概念の使用をガイドした概念ステイトメント7号，（2）AICPAのタスクホースによって「仕掛中の試験研究費（in-process research and development)」評価のベスト・プラクティスをレビューする事業，（3）情報機関（clearinghouses）が特許等についての価格評価を行っていること，（4）合衆国における会社，M-CAM による「Certified Asset Purchase Price」と称する担保取引に関係する情報の公表，などをあげている。これらの動きは，「測定テクニックを有効なものとして，無形資産評価の信頼性についての疑いが減少することになる」として，無形資産の測定可能性が進んでいることを指摘している（Waye S. Upton, *Business and Financial Reporting, Challenges from the New Economy*,（FASB Financial Accounting Series, Special Report, 2001, pp. 8-89)。またFASBも無形資産の測定と開示をアジェンダにのせており，無形資産の測定可能性についての制度的承認の方向が進んでいる。
(22)　Krisha, G. Palepu, Paul Healey and Vic Bernard, *op. cit.*, p. 4-6.
(23)　*Ibid.*, p. 4-6.
(24)　*Ibid.*, p. 4-21.
(25)　*Ibid.*, p. 4-22.
(26)　FASB Exposure Draft, Proposed Statement of Financial Accounting Standard, *Fair Value Measurements*, 2004, par. 4.
(27)　Mary E. Barth, Fair Value Accounting: Evidence from Investment Securities and the Market Valuation of Banking, *The Accounting Review*, January 1994, p. 3.

最初に「公正価値」の用語を用いた会計基準（SFAS 107号）は，「公正価値」の用語を採用した理由を，「市場価値」の用語が金融商品の広い範囲に適用できないとの意見もあり，「将来の混乱を避けるため」，「公正価値」の用語を用いることにしたと記している。（SFAS No. 107, *Disclosure about Fair Value of Financial Instrument*, 1991, par. 37.）

(28) *Ibid.*, summary.
(29) FASB Exposure Draft, Proposed Statement of Financial Accounting Standard, *Fair Value Measurements*, 2004, par. 5.
(30) *Ibid.*, appendix A1.
(31) Waye S. Upton, *op. cit.*, p. 88.
(32) FASB, Statement of Financial Accounting Concepts No. 3 and No. 6, 1980, 1985, par. 70.
(33) FASB, Statement of Financial Accounting Concepts No. 5, *Recognition and Measurement in Financial Statements of Business Enterprise*, 1984, par. 34.
(34) FASB, Statement of Financial Accounting Concepts No. 3, *Elements of Financial Statements of Business Enterprises*, 1980, par. 58.
(35) L. Todd Johnson, Cheil L. Reither and Robert J. Swieringa, Toward Reporting Comprehensive Income, *Accounting Horizons*, December 1995, p. 131.
(36) FASB, Statement of Financial Accounting Standard, No. 130, par. 67.
(37) AICPA, *Accounting Trend and Techniques*, 1999, p. 401.
(38) Clyde P. Stickney and Roman L. Weil, *Financial Accounting: An Introduction to Concepts, Methods, and Use*, 2000, p. 674.
(39) Dan Givoly and Carla Hayn, The Changing Time-Series Properties of Earnings, Cash Flow and Accruals: Has Financial Reporting Become More Conservative? *Journal of Accounting and Economics*, 29, 2000, p. 317.
(40) *Ibid.*, p. 288.
(41) *Ibid.*, p. 290.
(42) Robert W. Holthausen and Ross L. Watts, The Relevance of the Value-relevance Literature for Financial Accounting Standard Setting, *Journal of Accounting & Economics*, 31, 2001, p. 43.
(43) *Ibid.*, p. 41
(44) *Ibid.*, p. 40.
(45) *Ibid.*, p. 40.
(46) Marry E. Barth, William H. Beaver, Wayne R. Landsman, The Relevance of the Value Relevance Literature for Financial Accounting Standard Setting

Another View, *Jouranal of Accounting and Economics*, 31, 2001, p. 81.
(47)　*Ibid.*, p. 82.
(48)　Robert W. Holthausen and Ross L. Watts, *op. cit.*, p. 24.
(49)　*Ibid.*, p. 36.
(50)　*Ibid.*, p. 41.

（村瀬　儀祐）

第2章　会計基準の国際的形成と会計認識領域の拡大
——FASBの国際的活動のアメリカ会計基準形成に対する影響——

は　じ　め　に

　多くの研究によって明らかにされているように，現在，アメリカにおいては非常に多様な将来予測要素を不可欠の要素として内包する会計処理方法（将来事象会計）がぞくぞくと導入されてきている。たとえば，長期資産の減損会計，環境回復負債会計，および年金会計などである。これらの将来事象会計項目はかつては会計の認識対象ではなかった項目である[1]。

　そのような会計認識領域の拡大が進展する状況下において，FASBは会計基準の国際的調和化・統一化（会計基準の国際的形成）にむけた活動をますます活発に行っている。たとえば，FASBは1990年代にG4+1（group of 4 plus one）に参加していた。G4+1はオーストラリア，カナダ，ニュージーランド，イギリス，およびアメリカの会計基準形成機関のメンバーと，国際会計基準委員会（IASC）のスタッフで構成される組織であった[2]。

　G4+1は将来事象会計の導入を支える立場をとり，非常に強い国際的影響力を持っていた[3]。G4+1は2001年の国際会計基準審議会（IASB）の発足に伴い，その活動を停止した。しかし，G4+1を構成していた国々は今後も，IASBの活動などに対して大きな影響力を持つと考えられている。とくにFASBは現在，世界でもっとも影響力のある会計基準設定機関であり，IASBの活動を含めた会計基準の国際的調和化・統一化の動向をリードしていると考えられている[4]。

　さらに，G4+1活動停止後の2002年にFASBは，FASBの影響を強く受けてい

ると考えられるIASBとの間で,ノーウォーク合意を締結した。

　これらのFASBの国際的活動は会計基準の国際的調和化・統一化の動向に対して,非常に大きな影響を与えていると思われる。では,FASBによるこれらの国際的活動は逆に,将来事象会計の導入がますます進むアメリカ会計基準形成に対して,いかなる影響をもたらすのであろうか。その影響は個別問題を扱う個別会計基準に対する影響と,会計基準の形成方式全般に対する影響の両面について検討する必要があろう。本章はその問題を,ノーウォーク合意を例に検討するものである。

　FASBによる国際的活動が国際会計基準（国際財務報告基準）形成を含む会計基準の国際的調和化・統一化の動向に対していかなる影響を与えるのかなどの問題は重要な問題である。それと同時に,国際的調和化・統一化活動がアメリカの国内会計基準形成に対していかなる影響を与え,そのことがいかなる意味を持つのかという問題もまた重要であると考える。また,FASBによる国際的活動のアメリカにとっての意義はアメリカの国際的な影響力を強めることなど,さまざまなものがあろう。本章で検討するノーウォーク合意を中心としたFASBの国際的活動の国内会計基準形成に対する影響は,その一側面である。

1　FASB減損会計基準と将来予測要素

　アメリカにおいて長期資産の減損会計を規定していたFASB財務会計基準ステイトメント第121号『長期資産の減損会計および処分予定長期資産の会計』（SFAS 121号）は,2001年に第144号『長期資産の減損および処分に関する会計』（SFAS 144号）によって改訂された。しかし,SFAS 144号においても,使用目的保有の長期資産に対する減損の認識と測定,および売却処分目的保有の長期資産の測定に関するSFAS 121号の基本的な規定は維持されている[5]。

　SFAS 144号はFASB財務会計概念ステイトメントの理論的立場を踏襲し,長期資産の減損を将来キャッシュ・フロー概念をもとに認識・測定する。SFAS 144号は長期資産を使用目的保有のものと売却による処分目的保有のものとに分類し,そのそれぞれに対する規定を定めている[6]。

使用目的保有の長期資産の場合，まず減損発生の有無の判定を要する資産（資産グループ）が選別される。ついで，その資産の使用および最終的な処分の結果から生じると予測される将来キャッシュ・フロー（非割引）の合計額が算定される。予測将来キャッシュ・フローの額が簿価よりも低ければ減損を認識し，簿価がその資産の公正価値を超過する金額が減損損失として計上される。以前の期間に認識された減損損失の戻し入れは禁止される。減損損失は損益計算書の法人税控除前の継続事業利益の計算区分に含められる。また，売却以外の方法による処分予定の長期資産は，処分されるまでは使用目的保有として分類される(7)。

　売却目的保有の長期資産として分類された資産（処分グループ）は，簿価と売却コスト控除後公正価値のいずれか低い金額で計上される。売却目的保有の長期資産は減価償却（あるいは償却）されない。公正価値の増加による減損損失の戻し入れは，以前の期間に認識された累積的減損損失の金額の範囲内でのみ認められる(8)。

　また，実体のその他の部分と明確に区別しうる事業やキャッシュ・フローから構成されるセグメントなどのうち，一定の規準を満たすものは廃止事業として分類される。廃止事業に関する損益は純利益の計算区分において，継続事業からの利益とは区別して表示される(9)。

　加藤盛弘教授がSFAS 121号について指摘しておられるように，このような減損会計の処理内容には，将来キャッシュ・フロー概念が不可欠のものとして深く取り入れられている。減損会計はその概念の存在と適用なくしては成り立たない会計処理であると考える。さらにSFAS 121号およびSFAS 144号においては，長期資産の分類，減損発生の有無の判定を要する資産の選別，資産がもたらす将来キャッシュ・フローの予測，および資産の公正価値の算定などの多様な主観性と判断が必然的に導入されることとなる。減損会計はそれらの判断や予測を行う会計プロフェッションの存在を前提とする会計処理であると考える(10)。

　このような将来事象に対する予測や判断は，将来のことがらに関する不確実

なものである。それらの不確実な予測や判断の内容が財務諸表上の数値に大きな影響を及ぼしかねないがゆえに，そのような主観的要素の導入に対する合意の獲得がますます必要になると考える。また，会計処理方法に含まれる主観的要素が増加すればするほど，その処理方法を妥当なものであるとする合意の獲得がますます重要になろう。

ノーウォーク合意の締結というFASBの国際的活動は，このような将来事象会計の妥当性を支え，その導入を促進する影響をもたらすと考える。

2 ノーウォーク合意とFASB減損会計基準

(1) ノーウォーク合意およびIASB『公開草案』の内容

FASBとIASBとの間で2002年に締結されたノーウォーク合意によれば，FASBとIASBは財務諸表の比較可能性を向上させうるような，高品質で互換性のある会計基準の開発をめざし，つぎの事項について協力する[11]。

(a) アメリカの一般に認められた会計原則（GAAP）と国際財務報告基準（IFRS）の間に存在するさまざまな個々の相違を除去することを目的とした短期プロジェクトを開始する。

(b) 将来の作業計画の調和化を通じて，2005年1月1日時点に存在するであろうGAAPとIFRSとの間の相違を除去する。

(c) 現在進行中のプロジェクトの継続的進展。

(d) 双方の審議会における解釈指針の調和化。

IASBの山田辰己理事によれば，ノーウォーク合意における短期プロジェクトは，「米国会計基準に準拠することがそのままIFRSに準拠することになるようにすることが目的とされており，必ずしもその逆（IFRSに準拠することが米国会計基準に準拠することになること）を目的としたものではない[12]」という。また，短期プロジェクトおよび将来の作業計画の調和化を通じて「両者が達成しようとしている目的は，当面は米国会計基準に準拠した財務諸表をそのままIFRSに準拠した財務諸表とみなせるようにすることとされている[13]」という。

そのようなノーウォーク合意の短期プロジェクトのもとでの最初の公開草案

として,2003年に公表されたのが,IASBのIFRS公開草案第4号『非流動資産の処分と廃止事業の表示』(以下,単に『公開草案』と略す)である。『公開草案』は減損会計に関する国際会計基準(IAS)・IFRSとアメリカ基準の相違のうち,比較的短期間で合意に達しうる問題を検討したものである。『公開草案』はFASBのSFAS 144号を分析し,使用目的保有の長期資産の処理についてはIAS・IFRSとの相違が大きいとしている。それゆえ『公開草案』はSFAS 144号の売却目的保有の長期資産の処理および廃止事業の分類と表示に関する規定と,IAS・IFRSの規定との収斂を検討している[14]。

IAS・IFRSにおいて長期資産の減損会計を規定しているのはIAS 36号『資産の減損』である。『公開草案』は売却目的保有の長期資産という概念を新設し,その定義に合致する長期資産について規定している。したがって,『公開草案』がIFRSとなれば,使用目的保有の長期資産はIAS 36号によって規定され,売却目的保有の長期資産は『公開草案』によって規定されることとなる[15]。

『公開草案』はSFAS 144号の内容をIASBが取り入れるかたちで作成された。『公開草案』は売却目的保有の長期資産の選別規準,減損損失の認識・測定方法,および廃止事業の分類と表示などについて,それぞれ,FASBのSFAS 144号と同様の規定を定めている。この『公開草案』がIFRSとなった場合,売却目的保有の長期資産と廃止事業に関して,SFAS 144号の規定とIFRSの規定との間に実質的な統合化が実現できるのだという[16]。

(2) 個別会計基準に対する影響

ノーウォーク合意はアメリカ基準とIAS・IFRSとの調和化を従来よりも強力に促進することを標榜するものである。そのノーウォーク合意にもとづく『公開草案』はSFAS 144号の規定を取り込むことによって,両者の同一性を主張するものである。

売却目的保有の長期資産の減損会計処理および廃止事業の分類と表示に関する規定だけとはいえ,アメリカ減損会計基準の内容をIASBが取り入れたということは,アメリカ基準の妥当性が国際的な機関によって認められたというこ

とになろう。そのことは,その基準を設定したFASBや会計プロフェッションの能力の確かさを,IASBという世界規模の組織が認めたということになろう。

そのことは減損会計基準の内容,およびその会計基準を設定したFASBや会計プロフェッションの能力に対する社会的信頼性を向上させることにつながると考える。

プロフェッショナル会計制度をとるアメリカにおいて,会計基準の信頼性は会計プロフェッションの権威と信頼性に求められるという[17]。そのようなアメリカ会計制度において,会計プロフェッションの能力の確かさを世界規模の機関であるIASBが認めることは,会計基準の社会的信頼性の向上に対して,大きな意味を持つであろう。

アメリカの減損会計基準は国内で一定の合意や信頼性をすでに獲得している。『公開草案』は世界レベルでの議論の結果であるということによって,アメリカ基準の信頼性や妥当性を間接的にではあるが向上させる役割を果たしていると考える。このようないわば二重の意味での支持の獲得によって,SFAS144号の妥当性はさらに向上すると考えられるのである。

また,非常に多様な将来予測要素を内包するFASB減損会計基準の妥当性をIASBが認めることは,間接的にではあるが,多様な主観的要素を内包する将来事象会計の導入そのものの妥当性を向上させるであろう。

『公開草案』はノーウォーク合意の趣旨にそって発行されたものである。したがって,ノーウォーク合意は『公開草案』の内容の妥当性を向上させると考えられる。そのことは,『公開草案』のアメリカ会計基準に対する影響をいっそう効果的にするであろう。

個別基準に対してこのような役割を果たすノーウォーク合意は,アメリカ会計基準形成に対して,いかなる影響をもたらすのであろうか。

3 ノーウォーク合意と会計認識領域の拡大

(1) 『原則主義アプローチ』の内容

エンロンなどの不正会計問題の発生をうけて2002年に制定されたSarbanes-

Oxley法（以下，SO法と略す）のセクション108は，会計基準設定機関に対して，高品質な会計基準の国際的収斂に関する検討を要求している。さらにSO法はSECに対して，アメリカ財務会計システムにおける原則主義会計システムの採用に関する研究を要求した[18]。

FASBの提案書『アメリカ会計基準設定に対する原則主義アプローチ』（以下，『原則主義アプローチ』と略す）はそのような状況下において2002年に公表された。『原則主義アプローチ』によれば，FASBの使命は利用者の意思決定に有用な情報の提供を通じて，公益に貢献しうるような，高品質な会計基準（high-quality accounting standards）を設定することである[19]。

『原則主義アプローチ』は近年の会計に対する社会的批判の存在を指摘し，会計基準の詳細化（複雑化）にこそ問題があると主張する。会計基準の詳細化問題は，会計基準に含まれる基本的原則に対する例外の多さ，および会計基準に対する解釈指針や履行指針の多さから生じるという[20]。

そのような問題を解決するために，FASBは詳細な規則や多量の指針を提供するアプローチにかえて，原則主義アプローチの採用を提案している[21]。

原則主義アプローチは認識，測定および報告要件に対する基本的原則を個々の会計基準ごとに概念フレームワークから導出し，それを従来よりも幅広い取引や事象に対して広範囲に適用することを要求するものである。そうすることにより会計基準の複雑性を緩和させうるし，会計基準に含まれる基本的原則に対する例外や解釈指針の数を減少させうるのだという[22]。

エンロンなどの問題は多様な原因によって生じたものであろう。『原則主義アプローチ』はそのなかでもとくに，会計基準の複雑性にこそ問題があるとして，基本的原則を従来よりも幅広く適用することを主張している。そのことは必然的に，個々の状況や事象に会計基準を適用するさいのプロフェッショナルの判断の必要性を従来よりも増加させることになる。

個々の会計基準に含まれる基本的原則は広範囲の事象に適用しうるものであるために，ある程度抽象的にならざるをえない。したがって，会計プロフェッションが自らの判断を用いて基本的原則を適切に個々の事象に適用したとして

も，類似の取引や事象に対して，必ずしも同じ結論に至るとは限らない。FASBはそのような判断結果の多様性を容認し，社会はプロフェッショナルの判断結果を受け入れねばならないと主張している[23]。このように，『原則主義アプローチ』は高品質な会計基準がプロフェッショナルな判断の弾力的適用を必然的に内包するものであることを主張している。

FASBによれば，概念フレームワークの改善などの課題があるものの，原則主義アプローチの採用により，FASBは高品質な会計基準を開発しうるという。さらに，原則主義アプローチはIAS・IFRSの形成やその他の国々において用いられているアプローチと類似したものとされる。したがって，原則主義アプローチの採用はIASBなどとFASBとの間の国際的収斂を促進することに貢献するのだという[24]。

(2) アメリカ会計基準形成方式に対する影響

アメリカにおいて，『原則主義アプローチ』は将来事象会計の導入そのものを全体として支え，促進する役割を果たすと考える。原則主義アプローチによれば，非常に多様な判断を用いることは問題ではない。多様な判断の存在はむしろ，高品質な会計基準の運用にとって不可欠の要素であるとされる。また，そのような判断や予測の結果の多様さも，社会的に受け入れうる程度の多様性であることになる。たとえば，類似の項目に対する将来キャッシュ・フローの算定結果や公正価値の算定結果が，企業間あるいは事象間である程度異なっていてもよいということになろう。そのことは，個々の企業が独自の仮定や判断をもとに，会計処理（たとえば，減損会計処理）を行うことの妥当性を向上させるだろう。

そのような『原則主義アプローチ』が果たす役割は，非常に多様な判断を内包する将来事象会計に対して，とくに効果的であるだろう。アメリカにおいて，個々の会計処理内容の妥当性を直接支えるのは個々の会計基準である。『原則主義アプローチ』は多様な予測や判断を用いること，およびその判断結果の多様性を妥当なものとすることにより，将来事象会計の導入そのものを包

括的に支えうるものであると考える。したがって,『原則主義アプローチ』は将来事象会計の導入（会計認識領域の拡大）がますます進むアメリカ会計基準形成のあり方を間接的にではあるが包括的に支え,促進しうるものであると考えられる。

また,『原則主義アプローチ』は公益に貢献しうる高品質な会計基準の形成にとって,概念フレームワーク,その概念フレームワークから基本的原則を導出しうる基準設定機関,およびプロフェッショナルな判断を用いて基本的原則を個々の事象に対して適用し運用しうる会計プロフェッションの存在を不可欠のものであると位置づけている。

FASBはSO法がSECに対して要求した原則主義アプローチの研究を率先して行うことによって,FASBこそがアメリカ会計基準形成を担いうる存在であると主張していると考える。したがって,『原則主義アプローチ』が想定している基準設定機関とはFASBであるといえよう。

このように,『原則主義アプローチ』はFASBおよび会計プロフェッションが公益に貢献しうる非常に重要な存在であると位置づけている。そのことは会計プロフェッションやFASBの社会的信頼性を向上させるであろう。したがって,『原則主義アプローチ』は近年の会計制度に対する社会的批判を緩和し,FASBや会計プロフェッションを中心としたアメリカ会計基準形成そのものに対する社会的信頼性を向上させる役割を果たすと考える。

加藤盛弘教授によれば,アメリカ会計原則とその設定方式への批判は現象的には,会計プロフェッション（プライベート・セクター）による会計基準形成方式への批判（パブリック・セクターによる基準形成論）として現れてきたという。会計プロフェッションはそのつど,プロフェッショナル制度を強化すること（基準形成機関の機構と設定の論理の改革）によって,プライベート・セクターによるGAAP設定方式を維持してきたという。加藤教授はその歴史が,その時代に社会的合意の獲得が困難であった新しい会計実務を,プロフェッショナル制度の強化によって合理化してきた歴史であると指摘しておられる[25]。

FASBによる『原則主義アプローチ』の発行も,このような歴史の流れにあ

てはまるものであると考える。将来事象会計は非常に多様な主観的要素を内包するがゆえに，そのような主観的要素の導入に対する社会的合意の獲得がますます必要になる。そのような将来事象会計の導入がますます進展する中で，エンロンなどの問題が社会問題化した。

エンロンの問題などに伴い会計基準が批判され，さらに会計に関する規定を盛り込んだSO法が制定された。それらのことがらは，会計基準の社会的信頼性を低下させるであろう。さらに，そのような状況においては，将来事象会計に対する社会的合意の獲得も困難になろう。

そのような状況下において，FASBが自主的に率先して発行したのが『原則主義アプローチ』である。『原則主義アプローチ』は社会的批判を受けた基準形成機関（プライベート・セクター）側からの改善策であり，FASBによる基準形成方式を維持しようとするものであると考える。さらに，上述のように，『原則主義アプローチ』は将来事象会計の導入をさらに促進しうるものである。

このように，『原則主義アプローチ』は会計プロフェッションを中心としたFASBによる基準形成方式そのもの，および将来事象会計の導入に対する社会的信頼性を向上させる役割を果たすと考えられる。

『原則主義アプローチ』が果たす社会的信頼性の向上効果をよりいっそう高めるものが，ノーウォーク合意であると考える。『原則主義アプローチ』とほぼ同時期に公表されたノーウォーク合意は，FASBとIASBが相互に国際的調和化を進めることを標榜するものである。その合意の趣旨からすれば，IASBで採用されているものと同様のものとされる原則主義アプローチをFASBが採用することは，国際的にも支持されるものとなる。『原則主義アプローチ』の妥当性が国際的に認められることは，『原則主義アプローチ』が果たす将来事象会計の導入の促進効果をいっそう高めるであろう。したがって，ノーウォーク合意は原則主義アプローチの採用に対する妥当性を向上させることを通じて，将来事象会計の導入がますます進むアメリカ会計基準形成のあり方の妥当性を包括的に支える役割を果たすと考えられるのである。

お わ り に

　上述のように，減損会計は多様な予測や判断，およびそれらを行う会計プロフェッションの能力の高さに対する信頼性を前提とすることによって成り立つ会計処理方法である。これらの不確実な予測や判断が財務諸表上の数値に大きな影響を及ぼしかねないがゆえに，そのような主観的要素の導入に対する合意の獲得が必要になると考える。また，会計処理方法に含まれる主観的要素が増えれば増えるほど，その処理方法に対する合意の獲得がますます重要になろう。だからこそ，自国の減損会計基準の妥当性，および基準設定機関や会計プロフェッションの能力の高さが，IASBという世界的組織によって，おおむね認められることがアメリカにとって重要な意味を持つのだと考えられる。

　しかし，近年のアメリカ国内における会計制度に対する社会的批判の高まりは，そのような会計処理（将来事象会計）に対する社会的信頼性の低下をもたらすであろう。そのような状況下において，プロフェッショナルな判断を不可欠のものとする原則主義アプローチを採用することは，将来事象会計の導入が進むアメリカ会計基準形成にとって重要な意味を持つと考えられる。

　ノーウォーク合意は減損会計のみを検討するものではなく，非常に幅広い影響を持つものである。したがって，本章で導出した結論は，アメリカ会計基準形成に対するノーウォーク合意の影響の一側面である。

　本章で検討したノーウォーク合意はFASBと，その影響を強く受けていると考えられるIASBとの間の合意である。さらに『公開草案』はFASBに大きな影響を受けて作成されたものであった。それらの国際的活動はみな，将来事象会計の導入（会計認識領域の拡大）が進展するアメリカ会計基準形成のあり方を，個別基準レベルおよび会計基準形成レベルの両面において支え，促進する影響をアメリカ会計基準形成に対してもたらすと考えられる。

　ここにノーウォーク合意というFASBの国際的活動の，アメリカ会計基準形成に対する影響の一端が看取しうる。

　今後，ノーウォーク合意にもとづくFASBおよびIASBの活動がいかなるも

のとなり，それがアメリカ会計基準形成に対していかなる影響をもたらすかはまだ不明である。今後も，IASBの活動や会計基準の国際的調和化・統一化の潮流はアメリカ会計基準形成に何らかの影響を与えると思われる。したがって，IASBの活動などは今後も国際的なレベルにおける意義とともに，一国の国内会計基準形成に対して持つ意義との両面において考察される必要があろう。

(注)
（1） そのような研究にはたとえば，加藤盛弘編著『将来事象会計』森山書店，2000年がある。
（2） Kathryn Cearns, Principal Author, *Reporting Financial Performance : A Proposed Approach*, FASB, 1999, p. 5 footnote, 辻山栄子「会計基準の国際的動向と会計測定の基本思考」『會計』第161巻第3号，2002年，29頁，およびFASBのウェブ・サイトhttp://www.fasb.org/IASC/G4+1.shtml（2003年3月13日現在）。
（3） G4+1が検討してきた項目の主なものについては，Kimberley Crook, Principal Author, *Accounting for Share-Based Payment*, FASB, 2000のG4+1 Special Reportsリストを参照されたい。
（4） たとえば，Warren McGregor, "An Insider's View of the Current State and Future Direction of International Accounting Standard Setting", *Accounting Horizons*, 1999, pp. 163-165, David Tweedieおよび西川郁生「国際会計基準委員会（IASC）の組織改革と新たな展望―IASC次期議長 David Tweedie氏に聞く―」『JICPAジャーナル』2001年1月号，14頁，平松一夫「会計基準と基準設定の国際的調和化をめぐる諸問題」『會計』第161巻第3号，2002年，4-6頁，加藤厚「IASBが目指す"会計基準の世界統一"と日本の対応」『會計』第161巻第3号，17頁，および辻山，前掲論文，29頁がある。
（5） FASB, Statement of Financial Accounting Standards No. 144, *Accounting for the Impairment or Disposal of Long-Lived Assets*, 2001, summary and par. 1.
（6） *Ibid.*, pars. 30-33 and 38-40.
（7） *Ibid.*, pars. 7, 15, 25 and 27.
（8） *Ibid.*, pars. 30-37.
（9） *Ibid.*, pars. 41-43.
（10） 加藤盛弘「長期資産損傷会計とキャッシュ・フロー概念」『同志社商学』第51巻第1号，1999年，280-282頁。
（11） FASB and IASB, *Memorandum of Understanding "The Norwalk Agreement"*, 2002, pp. 1-2. ノーウォーク合意の本文はhttp://www.fasb.org/news/

memorandum.pdfにおいて公表されている（2004年3月25日現在）。
(12) 山田辰己「IASBとFASBのノーウォーク合意について―国際会計基準と米国会計基準の統合化へ向けての合意―」『企業会計』2003年2月号，83頁。本章におけるノーウォーク合意の訳語は，同論文に掲載されている翻訳を参考にした。
(13) 同論文，84頁。
(14) IASB, ED4, *Disposal of Non-current Assets and Presentation of Discontinued Operations*, 2003, pars. IN2-IN3. 公開草案の翻訳には，企業会計基準委員会訳「非流動資産の処分及び廃止事業の表示」がある。企業会計基準委員会の翻訳は，http://www.acb.or.jp/j_iasb/ed/ias4/ed_ducapdo.pdfにおいて公開されている（2003年9月5日現在）。
(15) *Ibid.*, pars. C8-C9.
(16) *Ibid.*, pars. 4, 6, 8, 12, 16, B1 and IN2-IN5.『公開草案』は2004年3月にIFRS第5号『売却目的保有の非流動資産および廃止事業』となった。IASBはIFRS第5号の設定によって，売却目的保有資産の処理，および廃止事業の分類と表示に関して，FASBのSFAS 144号の規定との実質的な収斂を達成したと主張している (IASB, International Financial Reporting Standard 5, *Non-current Assets Held for Sale and Discontinued Operations*, 2004, par. IN5)。
(17) 加藤盛弘「将来事象導入論理の展開」加藤盛弘編著『将来事象会計』所収，15頁。
(18) *Sarbanes-Oxley Act of 2002*, Sec. 108. 2001年後半からの不正会計問題やSO法の概要については，たとえば，つぎの文献がある。奥山章雄，山崎彰三，岸田雅雄，八田進二「米国「企業改革法」の実体とわが国への影響」『企業会計』2003年1月号，および田中恒夫「アメリカの会計不信とその対応―企業改革法を中心として―」『経営論集』（大東文化大学経営学会）第5号，2003年2月。
(19) FASB, Proposal, *Principles-based Approach to U. S. Standard Setting*, 2002, pp. 1-2. この提案書の本文はhttp://www.fasb.org/proposals/principles-based_approach.pdfにおいて公表されている（2004年3月25日現在）。
(20) *Ibid.*, pp. 2-5.　(21) *Ibid.*, pp. 4-5 and 10.
(22) *Ibid.*, pp. 4-8.　(23) *Ibid.*, pp. 8-10.
(24) *Ibid.*, pp. 6-7 and 9-10.
(25) 加藤盛弘『一般に認められた会計原則』森山書店，1994年，84-86頁。

（川本　和則）

第3章　公正価値会計の展開と会計機能

は じ め に

　現代会計は公正価値会計の展開過程といっても過言ではない。たとえば国際会計基準をとっても，1997年から2000年の間においてもIAS 19号「従業員給付」，同38号「無形資産」，同39号「金融商品：認識及び測定」，同40号「投資不動産」，同41号「農業」等において公正価値評価が導入された[1]。また現在，IFRS 3号「企業結合」（以後単にIFRS 3号という）およびIAS 36号「資産の減損」・IAS 38号「無形資産」（改訂基準であり，以下，IAS 36号, IAS 38号という）[2]における企業結合会計および無形資産・のれんの会計においても公正価値評価がこれら新基準の中心概念をなしている。

　しかし，公正価値評価およびその開示規定は各基準にピース・ミール的に導入され明確な概念的一貫性を欠く面があった。このようななかで，FASBが2004年6月に公正価値測定目的に関する公開草案『公正価値の測定』（以下，単に「公開草案」という）[3]を表わしたが，このプロジェクトはIASBと共同で進められてきたもので[4]，まさにこれは現代会計の認識と測定の基礎として公正価値の概念を国際的にも改めて体系的に位置づける必要性に迫られていることの証左に他ならない。

　周知のように，公正価値会計は金融商品の公正価値評価を中心に展開されてきたが，こんにち，金融商品等の全面公正価値評価への転換の問題は障碍に直面している。それはその'受け皿'ともいうべきIASBの「包括利益の報告」

プロジェクト[5]の進展の如何に大きく関連しているが，他面，これらの問題の基底には公正価値評価そのものの概念的一貫性や信頼性の問題があることも否定できない。

さりながら，公正価値概念は現代会計と深く結びついてきた。現代会計は従来は会計の認識対象とはされていなかった将来に発生すると予測される事象をますます会計の認識対象に取り入れていくという認識領域の拡大を特徴としている。これを可能としているのが公正価値という一般化された測定概念の機能である。公正価値の基本は交換価格（市場価格）とされるが，それは割引現在価値等の市場価格見積りの多元的測定モデルを包摂している。すなわち将来キャッシュ・フローの現在価値を公正価値を構成するものとして論理化することによって，従来は測定不可能とされた取引や将来事象を資産・負債として認識の対象に組み込んでいくという制度的概念として機能しているのである。

以下本章では，公正価値の概念内容と実際の会計基準における評価基準の検討を通じて，こんにちの公正価値会計が果たしている会計機能が如何なるものであるかを摘出することとする。

1　公正価値とはなにか

(1)　公正価値の定義

FASBは2003年（6月）に先の「公正価値の測定」をその審議事項に入れ，IASBとの密接な連携の下で公正価値評価のフレームワーク化に向けたプロジェクトを進めてきた。こんにちの公正価値概念を代表するものとしてその「公開草案」を用いよう。

公正価値とは，「資産または負債が取引の知識を有し，意思がある独立した当事者間の現在の取引において交換されるであろう価格である[6]」と定義される。そこで，公正価値の目的は測定対象たる資産または負債に関して実際の取引がない場合の交換価格を見積ることであるとされる[7]。すなわち，市場における取引が会計認識の契機であり，これら取引の交換価格が公正価値とされるのであるが，もし実際の（観察可能な）取引価格がない場合には，意思がある

当事者(独立した市場参加者)間の現在の仮想上の取引を参照するよう求めたのである。

つぎに,「公開草案」はその公正価値の評価技法としてマーケット・アプローチ,インカム・アプローチおよびコスト・アプローチを上げている[8]。

　a. マーケット・アプローチは,同一か類似の,あるいはその他の比較可能な資産ないし負債の実際の取引から得られる観察可能な価格および情報を用いる。公正価値の見積りはそれらの取引価額に基づいてなされる。

　b. インカム・アプローチは,将来金額(将来キャッシュ・フローあるいは稼得利益)を1つの現在金額に転換する(割引く)評価方法を用いる。それらの評価方法に現在価値法またオプション・プライシング・モデルなどがある。

　c. コスト・アプローチは,資産についてのその用役潜在力を取り替えるのに現在必要とされる金額(取替原価)を考える。公正価値の見積りは陳腐化を修正した上での同等の能力を有する代替資産の取得原価と考えるのである。

このように,「公開草案」は公正価値評価の測定属性・技法を3つのアプローチ法として区分する一方で,さらに次のような公正価値の見積りに用いられる標識の3段階へのヒエラルキー化を図っている。

レベル1は,活発な市場における資産または負債の市場価格を用いて公正価値を決定する。市場価格は調整しない。

レベル2は,活発な市場での同一の資産または負債の市場価格が得られない場合は,類似の資産・負債の市場価格に差異に関する調整を行って公正価値を決定する。

レベル3は,もし,同一あるいは類似の資産または負債の市場価格も得られない場合は,評価技法を適用するための情報が過度のコストと努力なしに入手可能であるかぎりマーケット・アプローチ,インカム・アプローチおよびコスト・アプローチ法と整合的な多元的評価技法を用いて公正価値を見積る[9]。

この特徴は活発な市場における市場価格に優先順位を与え,企業自身の内部

的見積りや仮定については低い順位を与えるというヒエラルキー化を図りながらも公正価値評価を多元的評価技法を用いた市場価格の推定（現在価値）を含むものとして改めて体系づけたことである。すなわち，公正価値概念は市場価格（指標）を強調しながらも企業固有の見積りや仮定の要素を含む測定技法へ依拠することが制度化されているのである。

　たしかに，従来から会計測定はその測定属性に現金収支額，現在原価また現在市場価値といった観察可能な市場決定額を用いてきたのであるが，公正価値の第一義的証拠もまた活発な市場における当該資産・負債の市場価格である。それが得られない場合は類似の資産・負債の市場価格によって決定される。だが，このような類似する資産または負債に関する取引が見出せない場合，すなわち観察可能な市場価格が得られない場合は，資産・負債の計上額の決定には予測キャッシュ・フローが用いられことになる。キャッシュ・フローは将来発生するのであるから，ここに現在価値測定が登場することになる。

　では，なぜ将来キャッシュ・フローが測定対象となるのか。それは，こんにち会計の認識・測定対象自体が将来の見積りキャッシュ・フローに係ることがらとして規定されていることによる。すなわち，財務報告の目的は情報利用者の意思決定に適合的な情報の提供であるとされるが，その情報とは，「企業に流入が予想される純キャッシュ・フローの金額，時期，不確実性を評価するのに助けとなる情報である[10]」とされ，まさにここに会計測定における公正価値，なかんずく現在価値測定が重要な機能を担って登場することとなるのである。

（2）　公正価値の二側面

　だが，公正価値の測定属性を何に求めるかについては従来から差異があることに留意する必要がある。たとえば，FASBは「財務会計概念ステイトメント」7号において現在価値を用いるただ1つの目的は公正価値の見積もりにあるとした[11]。だが，その検討の初期の過程においては，これを「公正価値」（fair value）と「企業固有の測定」（entity-specific measurement）の見積りに区

分し(「公開草案」)[12], 最終的に(「改訂公開草案」を経て)前者の「公正価値」概念に収斂せしめたのである[13]。

公正価値は購入や売却価格といった客観性の側面であり, 後者の企業固有の測定は企業にとって資産(負債)の利用(決済)と最終的な除却を通じて実現すると期待される将来キャッシュ・フローの現在価値である。いわば公正価値が同じ情報と仮定を共有する市場参加者が当該取引において合意する見積り将来キャッシュ・フロー額, すなわち市場の評価を意味するのに対して, 企業固有の測定に用いられる仮定は資産の利用また負債の決済についての企業の期待額やそれらの利用と決済における企業に固有の能力を反映したもので, いわば企業の評価を意味し「使用価値」あるいは「企業にとっての価値」とよばれるものである。

とくに後者の見解は, 公正価値はその測定属性としては「購入価値」,「売却価値」という客観的価値の側面と「使用価値」という主観的価値の側面を包含している[14]とする。問題は, 完全市場を前提とすれば市場価格に依拠する公正価値は目的適合的であるが, 不完全市場というより実際的場合には, 使用価値の方が継続企業の仮定のもとでの企業価値をよく反映しているという。たとえば, 活発な市場を有する金融資産のような完全市場では, 売却価値, 購入価値, また使用価値とにほとんど差異はないが, 不完全市場ではその3者に差異が生じ, 非金融資産については使用価値が目的適合的であるというもので, イギリス基準およびIASが減損(回収可能価額)の測定属性に採る立場である。

2 公正価値評価の展開とその論理

(1) 金融商品の公正価値評価

では, 公正価値評価はいかに展開されてきたのか, 若干の整理を行なおう。

周知のように, 公正価値評価はアメリカ会計基準を軸に金融商品の開示から認識計上に至る基準設定を軸に展開されてきた。一方, 理論的には, 金融商品の公正価値評価に市場価格を強調する主張は金融商品に関する全面公正価値評価を主張したJWGの金融商品会計基準案(『金融商品及び類似項目』―以下, ド

ラフト基準という)がその典型として上げられよう。

　ドラフト基準は,金融商品の経済的意味は取引や実現の過程に依拠せず,現金を受取る契約上の権利または支払うべき義務という現在の契約価額によって決定される。このことから金融商品の認識と測定は非金融項目についての原価基準の制約をうけるべきではない[15]という。すなわち,金融商品は企業に金融資産か金融負債あるいは持分商品を生じさせる何らかの契約であり,この契約上の権利・義務を資産・負債として認識するとするである。

　一方,測定に関しては,公正価値は金融商品の最も有用な測定尺度であるとされる。それは,「公正価値は,まさに金融商品に対する現在の経済状況についての市場の評価を表わし,公正価値の変化はこれら経済状況の変動結果を表わしている。いわば金融商品の公正価値は現在市場収益率で割引いた期待キャッシュ・フローの現在価値を表わしている[16]」からであるという。いわば,すべての金融資産・負債は契約に基づくキャッシュ・フローの交換取引であり,その期待キャッシュ・フローがどのように変化したかを測定するところに公正価値情報の焦点がある[17]というのである。

　かくして,公正価値は企業が独立第三者間の交換取引において当該資産を売却するとすれば受取るであろう見積り価額であり,負債を決済するとすれば支払われるであろう見積り価額であると定義された[18]。すなわち,金融商品の公正価値は市場出口価格であり,出口価格こそ市場が測定日において実現すると期待する金額を反映しているとするのである。そこで,市場出口価格を用いて公正価値を見積ることができない場合は,市場参加者が価格の設定において考慮する評価法を用いて公正価値を見積らねばならないとされる。

　すなわち,金融商品の市場出口価格こそ市場参加者の期待キャッシュ・フローの現在価値の集約的見積り,つまり,その市場参加者の将来キャッシュ・フローの金額,時期および不確実性についての見積りを反映している。また市場価格が得られない場合の現在価値等を用いる方法も,また同じであるというのである。このようなことから,ドラフト基準は「使用価値」,「回収可能価額」あるいは「剥奪価値」といった「企業にとっての価値」に関する諸属性は採

らない[19]。金融商品測定の指標は経営者の期待ではなく市場の期待であるべきであるとしたのである。

またこのような見解は，金融商品の包括的公正価値評価を提唱したFASBの「予備的見解」(『金融商品及び関連資産・負債の報告』)においても示されたところである。資産ないし負債の出口価格こそが企業の資産・負債の将来キャッシュ・フローの金額，時期および不確実性を反映している。したがって出口価格こそ概念フレームワークにいう財務報告の目的に直接関係づけられていると，市場価格を強調したのである[20]。

(2) 公正価値の測定属性になにを求めるか

だが，このような市場価格に基礎を置く公正価値評価に対して，先にも指摘したように使用価値側面を強調する論議があることに留意し，簡単に整理しておこう。

その代表例の1つが先のFASBの「予備的見解」に対するAAA「財務会計基準委員会」の見解である[21]。すなわち，「確立した市場ないし流動性のある第二市場が存在する金融商品については，その市場価値は明確に決定できるのであるから公正価値会計を行うのは容易である。」しかし，「一般に金融商品市場が不完全な場合は出口価値が投資家に最も有効な情報を提供するかは明らかではない。出口価値は市場の将来キャッシュ・フローの見積り現在価値を表わしており，投資家がそのキャッシュ・フローを予測するのに有用であるとされる。しかし，投資家が如何にして単一の現在価値数値から将来キャッシュ・フローについての情報を得ることができるか明確ではない。この場合，投資家は，ゴーイング・コンサーンとしての企業の評価に関心を有しているとみられるのであるから，出口価値より使用価値がより適合的測定属性であるといえる。」また，「市場価格が得られない場合については現在価値計算を要求しているが，それは将来キャッシュ・フローの見積りを要求することになる。この将来キャッシュ・フローの見積りは，とりもなおさず当該金融資産が如何に用いられるかの仮定や判断に依拠しているのである。かくて，市場価格がない場合

は，必然的に使用価値計算に移行することになる」と。このように，企業に固有の「無形資産」が存在する場合は，出口価値アプローチは投資家にとって目的適合的とはいえないとしたのである。

また，このような見解の理論的背景の1つにバース＝ランズマン等の主張があるとみられる。その基本論理は公正価値を構成する概念である入口価値，出口価値および使用価値は完全市場を前提としない限りそれらには差異が存在するというものである[22]。

とくに，これらの差異のうち重要なのは使用価値と他の2つとのそれである。それは使用価値のみが利用可能な資産の相乗効果を含む「経営能力の差異」をいつも反映しているからである。換言すれば，使用価値と出口価値および入口価値との差異は経営能力の尺度であり，とくに使用価値のみが資産に関連した総企業価値を表現する尺度であり，会計原則の継続企業の原則とも合致すると，使用価値の側面を強調するのである[23]。

以上のような理論の背景はなにか。それは1つには，こんにち公正価値会計が無形資産・のれんの測定といった企業価値の評価問題と結びついて展開されていることにあるとみられる。金融商品のように現在の市場収益率で割引いた期待キャッシュ・フロー，すなわち市場の期待を反映する公正価値に対して，市場の平均的収益率あるいはそれ以上の収益を期待して運用される，すなわち企業の期待に基づく事業資産については自ずと企業固有の価値こそが測定属性として選択されるべきであるということになる。たとえば，減損会計における回収可能価額の測定属性として公正価値を採用するアメリカ基準[24]と使用価値を採用する国際会計基準[25]の対立はその例であろう。

このように使用価値は主観的価値見積りを可能とする概念として，それは個々の資産価値だけでなく無形の価値を反映するトータルの企業価値の評価を支える概念として機能しているのである[26]。

3 公正価値会計の機能

(1) 無形資産と公正価値評価の機能

以上にみた公正価値概念の新たな展開は企業結合における取得無形資産・のれんの測定問題をめぐる国際的動向にみることができる。IASBは企業結合会計の国際的統一化を目的としたプロジェクト（「フェーズⅠ」）の結果として，2004年3月にIFRS 3号およびIAS 36号・IAS 38号を表わしが，ここではこれら新基準を例に具体的に検討しよう。

IFRS 3号の目的は企業結合会計において持分プーリング法を排して，パーチェス法を唯一の会計方法として規定することにある。パーチェス法の会計処理上の特徴は結合原価が被取得企業の識別可能な資産，負債および偶発債務の公正価値に基づき配分されることである。とくにこれらの識別可能資産・負債には結合前の被結合企業の財務諸表上には認識されていなかった識別可能な資産・負債が含まれるということである[27]。すなわち，企業結合会計は独立した意思ある当事者間の等価交換という独立第三者間取引の前提に基づき，取得企業による支払対価が取得純資産に対する取得企業の持分の公正価値（企業価値）を表わしているとみるのである。

とりわけその主要な要素である識別可能無形資産は，ⅰ）（のれんから）分離可能であるか，ⅱ）契約ないしその他法的権利から生じたものであるかという識別規準を満たし，その公正価値が信頼性を持って測定可能である場合は，これを認識計上すべきとしたである[28]。そして，これら識別可能資産・負債の純資産公正価値額を超える原価の残余額がのれんとして認識されるのである。すなわち，「信頼性ある測定可能性」というきわめて主観的要素を有する公正価値評価を梃子として無形資産の認識計上の拡大が図られたのである。

(2) 減損会計と公正価値評価

また，新基準は（当初認識以降の）のれんまた不確定の耐用年数を有する無形資産の非償却とこれに替わる減損テストの適用を規定した[29]が，それはこ

れらの当初認識と同様に，また公正価値の概念と強く結びついている。

　まず，減損とは当該資産の使用または売却から得られると見込まれる正味キャッシュ・フローの額，すなわち回収可能価額が帳簿価額を下回っている場合をいい，その差額は減損損失として処理される。IAS 36号によれば，回収可能価額とは「売却費用控除後公正価値」(fair value less costs to sell) と「使用価値」(value in use) のいずれか高い方をいう。売却費用控除後公正価値とは資産ないし資金生成単位の独立第三者間の売却取引額から売却費用を控除した額であり，使用価値は資産ないし資金生成単位の継続的使用および最終処分から得られると見込まれる将来キャッシュ・フローの現在価値をいう。

　すなわち，アメリカ基準（SFAS 121号）における減損損失が，帳簿価額が公正価値を超過する金額によって測定されるのに対して，IAS 36号はこの回収可能価額の測定目的について企業固有の価値，すなわち使用価値を採用したのである[30]。

　つまり，回収可能価額の測定目的について公正価値を主張する立場は使用価値，すなわち企業による将来キャッシュ・フローの見積もりは主観的であるというものである[31]。これに対して，IAS 36号は使用価値には企業独自の無形資産や相乗効果が反映されており，これらは企業結合以外のあるいは以降の内部的要素によって生み出された識別不能なのれんを意味している。回収可能価額の測定は合理的経営行為を反映すべきで，資産の回収可能価額についての市場の期待（純売却価格）より実際に当該資産を所有している企業による合理的見積り（使用価値）を優先すべきであると[32]，企業固有の測定を主張したのである。

　だが，このような回収可能価額について公正価値か使用価値かの概念上の対立はあっても，それは資産の将来キャッシュ・フロー予測の想定を市場に求めるか，個々の企業に求めるかの差異でしかない，それらが共に測定技法として現在価値法を用いることにおいて差異はないといえる[33]。

第3章　公正価値会計の展開と会計機能　　63

お わ り に

　以上にみたごとく，公正価値会計の特徴は測定の属性を市場価格に置きながらもこの市場価格の見積りをヒエラルキー化することによって現在価値法といった多元的評価技法・モデルを概念的に包摂せしめ，実際にはこれに依拠することが体系化されていることである。
　こんにちのキャッシュ・フロー概念を軸とする資産・負債の認識領域の拡大は公正価値評価と深く結びついてきた。すなわち，現代の会計は従来会計の認識対象とされていなかった将来発生すると予測される事象を資産・負債として認識し期間計算に取り入れていくという認識領域の拡大とその費用化を図ることを特徴としている。これを可能としているのが公正価値という一般化された概念である。見積り将来キャッシュ・フローの現在価値を公正価値を構成するものとすることによって測定面からこれを支えたのである。すなわち，公正価値の測定属性は市場価格に置かれるが，実際には，債務履行の市場が存在しない負債や非金融資産のような活発な市場が存在しない資産についての公正価値を得ることは困難である。これを可能にしているのが割引現在価値法，オプション・プライシング・モデル等の多元的評価モデルであり，それを制度的に支えているのが公正価値概念である。
　その現代における典型例が，たとえば負債に関しての偶発事象会計あるいは資産除却債務会計等であり，資産に関しての企業結合会計，無形資産会計・減損会計である。その会計上の機能は将来事象を資産・負債として認識計上し，損失（あるいは減損）の発生として費用の早期のあるいは弾力的な計上を図るところにある。
　その無形資産についてみれば，こんにち財務情報の報告において問題とされるのは企業の純資産簿価と企業価値との乖離の問題である。それらの主要な要因がいわゆるオフ・バランスとなっている無形資産であるとされ，その認識計上が一つの焦点をなしている[34]。それが先にみた企業結合会計におけるパーチェス法の採用による無形資産の認識計上の拡大であり，これを支えているの

が公正価値評価であった[35]。とくに無形資産の場合は企業結合を除いて観察可能な移転取引というのは稀である[36]。観察可能な取引がなければ，公正価値の見積もりは必然的に主観的なものとなる。無形資産価値の多くは当該無形資産を開発する特定企業の能力や特定の事業活動に用いることから生じる。ここに無形資産についての企業固有の測定が主張される所以がある。

だが，これら公正価値も使用価値も共に割引現在価値に依拠する点で差異はない。これが公正価値が広く現在価値法等の評価技法の問題として論理化される所以である。

(注)
(1) IASB, Draft Statement of Principles, *Reporting Recognized Income and Expenses*, SAC Meeting, Washington DC, October 2001, pars. B8-B11.
(2) IASB, IFRS 3, *Business Combinations*, March, 2004.
IASB, IAS 36, *Impairment of Assets* and IAS 38, *Intangible Assets*, March, 2004.
(3) FASB, Exposure Draft, Proposed Statement of Financial Accounting Standards, *Fair Value Measurements*, June, 2004.
(4) IASBは，2002年6月のFASBとの合同会議において公正価値測定の指針として，いわゆる「公正価値ヒエラルキー」(the fair value hierarchy) の採用に同意したのである。
(5) この「包括利益の報告」プロジェクトはIASBとASBの共同プロジェクトであるが，これはFASBの「営利企業の財務業績報告」プロジェクトとも密接に関連している。
(6) FASB, *Fair Value Measurements, op. cit.*, par. 4.
G. V. Smith and R. L. Parr, *Valuation of Intellectual Property and Intangible Assets*, Third Edition, John Wiley & Sons, Inc., 2000, pp. 151-173.
(7) FASB, *op. cit.*, par. 5.
(8) *Ibid.*, par. 7.
具体例として，藤川義雄「無形資産にみる経済的価値の評価」岸悦三編著『近代会計の思潮』同文舘，2002年，97頁，上野清貴「無形資産会計と公正価値利益」『経営と経済』第84巻第1号，2004年6月，48-51頁を参照されたい。
(9) *Ibid.*, pars. 15-23.
(10) FASB, Statement of Financial Accounting Concepts No. 1, par. 37.
(11) FASB, SFAC No. 7, *Using Cash Flow Information and Present Value in*

Accounting Measurements, February 2000, par. 25.
(12) FASB, Exposure Draft, Proposed Statement of Financial Accounting Concepts, *Using Cash Flow Information in Accounting Measurements*, June, 1997, par. 9.
高須教夫「FASB概念フレームワークをめぐる問題の検討」『會計』第165巻第1号，2004年1月，42頁，参照。
(13) FASB, Exopsure Draft (Revised), Proposed Statement of Financial Accounting Conecpts, *Using Cash Flow Information and Present Value in Accounting Measurements*, March, 1999, pars. 23-25.
(14) M. E. Barth and W. R. Landsman, Fundamental Issue Related to Using Fair Value Accounting for Financial Reporting, *Accounting Horizons*, December 1995, p. 99.
(15) JWG, *Financial Instruments and Similar Items*, December, 1995, par. 7.
(16) *Ibid.*, par. BC1. 8.
(17) 山田辰己他，座談会「全面時価会計の行方を探る」『JICPAジャーナル』DECEMBER, 2001, 7頁，参照。
(18) JWG, *op. cit.*, par. 28.
(19) *Ibid.*, par. BC4. 9.
(20) FASB, Preliminary Views, *Reporting Financial Instruments and Certain Related Assets and Liabilities at Fair Value*, December 1999, par. 48.
(21) AAA, Financial Accounting Standard Committee Response to the FASB Preliminary Views: Reporting Financial Instruments and Certain Related Assets and Liabilities at Fair Value, *Accounting Horizons*, Vol. 14 No. 4, December 2000, pp. 506-507.
(22) M. E. Barth and W. R. Landsman, *op. cit.*, p. 99.
(23) M. E. Barth, Valuation-based accounting research : Implications for Financial reporting and opportunities for future research, *Accounting and Finance*, 40, (2000) pp. 18-22.
(24) FASB, SFAS 121, *Accounting for the Impairment of Long-Lived Assets and for Long-Lived Assets to Be Disposed Of*, March, 1995.
(25) IAS 36, pars. 18, BCZ17.
(26) 古賀智敏教授は，公正価値概念の本質について特にこの側面を強調されている（古賀智敏編著『ファイナンス型会計の探求』中央経済社，2003年，22頁，古賀智敏・河崎照行編著『リスクマネジメントと会計』同文舘出版，2003年，80頁，参照）。

(27) IFRS 3, par. 44.
(28) *Ibid.*, par. 45.
(29) IAS36, pars. 9-10.
(30) IASが公正価値概念を否定するわけではない。IAS 39号「金融商品：認識と測定」は公正価値概念に立脚している（IAS 36, par. BCZ15.）。岡田依里「公正価値測定と市場／企業―知的資産へのインプリケーション―」岸悦三編著前掲書，86-89頁，参照。
(31) IAS 36, par. BCZ16.
(32) *Ibid.*, par. BCZ23.
(33) *Ibid.*, par. BCZ11.
(34) W. S. Upton, Jr., FASB Special Report, *Business and Financial Reporting, Challenges from the New Economy*, FASB, 2001, p. 2.
(35) IASB・FASBのジョイント・プロジェクト「企業結合・フェーズⅡ」では，のれんを「支配獲得日現在の被取得企業全体の公正価値と被取得企業の識別可能純資産の純公正価値との差額」と定義し，企業価値評価の観点に立つ「全部のれん」説を追求している（IASB, Business Combinations (PhaseⅡ)- Application of the Purchase Method, January , 2004.）。
(36) IAS 38, par. 78.

（今田　正）

第4章　退職後給付会計における会計認識領域の拡大

はじめに

　アメリカにおける退職後給付会計には，年金会計と退職後医療給付等会計が含まれる。前者は，1985年に公表された財務会計基準ステイトメント第87号（以下，SFAS 87号）で規定され，後者は，1990年に公表された財務会計基準ステイトメント第106号（以下，SFAS 106号）で規定されている。

　現代会計の1つの特徴は，負債側から論理化する現代負債会計であり，将来予測要素を導入して拡大された負債概念によって会計認識領域を拡大しているところにある。会計認識領域を拡大する新しい会計実務は，退職後給付会計実務（年金会計実務・退職後医療給付等会計実務），偶発事象会計実務，資産除却債務実務などとして多数登場し，それらを支える新会計基準は多数あるが，典型的な会計基準の1つは，退職後給付会計基準（アメリカにおけるSFAS 87号および106号）である。

　本章では，SFAS 87号で展開されている年金会計およびSFAS 106号で展開されている退職後医療給付等会計のそれぞれについての論理構造を考察する。まず，SFAS 87号における年金費用および年金負債の認識と測定について述べ，続いてSFAS 106号における退職後医療給付等会計の費用と負債に関する認識と測定について述べる。そして最後に「おわりに」の中でアメリカ退職後給付会計における会計認識領域の拡大についても論じる。

1 SFAS 第87号における年金費用の認識と測定

アメリカの年金会計は，SFAS 87号にしたがって処理されなければならない。SFAS 87号では，予測給付債務という負債概念を中心に据えて，年金費用（純期間年金原価）および年金負債（予測給付債務で測定される未払年金原価）の認識と測定を中心とする論理が展開されている。このようにアメリカの年金会計では，年金費用および年金負債の認識と測定が重要である。まず，年金費用の認識と測定について述べる。

SFAS 87号においては，「年金費用（純期間年金原価）は，将来の給与水準に基づく予測給付債務の保険数理現在価値である勤務原価，期首の予測給付債務の額に利子率を乗じて測定する利子原価，年金プランに拠出した資産が生み出した利益額である年金プラン資産の実際利益，従業員の将来の各勤務期間に同額を割り当てて測定（または急速に償却する方法によって測定）する過去勤務原価の償却額，予測給付債務の修正によって生じる純利得または純損失を最小方法または組織的方法によって償却した額に，年金プラン資産の実際利益と見積利益との差額を加えた利得または損失，87号を初めて採用した日に存在する純債務または純資産を従業員の平均残存勤務期間にわたって直線法で償却した純債務または純資産の償却額，といった6つの構成要素の純額である[1]。」

このようにSFAS 87号では，年金費用は，勤務費用，利子費用，年金プラン資産の実際利益，過去勤務原価の償却額，純利得または純損失の償却額，純債務または純資産の償却額の純額として認識され，測定された金額である。

これらの6つの年金費用の構成要素のほとんどは，予測給付債務によって測定されている。たとえば，勤務費用は，「その期間中の従業員の勤務に対して年金給付算定方式によって帰属される年金給付の保険数理現在価値として決定され[2]」，仮定の利子率を用いて，帰属法で測定される。利子費用は，「時の経過による予測給付債務の増加額[3]」であり，期首の予測給付債務に利子率を乗じて測定される。年金プラン資産の実際利益は，「拠出額と年金給付の支払額を調整して，年金プラン資産の期首の公正価値と期末の公正価値に基づいて決

定される⁽⁴⁾。」年金プラン資産の実際利益は，年金投資の実際利益に年金事業活動資産の帳簿価額の増加額を加えた額である。過去勤務原価は，「修正日の予測給付債務の増加額⁽⁵⁾」であって，年金給付の受給資格がある従業員の平均残存勤務年数にわたって償却するかまたは，直線償却法によって償却しなければならない。利得または損失は，「仮定されたものと異なる経験および仮定の修正から生じる予測給付債務または年金プランの資産のいずれかの額の修正である⁽⁶⁾。」このような利得または損失は，認識されていない純利得または純損失を最小方法または組織的方法の2つの方法によって償却した額に，年金プラン資産の実際利益と期待利益との差額を加えた額である。未認識の純債務または純資産は，「(a) 過去に遡って年金プラン修正について認識されていない原価，(b) 以前の期間から認識されていない純利得または純損失，および (c) 本ステイトメント（87号）とは異なる会計原則を過去に利用したことによる累積的な影響額⁽⁷⁾」である。このような純債務または純資産は，従業員の平均残存勤務期間に直線法で償却しなければならない。

　以上のことから87号に基づく年金費用のほとんどの構成要素は，将来の給与水準に基づく予測給付債務から構成されているといえる。予測給付債務は将来事象（将来の給与水準，割引率，転職率，死亡率など）から成っている。また予測給付債務に含まれないプラン資産運用による期待利益も将来事象である。このことから87号に基づく年金費用は，将来事象から成り立っていて，会計認識領域を拡大しているといえる。87号に含まれている将来事象には，将来の給与水準，年金プラン資産の期待利益率，割引率，転職率，死亡率などがある。

2　SFAS第87号における年金負債の認識および測定

　SFAS 87号では，「もし累積給付債務が年金プラン資産の公正価値を超過するならば，雇用主は，少なくとも未拠出累積給付債務に等しい負債（未拠出の未払年金原価を含む）を貸借対照表に認識計上しなければならない⁽⁸⁾。」と述べ，累積給付債務から年金プラン資産の公正価値を控除した未拠出累積給付債務を負債として貸借対照表上に表示することを要求している。そして，この負

債（未拠出の累積給付債務）から未拠出の未払年金原価を差し引いた額またはこの負債に前払年金原価を加えた額を追加最小負債と呼んでいる。

また87号は，追加最小負債の認識について次のように述べている。

「追加最小負債の認識は，未拠出の累積給付債務が存在し，(a) 資産が前払年金原価として認識されている場合，(b) 未拠出の未払年金原価としてすでに認識されている負債が未拠出の累積給付債務以下である場合，または (c) 未払年金原価も前払年金原価も，全く認識されていない場合には，要求される[9]。」

87号における追加最小負債は，未拠出累積給付債務から未払年金原価を差し引いた額または未拠出累積給付債務に前払年金原価を加えた額である。

追加最小負債が認識された場合には，SFAS 87号によれば，同額を無形資産として認識しなければならない。この場合，「認識される資産は，未認識の過去勤務原価の額を越えてはならない[10]。」しかし，「追加最小負債が認識計上されていない過去勤務原価の額を越える場合には，その超過額は，純資産の減少項目として認識しなければならない[11]。」

このように貸借対照表で示される年金負債は，未拠出累積給付債務であって，未払年金原価および追加最小負債として表示される。前者の未払年金原価は，純期間年金費用から年金プランに拠出した額を差し引いた額である。後者の追加最小負債は，未拠出累積給付債務から未払年金原価を差し引いた額または未拠出累積給付債務に前払年金原価を加えた額である。すなわち，SFAS 87号における年金負債は，累積給付債務から年金プラン資産の公正価値を差し引いた未拠出累積給付債務であり，未払年金原価および追加最小負債の合計額として示される。

前者の未払年金原価は，純期間年金費用から年金基金への拠出額を控除することによって測定される。後者の追加最小負債は，前払年金原価が資産として認識計上されている場合には，未拠出累積給付債務に前払年金原価を加えることによって測定され，未拠出未払年金原価が負債として認識計上されている場合には，未拠出累積給付債務から未払年金原価を控除することによって測定さ

れる。また未払年金原価も，前払年金原価も，全く認識計上されていない場合には，未拠出累積給付債務の額が追加最小負債の額として測定される。

87号における貸借対照表上の年金負債は，累積給付債務から年金プラン資産の公正価値を差し引いた未拠出累積給付債務であり，純期間年金費用から年金基金拠出額を控除した未払年金原価および未拠出累積給付債務から未払年金原価を控除した額である追加最小負債（または未拠出累積給付債務に前払年金原価を加えた額である追加最小負債）として表示される。

SFAS 87号における年金プラン資産は，「年金給付を提供するために，（通常，信託として）分離され，制限される資産（一般に，株式，社債，国債，その他の投資資産)[12]」であり，「雇用主（および拠出年金プランの場合の従業員）によって拠出された額およびその拠出額を投資することによって稼得される額から支払われた年金給付額を差し引いた額[13]」である。すなわち，SFAS 87号では，年金プラン資産は，将来退職者に年金給付を支払うために，信託などとして分離され，他の目的に利用できないように制限された資産である。

年金プラン資産は，「公正な市場価値または市場関連価値のいずれかで，測定日に評価される[14]。」年金プランへ投資した資産の公正価値は，SFAS 87号によれば，「自発的な買主と自発的な売主との間の売買において売主が受け取ることが期待できる市場価格であって，市場価格が利用できない場合には，期待されるキャッシュ・フローによって測定されるのである[15]。」年金プラン資産は，市場関連価値によっても測定できる。市場関連価値は，「公正価値，または5年以下の期間について組織的で合理的な方法で公正価値の変化を認識する計算価額のいずれかである[16]。」

SFAS 87号によれば，追加最小負債を貸借対照表に計上した場合には，未認識過去勤務原価を超えない限り，同額を無形資産として貸借対照表上に表示しなければならない。しかし，追加最小負債が未認識過去勤務原価を越える場合には，その超過額を純資産の減少項目として貸借対照表に表示しなければならない。

有価証券，不動産などの年金プラン資産は，会計年度末の市場価格または期

待されるキャッシュ・フローによって算定される公正価値あるいは5年以内の公正価値の変化を組織的で合理的な方法で認識する市場関連価値のいずれかで測定されなければならない。そして，建物，設備，リース資産などの年金プラン資産は，取得原価から減価償却累計額または償却額を控除した原価で測定されなければならない。

　SFAS 87号における年金プラン資産は，将来，年金給付を支払うために，他の目的に利用できないように制限し，信託などとして分離される資産である。そして年金プラン資産は，公正な市場価値または市場関連価値のいずれかで測定される。

　このようにSFAS 87号では，年金プラン資産は，貸借対照表に資産として計上されないが，未認識過去勤務原価から追加最小負債を差し引いた額は無形資産として貸借対照表に計上し，追加最小負債から未認識過去勤務原価を差し引いた額は純資産の減少項目として貸借対照表に計上しなければならない。

　以上のように，SFAS 87号における年金負債は，予測給付債務，累積給付債務，未払年金原価，追加最小負債といった4つの概念が使い分けて用いられている。すなわち，87号で中心概念となっているのは将来の給与水準で測定される予測給付債務であり，この概念は純期間年金費用（年金費用）を測定する場合に用いられ，また未払年金原価という負債概念を測定する場合にも用いられている。このように87号において中心となる年金負債概念は予測給付債務である。しかし，貸借対照表で表示される年金負債は，未払年金原価に追加最小負債を加えた額であって，未拠出累積給付債務である。だからといって87号における年金負債は累積給付債務であるということではない。というのは，年金費用や未払年金原価（負債）を測定する場合には，予測給付債務が用いられるのである。ただ，貸借対照表上で表示される年金負債は，予測給付債務ではなく，累積給付債務である。この両者を結びつける概念として用いられているのが追加最小負債である。この追加最小負債には，未認識過去勤務原価や予測給付債務と累積給付債務の差額が含まれるのである。

　これらの4つの負債概念の関係を図示すると図表4-1のようになる。

第4章　退職後給付会計における会計認識領域の拡大　73

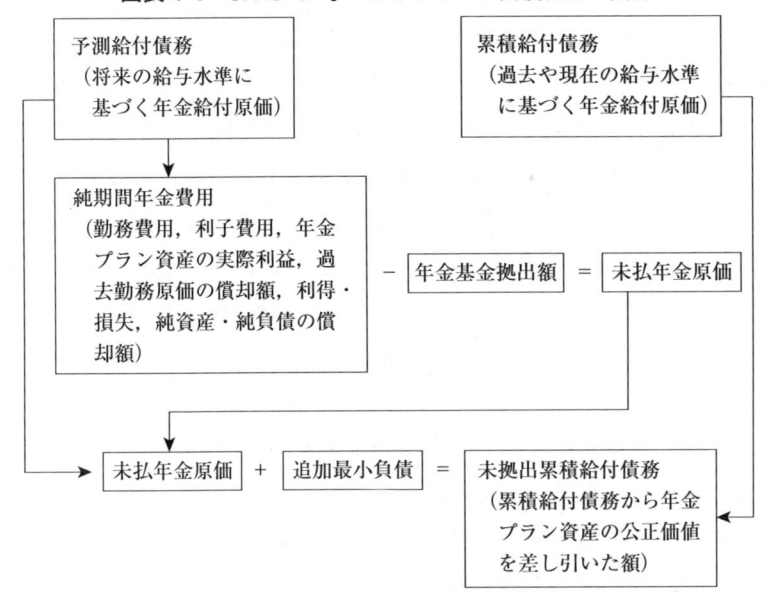

図表4-1　SFAS 87号における4つの負債概念の関係

```
┌─────────────────┐              ┌─────────────────┐
│  予測給付債務    │              │  累積給付債務    │
│(将来の給与水準に │              │(過去や現在の給与水準│
│ 基づく年金給付原価)│              │ に基づく年金給付原価)│
└────────┬────────┘              └─────────────────┘
         │
         ▼
┌─────────────────┐
│  純期間年金費用  │
│(勤務費用，利子費用，年金│
│ プラン資産の実際利益，過│  －  ┌──────────┐  ＝  ┌──────────┐
│ 去勤務原価の償却額，利得・│     │年金基金拠出額│       │未払年金原価│
│ 損失，純資産・純負債の償│     └──────────┘       └──────────┘
│ 却額)            │
└─────────────────┘
         │
         ▼
┌──────────┐ ＋ ┌──────────┐ ＝ ┌─────────────────┐
│未払年金原価│    │追加最小負債│    │ 未拠出累積給付債務│
└──────────┘    └──────────┘    │(累積給付債務から年金│
                                  │ プラン資産の公正価値│
                                  │ を差し引いた額)    │
                                  └─────────────────┘
```

　図表4-1で示したようにSFAS 87号は，予測給付債務という負債概念によって純期間年金費用（費用）および未払年金原価（負債）の認識・測定を論じ，過去や現在の給与水準に基づく累積給付債務に変えて将来の給与水準に基づく予測給付債務を中心概念に据えて会計認識領域を拡大しているのである。図表4-1で示されているように貸借対照表上で表示される負債については未拠出累積給付債務が用いられている。予測給付債務に基づく未払年金原価は貸借対照表上の負債として用いられず，追加最小負債概念が含められて未拠出累積給付債務が用いられているのである。

3　SFAS第106号における退職後医療給付等会計の認識と測定

　アメリカでは，年金以外の退職後給付会計である退職後医療給付等会計は，SFAS 106号にしたがって処理されなければならない。
　106号によれば，年金以外の退職後給付には，退職後医療給付以外に「退職

者に年金プラン以外について提供した生命保険，および退職後に提供される授業料援助，保育サービス，法的サービス，住宅補助金のようなその他の福祉給付を含む[17]。」

SFAS 106号は，純期間退職後給付費用の6つの構成要素の純額を費用として損益計算書上で表示させるという論理を展開し，退職後給付債務として，「特定日までに提供された従業員の役務に対して帰属された給付の保険数理現在価値[18]」である累積退職後給付債務と，「退職後給付プランの協約にしたがって，従業員，その従業員の保険受取人，および含まれることになっているすべての扶養家族に対して，支払われると予想されている給付についての特定日現在の保険数理現在価値[19]」である予想退職後給付債務といった用語を用いている。106号によれば，「完全受給資格を従業員が取得する日（完全受給資格取得日）以前には，従業員についての累積退職後給付債務は予想退職後給付債務の一部である。完全受給資格取得日およびそれ以後には，従業員についての累積退職後給付債務と予想退職後給付債務は同じである[20]。」

このように106号によれば，完全受給資格取得日までの累積退職後給付債務は，予想退職後給付債務の一部であるが，完全受給資格取得日以後，累積退職後給付債務と予想退職後給付債務は同一になる。

以下では，純期間退職後給付費用および予想退職後給付債務（累積退職後給付債務）における会計認識領域の拡大を中心に述べる。

（1） 純期間退職後給付費用の認識と測定

SFAS 106号に基づく年金以外の純期間退職後給付費用には，SFAS 87号とほぼ同様に，①勤務費用，②利子費用，③プラン資産の実際利益，④未認識過去勤務原価の償却額，⑤利得または損失，および⑥未認識移行債務および未認識移行資産の償却額の6つの構成要素が含まれる。

勤務費用は，退職後医療給付以外に，生命保険給付や福祉給付の費用を含み，「その期間中の従業員の役務に帰属される予想退職後給付債務の一部として決定される[21]。」また勤務費用を測定する場合には，割引率，拠出プランの

加入率,退職年齢,医療費上昇率,病気発生率,転職率,死亡率などの保険数理の仮定が用いられる。

　利子費用は,累積退職後給付債務の利子発生額であり,割引率を用いて測定される[22]。

　プラン資産の実際利益は,期末プラン資産の公正価値から期首プラン資産の公正価値を差し引いた額から拠出額を差し引いて,給付支払額を加えた額である[23]。

　プラン資産の実際利益には,基金投資による実際利益と退職後医療給付事業による実際利益がある。前者の実際利益は,投資したプラン資産の公正価値の期末と期首の差額から拠出額を差し引いて,給付支払額を加えた額である。後者の実際利益は,退職後給付事業活動資産の取得原価から当該減価償却累計額を差し引いた帳簿価額で測定された額の増減額である。

　未認識過去勤務原価は,「その日の給付についてまだ完全に受給資格がなかった修正日に働いている各プラン加入者の完全受給資格取得日までの各残りの勤務年数に同額を割り当てることによって償却されるべきである[24]。」しかし,「プランが加入者のすべてまたはほとんどすべてが給付について完全受給資格がある場合には,過去勤務原価は,働いているプラン加入者の完全受給資格取得日までの残りの勤務年数よりもむしろそれらのプラン加入者の残りの平均余命に基づいて償却されるべきである[25]。」また,「未認識過去勤務原価をもっと急速に減少させる代替的償却法を首尾一貫して利用することも認められている[26]。」

　利得と損失は,「期中のプラン資産の実際利益とその期間のプラン資産の予想利益との差額[27]」であり,未認識の純利得および純損失を償却する2つの方法には,最小方法と組織的方法がある。

　未認識移行債務および未認識移行資産は,会計変更の結果として即時に認識されなかった移行債務および移行資産の一部であるか,あるいは純期間退職後給付費用の一部として,一定の利得または損失に対する相殺として,または清算ないし削減の結果についての会計の一部として,繰延基準で認識されなかっ

た移行債務または移行資産の一部のいずれかである[28]。

このようにSFAS 106号では，年金以外の純期間退職後給付費用は，退職後の医療・生命保険・社会福祉の給付に対する費用であって，勤務費用，利子費用，未認識過去勤務原価の償却額，プラン資産の実際利益，利得や損失の償却額，未認識の移行資産や移行負債の償却額の純額である。SFAS 106号は，医療費上昇率，病気発生率，死亡率，割引率，期待利益率などの多数の保険数理の仮定を用いて，退職後給付費用の認識領域を拡大している。

(2) 予想退職後給付債務および累積退職後給付債務の認識と測定

SFAS 106号においては，予想退職後給付債務と累積退職後給付債務が退職後給付債務である。106号によれば，完全受給資格取得日以前には，特定日までの従業員の勤務によって帰属された退職後給付の保険数理現在価値である累積退職後給付債務は，退職後給付プランにしたがって，従業員などに支払うことが予想される退職後給付の保険数理現在価値である予想退職後給付債務の一部であるが，「完全受給資格取得日およびそれ以後には，従業員についての累積退職後給付債務と予想退職後給付債務は同じである[29]。」

SFAS 106号によれば，プラン資産は，退職後医療等の給付を提供するために，信託基金として分離され，拘束された資産（株式，公・社債，その他の投資資産）である。そしてプランへ投資した資産の公正価値は，測定日現在の市場価額または予想キャッシュ・フローによって算定される公正価値で測定されなければならない。また106号では，退職後給付プランの事業活動で用いられる建物，設備，リース資産などのプラン資産は，取得原価から減価償却累計額または償却額を控除した原価で測定されなければならない。

SFAS 106号では，予想退職後給付債務および累積退職後給付債務は，完全受給資格取得日以前には，累積退職後給付債務は予想退職後給付債務の一部であるが，完全受給資格取得日以後には，累積退職後給付債務と予想退職後給付債務は同一である。累積退職後給付債務および予想退職後給付債務は，年金プラン以外の退職後給付債務であり，年金以外の純期間年金費用と同様に，医療

費上昇率，病気発生率，死亡率，割引率，期待利益率などの保険数理の仮定を用いて退職後給付債務の認識領域を拡大している。

お わ り に

　SFAS 87号では，将来の給与水準に基づく予測給付債務という負債概念を中心に据えて，将来の給与水準（給与上昇率），割引率，年金プラン資産の期待利益率，転職率，死亡率などの将来予測要素を用いて会計認識領域を拡大し，純期間年金費用および年金負債（未払年金原価，追加最小負債）の認識や測定を中心とする論理を展開している。すなわち，SFAS 87号は，既述したように多数の将来予測要素を導入して，予測給付債務という負債概念を拡大するとともに，純期間年金費用という費用概念も拡大するという論理を展開している。要するに，SFAS 87号は，予測給付債務および純期間年金費用を拡大して，会計認識領域を拡大しているのである。

　またSFAS 106号では，予想退職後給付債務ないし累積退職後給付債務という負債概念を中心に据えて，医療費上昇率，病気発生率，割引率，転職率，死亡率，プラン資産の期待利益率などの将来予測要素を導入して会計認識領域を拡大し，年金費用を除く純期間退職後給付費用および退職後給付債務の認識や測定を中心とする論理を展開している。すなわちSFAS 106号は，87号とほぼ同じ将来予測要素（割引率，プラン資産の期待利益率，転職率，死亡率など）を導入して，予想退職後給付債務（または累積退職後給付債務）という負債概念を拡大するとともに，純期間退職後給付費用をも拡大する論理を展開しているのである。要するに，SFAS 106号も，多数の将来予測要素を導入して，予想退職後給付債務（または累積退職後給付債務）および純期間退職後給付費用も会計認識領域を拡大している。

　以上のようにSFAS 87号および106号は，若干，論理や概念は異なるが，負債概念を中心に据えて，多数の将来予測要素（将来事象）を導入して会計認識領域を拡大し，退職後給付費用や退職後給付債務（負債）の認識や測定を中心とする論理を展開しているのである。

(注)

(1) 堤一浩『現代年金会計論』森山書店，1991年，173頁。
(2) Financial Accounting Standards Board, Statement of Financial Accounting Standards No. 87, *Employers' Accounting for Pensions*, FASB, December 1985, par. 21.
(3) *Ibid.*, par. 22.
(4) *Ibid.*, par. 23.
(5) *Ibid.*, par. 25.
(6) *Ibid.*, par. 29.
(7) *Ibid.*, par. 256.
(8) *Ibid.*, par. 36.
(9) *Ibid.*, par. 36.
(10) *Ibid.*, par. 37.
(11) 堤一浩，前掲書，177—178頁。
(12) FASB, *op. cit.*, par. 264（AppendixD）.
(13) *Ibid.*, par. 264（AppendixD）.
(14) G. A. Welsch and C. T. Zlatkovich, *Intermediate Accounting*, Eighth Edition, Irwin, Illinois, 1989, p. 981.
(15) 堤一浩，前掲書，182頁。
(16) FASB, *op. cit.*, par. 30.
(17) FASB, Statement of Financial Accounting Standards, No. 106, *Employers' Accounting for Postretirement Benefits Other Than Pensions*, FASB, December 1990, par. 6.
(18) *Ibid.*, par.518（Appendix E）.
(19) *Ibid.*, par.518（Appendix E）.
(20) *Ibid.*, par. 21.
(21) *Ibid.*, par. 47.
(22) *Ibid.*, par. 48.
(23) *Ibid.*, par. 49.
(24) *Ibid.*, par. 52.
(25) *Ibid.*, par. 52.
(26) *Ibid.*, par. 53.
(27) *Ibid.*, par. 58.
(28) *Ibid.*, par.518（Appendix E）.　　(29) *Ibid.*, par. 21.

(堤　一浩)

第5章 減損会計における将来予測と損失の見積計上

はじめに

　固定資産の減損会計基準はアメリカでは1995年にFASBステイトメント (SFAS) 第121号として公表され，その後修正を経て，2001年に第144号『長期性資産の減損または処分の会計』として公表され，適用されている。国際会計基準では1998年に国際会計基準委員会理事会によって，国際会計基準 (IAS) 第36号『資産の減損』が承認され，1999年以降の財務諸表から発効している。日本においても，2002年に企業会計審議会から『固定資産の減損に係わる会計基準』が公表され，さらに2003年に企業会計基準委員会『固定資産の減損に係わる会計基準の適用指針』（以下「適用指針」と略称）が公表されて，2005年4月から完全実施となっている。固定資産の減損会計基準の設定は，会計基準の国際化の潮流の中で，世界的な規模で展開されている事象である。

　アメリカ，日本およびIASの減損会計基準は，それぞれに若干の相違する部分をもっている。しかし，資産の収益性の低下を理由として将来の見積キャッシュ・フローの現在価値を評価し，それをその帳簿価額と比較して，前者が後者を下回る部分を減損損失として見積計上するという，基本的なあり方は同一である。それは伝統的な会計における特別損失や臨時償却による処理とは異なり，将来予測と仮定にもとづいて固定資産（または資産グループ）の将来キャッシュ・フローを見積もって，予測されるキャッシュ・フローの減少による減損なる損失を，早期に計上する会計である。したがって，それは将来キャッシ

ュ・フローの予測と見積にもとづいておこなう損失計上についての会計認識領域の拡大であり，予測と仮定を大幅に取り入れた会計である。それはまた，「将来キャッシュ・フロー」を概念的に，会計認識対象とすることによってこそ論理化される会計である。本章はそのことを明らかにしようとするものである。

1 減損会計基準による会計処理法
―アメリカ会計基準を中心に―

固定資産減損会計の国際的潮流の先駆となったものは，アメリカの減損会計基準である。アメリカ財務会計基準委員会（FASB）は，1995年にステイトメント第121号『長期性資産の減損および処分の会計[1]』を公表した。その121号は固定資産の減損処理に係わって，のれんの配分および減損処理をもその適用対象に含めていたが，FASBはその部分を削除して，新たに発行されたSFAS142号『のれんおよびその他の無形資産』の適用対象とするとともに，121号はSFAS 144号『長期性資産の減損または処分の会計処理』として，2001年に改訂・公表された。

SFAS 144号はその「要約」において，減損損失は使用目的長期資産については，「帳簿価額と公正価値との間の差額として測定する」，また，売却処分予定資産については「帳簿価額または公正価値（売却費用控除後）の低い方により測定する」という「ステイトメント第121号の要求を持続する」と記している[2]ように，基本的には121号の減損処理規定を引き継いである。本章では144号に則してアメリカ減損会計基準による会計処理法の内容を考察することにする。

SFAS 144号は減損会計処理の方法を，大きく使用目的保有の長期性資産と売却処分予定の長期性資産に分けて規定している。

(1) 使用目的保有資産の減損会計処理法

SFAS 144号は「減損とは長期性資産（資産グループ）の帳簿価額がその公正

価値を超過するときに存在する状態」と定義したうえで,「減損は長期性資産 (資産グループ) の帳簿価額が回収出来ず,またその公正価値を超過する場合にのみ認識しなければならない」とする[3]。換言すれば,①「帳簿価額を回収出来ない」ことが判明したときに,②「減損を帳簿価額と公正価値との差額として認識し,測定しなければならない」という2段階のプロセスを述べているのである。

そこでまず,帳簿価額を回収出来ない状況とは何かである。それは「超過額が当該資産(資産グループ)の使用および最終的な処分から生ずると予測される割引前キャッシュ・フローの総額を超える場合[4]」であるとしている。

このような状況,すなわち回収可能か否かの判定は,帳簿価額と割引前見積キャッシュ・フロー(使用または最終処分による予測キャッシュ・フロー)との比較によっておこなわれる。ただ,その回収可能性のテストは,費用のかかることを考慮して,毎期おこなわなければならない,ということではない。「回収出来ないことを示す」いわゆる「減損の兆候」が存在するときに,回収可能性テストの実施が義務づけられるとしている。

SFAS 144号は減損の兆候の事例として,「市場価格の著しい下落」や「使用範囲もしくは方法またはその物理的状態の著しい悪化」をはじめ6つの事項または状況の変化を示している[5]。それらの減損の兆候が生じたときに,当該資産(または資産グループ)の回収可能性をテストするのである。テストの結果,帳簿価額が割引前キャッシュ・フローを超過するときには,帳簿価額が回収出来ないこと,したがって減損が発生していることが認識される。そこでつぎに,減損を測定することになる。

なお,減損の認識または測定目的のための減損テストの対象資産は,他の資産から識別可能なキャッシュ・フローをもつことを求められる。ある資産が他の資産からおおむね独立している識別可能なキャッシュ・フローを有していない場合には,識別可能なキャッシュ・フローをもたらす最小単位で資産のグループ化をすべきであるとする[6]。このように減損の認識および測定のためのキャッシュ・フローの見積にあたっては,単独の資産に識別可能なキャッシュ・

フローがない場合には，資産のグループ化が求められるのである。したがって，この資産のグルーピング化は減損会計の出発点であるとともに，その判定には多くのは判断を伴うことになる。

つぎに「回収可能性テストのために使用する将来キャッシュ・フローの見積には，当該資産（資産グループ）の使用に関する企業自身の仮定を組み込ま」なければならないとして，当該企業の内部予算や事業予算との関係が織り込まれる。さらに，将来キャッシュ・フローの見積にあたっては確率加重アプローチなども有用であるとしている[7]。したがって，回収可能性テストのための将来キャッシュ・フローの見積は，当該企業の使用目的を前提として，多様な仮定や予測・見積のもとになされるのである。

減損テストに続くつぎのステップは，減損損失の測定である。減損損失の測定・計上は，減損のテストとは異なって，帳簿価額がその公正価値を超過する場合にのみ，資産（資産グループ）の帳簿価額とその公正価値との差額によってなされる[8]。

その場合，公正価値とは自発的な当事者間での当座の取引によって売買（または決済）される金額だという。それは活発な市場である場合には公表市場価格となるが，多くの場合には公表市場価格は利用出来ない。その場合には，類似の資産の価額か，特定の評価法を用いて算定された金額など，利用可能な最善の情報に基づくものとされる[9]。多くの場合には，財務会計概念ステイトメント第7号で検討されている「現在価値技法」が公正価値を見積もる「最善の技法」である。とりわけキャッシュ・フローの金額や支払時期に不確実性がある場合には，複数のキャッシュ・フロー・シナリオを用いる期待現在価値法が適切であるとしている[10]。このように，公正価値は，実際の適用にさいしては，公表市場価格（quoted market price）というよりは各種の評価技法によって算出された計算上の金額ということになる。

また，SFAS 144号は，公正価値の測定に用いる将来キャッシュ・フローの見積には，「市場参加者がその公正価値の見積に使用する仮定」（割引前キャッシュ・フローの見積に用いた企業自身の仮定ではなく，市場の仮定）「を組み込ま

なければならない[11]」とする。しかし過度の費用および努力なしには市場参加者の使用する仮定についての情報が得られない場合には,「企業はそれ自身の仮定を用いることができる[12]」としている。つまり,理念的には公正価値と使用価値(企業自身の仮定を用いる価値)との間に区別があるとしても,実務での適用にあたってはその区別が失われることを窺わせる。

なお,SFAS 144号は減損を認識した場合には修正後の帳簿価額をその新しい原価の基礎とし,その新原価にもとづいて減価償却するものとしている。また以前に認識した減損損失の戻し入れは禁止している[13]。

以上の使用目的保有長期性資産の減損損失の認識および測定のプロセスを図示すればつぎの図表5-1のようになろう。

このように減損会計処理において帳簿価額と比較されるものは,回収可能性テストにおいても,減損損失の測定にあたっても,将来の見積キャッシュ・フローである。そこには不確実な予測と仮定および判断を伴う。

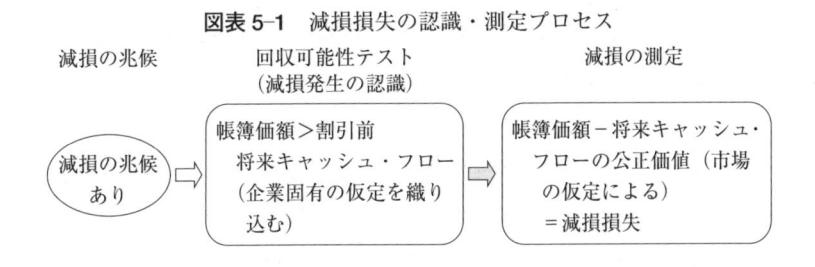

図表5-1 減損損失の認識・測定プロセス

減損の兆候 → 回収可能性テスト(減損発生の認識) → 減損の測定

減損の兆候あり ⇒ 帳簿価額>割引前将来キャッシュ・フロー(企業固有の仮定を織り込む) ⇒ 帳簿価額−将来キャッシュ・フローの公正価値(市場の仮定による)=減損損失

(2) 売却処分予定資産の減損会計処理法

SFAS 144号は一定の要件を満たす[14]すべての長期性資産については,使用目的保有資産とは区別して,売却目的保有資産として分類し,以下の基準を適用しなければならないとする。すなわち,売却目的保有として分類した資産は「その帳簿価額または公正価値(売却費用控除後)の低い方によって測定しなければならない。」また売却目的保有の資産は減価償却してはならない,としている[15]。

帳簿価額の公正価値への評価減およびその公正価値のその後の減額も，損失として認識すべきことが規定されている。公正価値のその後の増額は利益として認識しなければならないが，以前に認識した累積損失を超過してはならない，とする[16]。

なお，SFAS 144号は売却以外による処分予定の長期性資産（たとえば，除却，類似の長期性資産との交換，またはスピン・オフによる所有主への配分等による）については，「処分するまで継続して使用目的で保有するものとして分類しなければならない[17]」と規定している。これを示せば以下のようになる。

売却処分予定の資産の減損：帳簿価額 − 公正価値（売却費用控除後）
　＝減損損失

このように，SFAS 144号による長期性資産についての減損会計規定は，大きく使用目的保有資産と売却処分予定資産の規定に分けられ，それぞれ異なる規定がなされている。しかし，減損損失の測定において帳簿価額と比較されるものは当該資産の公正価値（売却処分予定資産については売却費用の控除後という違いはあるが）である点においては共通している。ただ，その公正価値の測定は，使用目的保有資産のばあいには，将来の使用によってもたらされるキャッシュ・フローおよび最終的な処分から予測されるキャッシュ・フローの見積によるものであるだけに，いっそう高度な，そして不確実な予測と見積をともないことになる。すなわち，将来キャッシュ・フローの公正価値の決定には，他の資産グループからほぼ独立している最小単位の資産のグループ化をおこなうこと，その資産グループの将来キャッシュ・フローの見積，およびそれを現在価値に割り引くためのリスクを反映した割引率の決定等，多くの仮定と予測要素を伴う。そのようにして算出される長期性資産の将来キャッシュ・フローの公正価値（予測現在価値）にもとづいて，損失の見積，それによる早期計上がなされるところに減損会計の特徴があるといえる。

2 減損会計処理についてのアメリカ，日本および国際会計基準の違い

アメリカの減損会計基準は先駆的な会計基準であり，国際会計基準に対しても，また日本の減損会計基準に対しても大きな影響を与えたと考えられる。それだけに，アメリカ基準，日本基準および国際会計基準による減損会計処理は，長期性資産の帳簿価額とその資産の将来見積キャッシュ・フローの現在価値との差額をもって減損とするという基本的性質においては同じであるとしても，それら3つの基準間にはいくつかの重要な違いが存在する。主要な相違点についてまとめてみよう。

① 減損会計基準の体系

アメリカ基準（SFAS 144号）：使用目的保有資産と売却処分予定資産とに大きく分けられる（さらに，のれんについては142号の適用対象とされる）。

日本基準：1つの基準体系で扱われる。

国際会計基準(IAS 36号，IFRS 5号)：IFRS 5号で，売却処分予定資産についての減損処理基準がアメリカ基準と同様に，使用目的保有資産と別に定められた。

② 減損テストの対象資産

アメリカ基準：使用目的保有資産については減損の兆候のある資産。
　　　　　　　売却処分予定資産についてはすべての資産。

日本基準：減損の兆候のある資産。

国際会計基準：アメリカ基準と同じ。

③ 減損の有無（認識）の判定法

アメリカ基準：(使用目的保有資産) 帳簿価額＞割引前キャッシュ・フロー

　　　　　　　（売却処分予定資産）帳簿価額＞公正価値(売却費用控除後)
　日本基準：帳簿価額＞割引前キャッシュ・フロー
　国際会計基準：(使用目的資産) 帳簿価額＞回収可能価額
　　　　　　　（売却処分予定資産）帳簿価額＞公正価値（売却費用控除後）

④　グルーピングの主要資産の制限
　アメリカ基準：償却性有形資産および償却する無形資産に限定される。したがって土地は主要資産になり得ない[18]。
　日本基準：制限なし。土地も主要資産になり得る。
　国際会計基準：論及なし。

⑤　割引前キャッシュ・フローの見積期間
　アメリカ基準：主要資産の経済的残存使用年数[19]（使用期限のない土地や償却期限のない無形資産は入らないので自ずと有限の年数となる）。
　日本基準：主要資産の経済的残存使用年数と20年のうち短い方の期間[20]。
　国際会計基準：論及なし。

⑥　減損損失の測定法
　アメリカ基準：(使用目的保有資産) 帳簿価額と将来キャッシュ・フローの公正価値の差額（公正価値の測定には市場の仮定を用いる）。
　　　　　　　（売却処分予定資産）帳簿価額と公正価値（売却費用控除後）との差額。
　日本基準：帳簿価額と回収可能価額との差額[21]（回収可能価額とは正味売却価額と使用価値のいずれか高い方。使用価値とは企業固有の使用と使用後の処分による将来キャッシュ・フローの現在価値である）。
　国際会計基準：(使用目的保有資産) 日本基準と同じ。
　　　　　　　（売却処分予定資産）アメリカ基準と同じ。

⑦ 減損の戻し入れ

アメリカ基準：（使用目的保有資産）戻し入れを禁止。

　　　　　　（売却処分予定資産）累積減損損失を限度として戻し入れ可。

日本基準：戻し入れはしない。

国際会計基準：戻し入れする（過去に認識した減損損失を限度）。

　以上まとめたように，アメリカ基準，日本基準，国際会計基準による減損会計処理法にはそれぞれに類似点および相違点を有している[22]。

　それらの異同，とりわけ相違点について，基準間の考え方の違いと結びつけて，論者によっては重要な論点として深く検討がなされている[23]。しかし私の関心からすれば，重視されるのはむしろ共通点であると考えている。

　3基準間の共通する最大の特徴は，減損認識のために将来見積キャッシュ・フローを会計上の対象とすることである。減損認識の過程では若干の違いはあるとしても，多くの予測と仮定が用いられる。さらに，その見積もられた将来キャッシュ・フローをリスクや計算技法に係わる仮定を用いて得た割引率を用いて現在価値に引き戻し，それを帳簿価額と比較することである。その結果として，減損損失という名の費用（損失）の早期計上を可能にしている。仮定とか予測とか判断は「将来キャッシュ・フローの現在価値」の算出を正当化する論理として機能する。ただその論理のあり方に，アメリカ，日本，国際会計基準で若干の違いがあることだと考える。

3　減損会計処理の中心となる概念
―将来見積キャッシュ・フロー―

（1）減損会計処理のプロセス

　前項で考察してきたことから，減損会計処理の基本的プロセスは次頁の図表5-2のようになろう。この処理のステップにおいて，画一的に規定し得ない予測や仮定のもとに判断が行使されなければならない。その内容を主としてわが国の「減損会計の適用指針」（内容の詳細がつかみやすいという理由で）によりながら考察しよう。

図表 5-2 減損会計処理プロセス

```
対象資産の把握とグルーピング
        ↑ ↓
    減損の兆候の判断
        ↓
減損損失の認識の判定（回収可能性テスト）
（帳簿価額＞割引前将来キャッシュ・フローの総額）
        ↓
    減損損失の測定
（帳簿価額－将来見積キャッシュ・フロー）
        ↓
    減損の処理
（資産の減額と減損損失の計上）
```

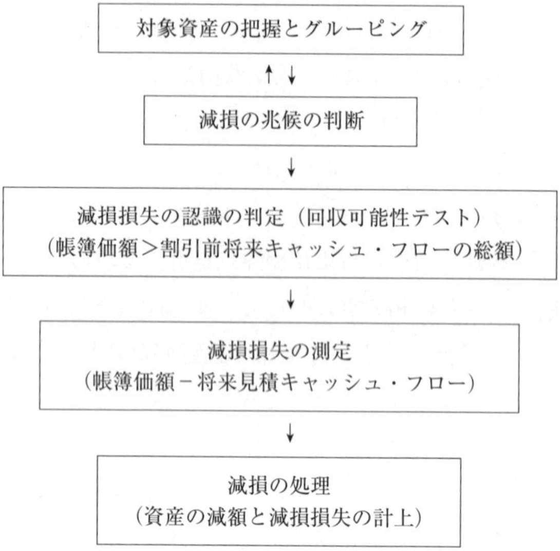

出所：本図は辻山栄子，前掲書，5頁，およびトーマツリサーチセンター「減損会計セミナー」（2004年2月）スライド4等を参考に作成。

（2） 減損会計処理プロセスの中心的要素

① 対象資産のグルーピング

「資産のグルーピングは，他の資産又は資産グループのキャッシュ・フローから概ね独立したキャッシュ・フローを生み出す最小の単位でおこなう」こととされるが，それは「経営の実態が適切に反映される」ように配慮してなされる必要がある。したがって，「資産のグルーピングの方法を一義的に示すことは困難であり，実務的には管理会計上の区分や投資意思決定を行う際の単位等を考慮して」決められる[24]，とする。具体的にはたとえば，①「継続的に収支の把握がなされている単位を識別してグルーピングの単位を決定する基礎とする」こと，②キャッシュ・フローの相互補完性を確認すること，③管理会計上の区分や投資意思決定単位を考慮すること等，を総合しておこなうことになるという[25]。それだけに高度で難しい判断になろう。

② 減損の兆候

　減損の兆候がある場合には，減損損失を認識するかどうかの判定を行うステップに入ることになるが，その減損の兆候の識別そのものにも難しい判断を伴う。「適用指針」は「通常の企業活動において実務的に入手可能なタイミングにおいて利用可能な情報に基づき，例えば第12項から第17項に示されるような減損の兆候がある資産又は資産グループを識別する[26]」として，以下のような減損の兆候の例を示している[27]。

　a) 営業活動から生ずる損益またはキャッシュ・フローが継続してマイナスとなっているか，またはマイナスとなる見込みである場合。

　b) 回収可能額を著しく低下させる変化が生じたか，または，生ずる見込みである場合。

　c) 経営環境が著しく悪化したか，または悪化する見込みである場合。

　d) 市場価格が著しく下落した場合。

　これらの例示された兆候の識別にも実際には難しい判断が伴うと思われるが，さらにこれらの事象はあくまでも例示であって，「減損の兆候はこれらに限らない」。そのうえ，減損の兆候があるか否かの程度は必ずしも画一的に数値化出来ないので，「状況に応じ個々の企業において判断することが必要」である，とされる[28]。

③ 割引前将来キャッシュ・フローの見積

　減損損失を認識するかどうかの判定，およびその後の減損損失測定のための使用価値（アメリカ基準では公正価値）の測定には，まず割引前キャッシュ・フローの総額が見積もられなければならない。その将来キャッシュ・フローの見積について「適用指針」は，「企業の固有の事情を反映した合理的で説明可能な仮定及び予測にもとづいて見積る」とし，見積にあたっては以下のような点について留意する[29]こと，としている。

　（1） 取締役会等の承認を得た中長期計画の前提となった数値を，経営環境など企業の外部要因についての情報や企業内部の情報と整合的に修正し，資産の現在の使用状況や使用計画等を考慮して，将来キャッシュ・

フローを見積る。

（2）　中長期計画が存在しない場合は，（1）と同様の企業内外の情報や使用計画等を考慮して見積もる。そしてこれには，過去の一定期間のキャッシュ・フローの平均値や，これまでの趨勢をふまえた一定または逓減の成長率の仮定による見積を含む。

（3）　中長期計画の見積期間を超える期間の将来キャッシュ・フローの見積には，中長期計画の前提となった数値に，「一定又は逓減する成長率」の仮定をおいて見積もる。

（4）　省略（傍点加藤）

このように，将来キャッシュ・フローの見積は，実務的には，企業の中長期計画の前提となった数値をベースとし，中長期計画の期間を超える期間のキャッシュ・フローの見積については，それまでの期間の趨勢と，一定かまたは逓減する成長率の仮定を用いることとされている。このような将来キャッシュ・フローの見積は，独自の見積というよりは中長期計画と成長率の仮定（しかも，反証のない限りは一定または逓減するものと適用指針によって定められた）によって見積もられる。アメリカにおいても，聞くところによれば，将来キャッシュ・フローの見積には企業の中長期計画や事業計画が重視されるという。それはいわば，予測と仮定にしたがってのフォーマット化された見積[30]と見られる。

④　割　引　率

減損損失を測定するために帳簿価額と比較される将来見積キャッシュ・フローの現在価値（日本の使用価値，あるいはアメリカの公正価値）は割引前将来キャッシュ・フローの総額を，一定の割引率で割り引くことによって算出される。

リスクを割引前キャッシュ・フローの見積に反映させて無リスク・レートで割り引く方法もあるが，リスクを割引率に反映させる場合には，割引率に貨幣の時間価値とともにリスクが加味される。「適用指針」はそのような割引率を，①資産に固有のリスクを反映した収益率，②当該企業に要求される資本コス

ト，③類似資産に固有のリスクを反映した市場平均の収益率，④ノンリコースの利子率，またはそれらを総合的に勘案して合理的な利子率を算出する[31]，としている。このように，割引率の算出にも大きな判断を伴うことになる。

このように，減損を認識し，その損失を会計処理する過程で必要とされる将来キャッシュ・フローの総額及びその現在価値の測定には，多くの予測と仮定が組み込まれ，そのための判断が必要とされる。減損会計はそのような予測，見積，仮定，判断の上に成り立っているといえる。

（3）認識対象としての将来キャッシュ・フロー

上述のような予測・見積・仮定・判断を伴う減損会計処理の根底にあるものは，長期性資産会計の認識対象を帳簿価額（取得原価）から将来キャッシュ・フローにシフトさせる論理の転換である。

減損会計は帳簿価額と回収可能価額（日本基準では使用価値，アメリカ基準では公正価値）を比較して，帳簿価額を超過する過去の支出額（投資の失敗額）を早期に損失計上し，帳簿価額を回収可能額に臨時的に減額するものとして論理化される。したがってそれは，日本基準においてもアメリカ基準においても，原価主義の枠内にあるといわれる[32]。だが，そこで「回収可能額」あるいは「公正価値」として認識され，測定されるものは将来キャッシュ・フローの見積額である。それこそが認識すべき対象であり，測定すべき対象とされている。ただそれが原価の「回収可能性」の名の下に，帳簿価額を超過する将来キャッシュ・フローの認識は否定され，それを下回る場合のみが認識の対象とされているのである。このように，固定資産の認識対象を将来キャッシュ・フロー（帳簿価額を下回る場合のみ）にシフトさせることによって，将来予測要素を取り込み，損失の予測計上を論理化している。その意味において「将来キャッシュ・フロー」が減損会計の中核的な概念になっていると考える。

おわりに

従来から，固定資産の損壊や不適応化に対してなされる特別損失や臨時償却

費の計上という考え方とその処理は存在した。しかし，収益性低下によって固定資産への投資額の回収が将来にわたって見込めなくなったという論理のもとに，早期に損失を計上し，固定資産を減額するという論理はなかった。減損会計は，いわば投資の失敗すなわち投資額の回収不能の見込みを，将来予測と仮定によって損失として早期計上する。理論の枠組としては回収不能投資額の減額とすることによって，「原価主義」の枠内にあると論理化されるとしても，それは将来キャッシュ・フローを認識対象に組込み，その予測・見積を不可欠の会計処理上の要素としている。それは将来事象を取り込むことによる損失領域への認識拡大である。そしてそこでは，将来キャッシュ・フローを見積もるための，そしてその現在価値を算定するための多様な予測・仮定・判断が取り入れられ，それらが合理性を持つものとして論理化される。原価基準の枠内という論理も，将来キャッシュ・フローの認識を帳簿価額以下の場合に限定し，評価損の方向にのみ作用させる論理となっている。

減損会計が機能するところは将来キャッシュ・フローを中心概念としての，損失の見積による早期計上であると考える。

(注)
（1） 加藤盛弘「長期性資産損傷会計とキャッシュ・フロー概念」『同志社商学』第51巻第1号（1999年6月）を参照されたい。
（2） FASB, Statement of Financial Accounting Standards No. 144, *Accounting for the Impairment or Disposal of Long-Lived Assets*, 2001, Summary. なお，144号の訳文については日本公認会計士協会国際委員会訳『財務会計基準書第144号長期性資産の減損又は処分の会計処理』を参考にした。
（3） *Ibid.*, par. 7. （同上訳，7項）
（4） *Ibid.*, par. 7. （同上訳，7項）
（5） *Ibid.*, pars. 8 and B16. （同上訳，8およびB16項）
（6） *Ibid.*, pars. 10, 11, B44 and B45. （同上訳，10, 11, B44およびB45項）
（7） *Ibid.*, par. 17. （同上訳，17項）
（8） *Ibid.*, par. 7. （同上訳，7項）
（9） *Ibid.*, par. 22. （同上訳，22項）
（10） *Ibid.*, par. 23. （同上訳，23項）

(11) *Ibid.*, par. 24. (同上訳，24項)
(12) *Ibid.*, par. 24. (同上訳，24項)
(13) *Ibid.*, par. 15. (同上訳，15項)
(14) *Ibid.*, par. 30. (同上訳，30項)
(15) *Ibid.*, pars. 34 and B80. (同上訳，34およびB80項)
(16) *Ibid.*, par. 37. (同上訳，37項)
(17) *Ibid.*, par. 27. (同上訳，27項)
(18) *Ibid.*, par. B25. (同上訳，B25項)
(19) *Ibid.*, par. B23. (同上訳，B23項)
(20) 企業会計審議会『固定資産の減損に係わる会計基準』二 2 (2)。
(21) 企業会計基準委員会『固定資産の減損に係わる会計基準の適用指針』第25項。
(22) これら3つの減損会計基準間の異同については，たとえば辻山栄子編著『逐条解説減損会計基準』 中央経済社 2004年 14頁で手際よく一表にまとめられている。
(23) たとえば，醍醐聰「減損会計の測定属性と現在価値会計の展望」『會計』第157巻第6号（2000年6月），石川純治「減損会計と利益の計算構造」『企業会計』第53巻第11号（2001年11月）。
(24) 企業会計基準委員会，前掲適用指針，第7項。
(25) トーマツリサーチセンター「減損会計セミナー」 2004年2月，スライド7。
(26) 前掲適用指針，第11項。
(27) 同上，第12項から第15項。
(28) 同上，第76項および第77項。
(29) 同上，第36項。
(30) たとえば，監査法人による将来キャッシュ・フロー見積についての設例で示されている。(阿部光成，減損会計（その1）「将来キャッシュ・フローの見積方法」，トーマツリサーチセンター『会計情報』第330号（2004年2月），3頁および5頁。)
(31) 前掲適用指針，第45項。
(32) 企業会計審議会『固定資産の減損に係わる会計基準の設定に関する意見書』三 基本的考え方1。SFAS, No. 121, pars. 70-71.

(加藤 盛弘)

第6章 のれん・無形資産減損会計における公正価値概念の制度効果

はじめに

　FASBは，2001年に公表した企業の合併・取得の会計基準において，従来の持分プーリング方式に終わりを告げ，買収方式による基準を設定した。新しい会計基準においては，無形資産とのれんについて非償却と減損評価の基準を設定している。合併取得時に認識した一部の無形資産とのれんは，取得後償却されず毎年の減損テストに供され，それらの公正価値が簿価を下回る場合には減損損失が計上されることになった。無形資産とのれんの非償却と減損テストの適用は，これまでの会計基準にはなかった新しい認識領域である。無形資産とのれんにおける認識領域の拡大は，全面的に公正価値の測定概念に依存して行われている。本章は，のれん・無形資産の減損会計基準を検討することを通じて，公正価値ベースの測定概念の制度的性質を明らかにしようとするものである。

1　無形資産とのれんの認識

　無形資産とは「物理的実態に欠けた（without physical substance）[1]」ものであるとすれば，のれんも無形資産である。しかしFASBは，無形資産とのれんをあえて区別している。無形資産は企業実体から分離でき直接評価できるが，のれんは分離できず独立に評価することができない。無形資産とのれんは自己創出のものは認識を禁じられているから，それらの認識は，企業合併時に行わ

れることになる。合併においては,「取得された純資産の公正価値を上回ったコスト[2]」として算定される。合併会計において, 取得会社の純資産は公正価値によって評価される。この純資産の公正価値額をこえる「交換された価値(values exchanged)[3]」(公正価値) がのれんとなる。他方, 無形資産は, のれんとは区別される「分離可能性 (separability)[4]」をもったものであり, 直接に評価出来るものとされる。「取得された純資産の公正価値を上回ったコスト」のうち,「分離可能」なものは無形資産とされ, あとの「残余」がのれんとなる。

　無形資産の認識においては「分離可能性」が条件となる。契約上の権利や法的権利を有するものに限らず,「取得実体から分離でき区分できるもの」が無形資産となる。無形資産として分離した後の残りがのれんとなる。すなわち無形資産に分類されない「すべてのカテゴリーはのれんに落とし込められる[5]」。無形資産は直接, 評価されるが, のれんは直接に認識されることはない。常に「残余として (as a residual)[6]」認識, 評価される。

　無形資産は以下のように分類される。

- マーケテイング関連無形資産 (marketing-related intangible assets): 商標など。
- 顧客関連無形資産 (customer-related intangible assets): 顧客リストなど。
- 芸術関連無形資産 (artistic-related intangible assets): 演劇, オペラ, バレーなど。
- 契約ベース無形資産 (contract-based intangible assets): 免許, ロイヤリテイなど。
- テクノロジーベース無形資産 (technology-base intangible): 特許など。

　無形資産が分離可能であることは, 測定可能であることを前提とする。したがって特定の無形資産が測定可能であれば, 分離可能であるということになる。無形資産を測定可能とするものは, 公正価値である。この場合の公正価値には,「観察可能な市場取引において売買されるものに限定されない[7]」。それ以外の現在価値評価など多様な評価モデルも含められる。公正価値による測定

可能性をもって,無形資産は分離可能なものとなる。

無形資産とのれんは,合併取得後,減損評価に供される。この減損評価は公正価値に依拠して行われる。すなわち「公正価値に基づいた減損モデル (fair-value-based impairment model)[8]」が適用される。

2 無形資産の減損評価

のれんから分離された無形資産は,有用命数をもつものは償却に供される。償却方法は,無形資産の経済的ベネフィットが費消されるパターンを反映した方式にしたがう。そのようなパターンが確定できない場合は,定額法が採用される。無形資産の有用命数は,実体の将来キャシュフローに対して直接的あるいは間接的に貢献すると予測される期間であり,その推定にあたっては,関連するあらゆる要素が考慮される。有用命数をもつ無形資産は,FASBステイトメント第121号[9] (後改訂されて144号となる) に準拠した減損レビューが適用される。すなわち取得後の期間の途中,無形資産の簿価が公正価値を上回って回収不能の徴候が明らかとなった場合には,「回収可能性テスト (recoverability test)」が行われる。その資産の使用から生み出される将来キャシュ・フローの予測額 (割引前) が資産簿価より低ければ減損の認識にとりかかる。減損損失の測定においては,割引現在価値によって減損資産の公正価値を評価し,その評価額を上回まわる資産の簿価の超過額が減損損失とされる。

有用命数が確定できない無形資産は,「期限無限定 (indefinite)」とされ,償却の対象とされない。期限無限定の無形資産は,毎年減損テストに供され,その簿価が公正価値を上回っている場合には減損が認識される。非償却の無形資産の減損を認識する場合には,FASBステイトメント144号による回収可能性テストは適用されず,直接,その資産の公正価値に基づいて減損損失が計上される。すなわち減損の認識と測定の2ステップのテストでなく,1ステップの「公正価値テスト (fair value test)」が行われる。

減損損失が認識された後,その無形資産の公正価値が回復することがあっても,その回復は認識されない。減損後の簿価が新しい会計の基礎となり,戻し

入れ (reversal) の計上は禁じられる。

　無形資産の減損テストは公正価値に基づいて行われるが，この場合の公正価値は市場価格に限定されない。FASBは，「観察できる市場は，期限無限定命数と見なされる無形資産の非償却を支持するのに必ずしも必要ではない[10]」とする。非償却の無形資産の減損評価は，FASB概念ステイトメント第7号[11]に準拠して，すなわち期待将来キャシュ・フローの割引現在価値によって測定されることになる。

3　のれんの減損評価

(1)　取得のれんの報告単位への割付け

　取得したすべてののれんは，償却されない。毎年，会社の「報告単位 (reporting unit)」レベルにおいて減損テストが行なわれる。減損テストが実施される報告単位は，「経営セグメント (reporting segment)」(SFAS 131号[12]に規定された) に限らない。その下位レベルの単位 (「構成単位 (component)」と呼ばれる) も，独立の財務報告が利用でき，経営者が規則的にレビューしておれば，報告単位となる。セグメント報告書を作成していない会社も，取得したのれんを構成単位に割り付け，構成単位ごとに減損をテストしなければならない。のれんと無形資産の公正価値測定は，会計年度のどのような時点でも，その時点設定が年間を通じて一貫するものであれば，行うことが出来る。

　のれんは，取得時において支払われた対価から取得純財産の公正価値を差し引いたもの，「残余額としてのみ測定できるもので，直接，測定できない[13]」。そのために減損損失の測定のために，のれんは，のれん価値の推定手続きを経て，「想定された公正価値 (implied fair value)[14]」が算定されなければならない。

(2)　のれんの減損テストの2段階

　のれんの減損テストは，2つのステップを踏んで実行される。

　減損テストの第1ステップは，のれんの減損があるかどうかを判別するスク

リーン・テストである。この段階では，報告単位の公正価値が決定され，報告単位の簿価（取得されたのれんも含む）と比較される。報告単位の簿価がその公正価値を上回っている場合には，第2のステップへと進むことになる。

減損テストの第2ステップにおいては，減損分析が行われ減損損失額が測定される。報告単位の公正価値は報告単位の各資産と負債に配分され，配分することが出来ないあとの残余が報告単位ののれんの想定公正価値とされる。のれんの想定公正価値と簿価が比較され，簿価が想定公正価値を上回っている場合には，その差額が減損損失となる。減損損失控除後の修正されたのれんの簿価は新しい会計のベースとなり，その後，認識された減損損失が回復しても，逆戻りして回復額を計上することはできない。

減損テストの第1ステップは，のれんの減損損失の認識に着手するかどうかを決めるものである。報告単位の公正価値の評価において，以下の規準がすべて満たされておれば詳細な公正価値の決定は次年度へと先送りされ，減損分析は必要とされない。

・報告単位を構成する資産と負債が直近の公正価値を決定して以降，主だった変化がない。
・直近の公正価値決定が，報告単位の簿価を相当に超える額となっている。
・事象の分析からして，公正価値決定が報告単位の現在の簿価より低くなる可能性はほとんどない（remote）。

しかし報告単位の公正価値が簿価以下になる可能性が50パーセン以上（more likely than not）あると事象が示しているならば[15]，報告単位ののれんの減損分析が実施される。

第1ステップにおいては，報告単位の公正価値が評価され，報告単位の簿価と比較される。そのために，まず報告単位の簿価を確定しなければならない。報告単位の簿価は，合併取得後の企業実体全体の資産と負債のうち報告単位に割り付けされた金額によって構成される。合併によって取得されたのれんは，取得時に報告単位ごとに割り付けられる。たとえ報告単位に割付けされる合併取得の資産と負債がなくとも，報告単位が「合併のシナジーからベネフィット

を受けると予測される$^{(16)}$」ならば，その部分が報告単位ののれんとして割り付けられる。報告単位へののれんの割り付け額は，報告単位をあたかも合併取得したと想定して，報告単位について想定された「購入対価」が報告単位の純資産額を超過するのであればその部分が報告単位ののれんとなる。

　このように報告単位の簿価が確定されると，次は報告単位の公正価値の測定が行われる。第1ステップにおける報告単位の公正価値は，仮に報告単位が売買されるとして，そこで成立すると考えられる取引額に基づいて行われる。この場合，個々の持分株式の市場価格が公正価値評価の参考になるが，しかしこれが唯一の証拠になるとは限らない。株式の市場価格が参照できない場合には，割引現在価値テクニックなど多様な評価方法に基づいて，報告単位の公正価値が評価される。また，報告単位と似た経営内容と特徴を有する他の企業実体を選び，その企業実体の株価利益倍数（株価／利益比率），株価収益倍数（株価／収益比率）を参照して，報告単位の公正価値を推定することもできる。

　第1ステップにおいて報告単位の簿価と公正価値とが比較され，簿価が公正価値を上回っている場合には，次の第2ステップへと進み，減損分析が行われることになる。減損分析においては，報告単位の「のれんの想定公正価値（implied fair value of goodwill）」をいかに決定するかが問題となる。何故なら報告単位ののれんの想定公正価値は，報告単位に割り付けられたのれんの簿価と比較され，減損額を決定する基礎となるものであるからである。のれんの想定公正価値は，報告単位の公正価値を報告単位の個々の資産と負債に割り付け，その結果，個々の資産と負債に割り付けられなかった残余として算定される。あたかも合併が生じたかのように想定してのれんの想定公正価値の確定が行われるのである。

　「のれんの想定公正価値は，企業合併においてのれんの認識が行われたのと同じ方法によって決定される。すなわち実体は，あたかも，報告単位が企業合併において取得されたかのように，また報告単位の公正価値が報告単位の取得に支払われた価格であるかのようにして，報告単位の公正価値をその単位の資産と負債のすべてに（なんらかの未認識の無形資産も含めて）割り付ける。報告

単位の公正価値が資産と負債に割り付けられた額を超える部分がのれんの想定公正価値となる[17]。」報告単位についてののれんの想定公正価値は、そののれんの簿価と比較される。報告単位ののれん簿価が想定公正価値を上回っている場合には、その超過額に等しい額が減損損失として認識される。のれんの簿価以上の損失額は計上されない。

(3) 内部創出の無形資産の測定

このような報告単位ののれんの減損評価のプロセスにおいては、企業内部において創出された無形資産とのれんが、測定の対象とされる。すなわち報告単位の公正価値は、報告単位の認識されている（会計記録されている）資産だけでなく、取得時から減損テスト期日までの間に内部形成したが未認識の状態にある何らかの資産に対しても割り付けされる。報告単位の全体の公正価値を、個々の資産に部面に割り振るには、すでに会計計上されている資産だけでなく、合併後内部形成したのれんや無形資産についても割り付けることが求められる。そのために、のれんの想定公正価値を算定するには、この自己創出ののれんや無形資産（未認識の資産）を測定しなければならない。この自己創出の

図表6-1　のれんの減損損失の評価

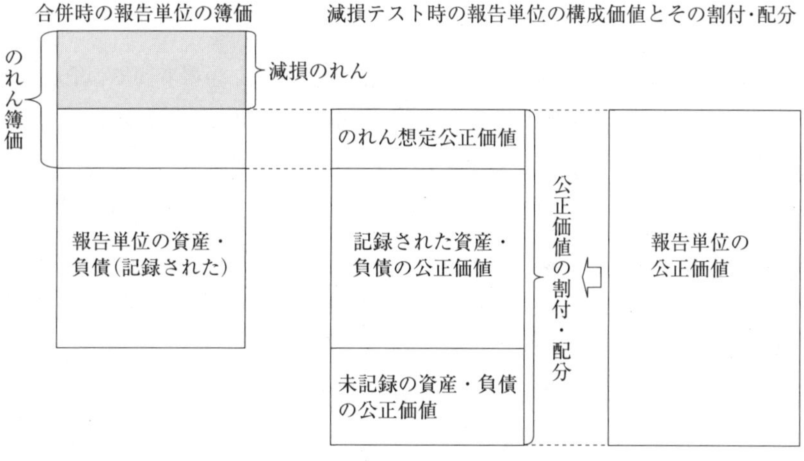

のれんや無形資産の測定は,のれんの減損テスト目的のためのもので,測定はされるが認識(財務諸表に計上)されることはない。

のれんの想定公正価値を確定するには,報告単位の公正価値を分析しなければならない。報告単位の公正価値には,会計計上されている資産だけでなく,合併後内部創出したのれんや無形資産も含まれている。報告単位の公正価値額から,記録されている資産の公正価値額(のれんを除く)を控除し,さらに合併後内部創出した認識されていない無形資産の評価額を控除した残りがのれんの想定公正価値となる。すなわち「報告単位の公正価値から,認識された純資産の公正価値と未認識の純資産の公正価値の両者を控除して,のれんの想定公正価値に最も近い推定額を計上する[18]」のである。

(4) 報告単位の公正価値の評価方法

報告単位の公正価値の決定は,仮に報告単位が売買されるとした場合の,そこで成立すると考えられる市場価格に基づいて行われるとしながら,市場価格以外のさまざまな評価方法も公正価値であり,これらに依拠することができるとしている。市場価格以外の公正価値には,現在割引価値の多様な評価モデルや,報告単位と似た経営内容と特徴を有する他の企業実体の株価利益倍数(株価/利益比率),株価収益倍数(株価/収益比率)で評価されたものも含まれる。すなわち,

「資産(負債)の公正価値は,資産(負債)が自発的な当事者間での取引において購入(発生)するか売却(返済)すると想定した場合の,強制もしくは清算の販売によらない場合の金額である。すなわち報告単位の公正価値は,報告単位全体が自発的当事者間の取引において売買されるとした場合の金額を参照する。活発な市場における市場価格が公正価値のベストな証拠であり,利用できるとあれば測定の基礎として採用すべきである。しかしながら個々の持分株式の市場価格(公の株式市場での株式取引によって形成した報告単位の市場価値)は,報告単位全体の公正価値を表すものとは限らない。個々の持分株式の市場価格は,報告単位の公正価値についての単一の測定ベースとなる必然性はな

い[19]。」

「市場価格が利用できないとあれば，公正価値の推定は，同様の資産と負債の価格やその他の評価テクニックを採用した結果を含め利用できるベストな情報に基づくべきである。現在価値テクニックは，多くの場合，（報告単位のような）純資産グループの公正価値を推定するに利用できる最良のものである。現在価値テクニックが公正価値の測定に利用出来るとあれば，そのテクニックにおいて採用された将来のキャッシュ・フローの推定は，公正価値の測定目的にかなうものとなる。これらのキャッシュ・フローの推定には，市場の参加者が公正価値の推定において採用した仮定が組み込まれている。その情報が不当なコストがかかり，労苦なくして利用出来ないとあれば，企業は自ら独自の仮定を用いることになる。これらのキャッシュ・フローの推定は，合理的で支持できる仮定に基づくものであり，利用できるあらゆる証拠が考慮される。証拠にかけるウエイトは，その証拠が客観的に検証できる範囲に応じたものとなる。キャッシュ・フローの金額もしくはタイミングについて一定のあり得る幅が推定されると，そこでのあり得る結果についての可能性が考慮される[20]。」

「株価利益倍数や株価収益倍数（multiple of earnings or revenue），もしくは同類の業績評価指標は，それらのテクニックが公正価値の測定目的に適合しているならば，報告単位の公正価値の推定に用いられる。報告単位の公正価値の決定において株価利益倍数や株価収益倍数を活用することは，たとえば，特定の企業実体が似たような経営内容と経済的特性を有しており，その企業実体の公正価値が観察でき，株価利益倍数，株価収益倍数が判明している場合には，適切である[21]。」

4　のれんと無形資産会計における認識領域の拡大を支える測定の概念

現代アメリカ会計は，「分離可能性」の概念をもって無形資産の認識領域を拡大し，また，のれんと無形資産に対して毎年の減損テストによる減損損失の認識という新しい認識領域を生み出した。このようなのれんと無形資産におけ

る認識領域の拡大は，公正価値の測定概念に全面的に依存することによって可能となる。

のれんと無形資産の減損認識は，公正価値に基づくといっても市場価格による評価に制限されない。市場価値以外の多様な評価テクニックに基づいた評価も公正価値とされる。市場価格以外の多様な評価テクニックによる評価が公正価値であることによって，のれんと無形資産の認識領域の拡大は可能となる。のれんと無形資産の会計基準において，公正価値概念は，それが市場価格であることで機能するのではなく，市場価格以外の多元的評価テクニックも公正価値であるとする意味付けをもつことによって機能する。

しかしこれらの多元的な評価テクニックは，公正価値概念が表だってかかげる測定の信頼性とは裏腹に，その実，検証可能性に欠けたものである。

(1) 無形資産会計における分離可能性の検証不能性

無形資産の「分離可能性」の認識基準は測定可能であることが条件となる。分離可能性は売却可能性に制約されない。参照される市場価格がなくとも何らかの測定方法によって数値を与えることができるならば分離可能ということになる。すなわち分離可能性は，測定可能性を条件として成立する。FASBは，期待割引現在価値法も含めて多様な無形資産の評価方法を公正価値に含めることにより，無形資産の測定可能性の幅を広げた。

しかし無形資産における分離可能性の概念には根本的な疑問がある。その疑問とは，(1) 無形資産は企業実体と一体的な関係にあり，分離されると価値を失うのではないか，(2) また，特定の無形資産が他の無形資産との相互関係のもとで価値をもつ場合には，他の無形資産から分離できるのか，といったものである。すなわち，

「無形資産は，それが経済的ベネフィットを生み出すには他の資産との連携（conjunction）のもとに，例えばチョコレート・バーの製造販売には，有形資産（機械や設備）と無形資産（ノウハウ，フランチャイズ，イメージ）の連携のもとに用いられる。さらにある無形資産（ブランドのごとき）の価値は，他の無

形資産(名声,ノウハウ,スキル,関係)と密接に結びついている。会計情報の真実で公正な概観を離脱することなく,財務報告目的に対してあるクラスの資産と他の資産との間の境界をいかにして識別し区分することができるであろうか[22]。」

　無形資産は,公正価値による測定可能性をもって,のれんからの分離可能性を持つことが出来る。この場合の公正価値には,大きな判断領域が含まれている。結局のところ無形資産の分離可能性は,「公正価値が信頼性をもって測定すると経営者が信じた(believe)ところで[23]」決定する以外にない。経営者の信念は高度に主観的であり,分離可能性の認識基準は,きわめて主観的な性質をもつことになる。

(2)　のれんと無形資産の減損損失の検証不能性

　のれんと期限無限定の無形資産は,毎年の減損評価の対象になる。のれんと無形資産の減損評価は,全面的に公正価値の測定概念に依拠してなされる。この場合の公正価値は,市場価格を最も高いレベルにおきながら,しかし市場価格を参照せずともいいとしている。のれんも,期限無限定の無形資産も,もともと市場価格を参照することが困難なものである。したがって多元的な現在価値評価のテクニックに依存せざるを得ない。公正価値概念は,市場価格以外の評価方法も公正価値を構成するという論理によって,のれんと期限無限定の無形資産の減損損失の計上という新たな認識領域の拡大を可能とさせている。

　注意すべきは,のれんと期限無限定の無形資産の減損評価が,経験的に検証不能な性格をもつことである。

　まず無形資産についてみると,その期限無限定を検証する手段がない。FASBは,無形資産について,「法律,規則,契約,競争,経済などの要因が無形資産の有用命数を限定出来ない場合は,その資産の有用命数は限定されない(indefinite)ものと考える。期限が限定されないとは無限(infinite)を意味しない[24]」としている。すなわち無形資産の命数が「無限」か「有限」かの区分ではなく,「有限」か「有限性を特定できない」かの区別を求めている。

しかし無形資産の命数が「有限 (finite) でない」ことを検証する手段はなく，経営者が「有限性を特定出来ない」とすれば，その無形資産は期限無限定のものとなる。監査人は，無形資産について「特定の命数をもたないと否定したものを否定することは出来ない(25)」。

のれんの減損テストについては，第1に，合併時に取得したのれんを報告単位に割付けしたものをのれんの簿価とするが，この報告単位への取得のれんの割付けは検証不能であり，第2に，減損損失を計上するために合併後の報告単位ののれんの「想定公正価値」を推定するが，その推定額は検証不能である。

取得のれんの報告単位への割り付けは，検証不能な手続きである。のれんは，合併により企業全体において生まれるシナジーの価値であるとすれば，その価値を，報告単位に分離することがそもそも可能であるかという問題がある。さらに合併時に純資産の公正価値の算定において測定誤差があった場合，その誤差はのれんに帰属させる金額に影響を及ぼすし，また合併にあたって取得実体に対して過大支払もしくは過小支払があった場合，そのことはのれんの金額に影響を及ぼす。このような場合，測定誤差と過大支払・過小支払に原因するのれんも含めて認識したのれん額を報告単位に適正に割り付ける方法は存在しないし，割り付け額の正確性を検証する術もない。一応，報告単位の公正価値を想定し，報告単位の純資産額を超える部分が割り付けられるべきのれんであるとしても，特定ののれんの割り付け額が他の割り付け額より適正であると検証することは出来ない。

減損テストにおいて計上される報告単位の「のれんの想定公正価値」は，検証不能である。報告単位の公正価値を評価する場合，報告単位が法人単位でないかぎり持分市場価値をもたないから，株式市場価値による評価は難しい。そのために将来キャッシュ・フローの予測をもとに評価モデル（「割引現在価値モデル（Discount Cash Flow Model）」や「残余利益モデル（Residual Income Model）(26)」）を駆使して報告単位の公正価値を評価することになるが，その公正価値の適正性を検証する術がない。よし報告単位の公正価値が正確に評価されたとしても，報告単位の「のれん推定公正価値」を確定するためには，公正

価値を報告単位の資産と負債に割り付けなければならず，この割付けは，「認識された資産と負債」に対してだけでなく，「認識されていない資産と負債」すなわち合併後において報告単位において内部生成したのれんと無形資産に対しても行わなければならない。内部形成ののれんと無形資産の評価は，公正価値に基づくとしても，これらの適正性を検証する手段がない。このこのれんの「想定公正価値」の測定にあたっての自己創出ののれんと無形資産の測定については，ほとんど検証不能である。

　ワッツ（Ross L. Watts）は，のれんと無形資産の減損会計の基準は，将来キャッシュ・フローの予測を求めており，「これらの将来キャッシュ・フローは，検証不能であり，契約に供すことが出来ないために，将来キャッシュ・フローに依拠した評価は操作（manipulate）される可能性がある[27]」としている。すなわち，

　「企業価値とその想定のれんの価値の評価は，極度に主観的なものである。上場企業は客観的な測定である観察された市場価値を有しているが，それは採用されないものとなっている。報告単位の価値と想定のれんの評価は，さらに困難でさえある。報告単位の価値と想定のれんは検証不能であるのみならず，それらが報告単位間のすべてについて何らかのシナジーがある場合には，将来のキャッシュ・フローや価値，のれんを報告単位に配分するどのような意味ある方法も存在しない。シナジーは，ジョイント・コストでありベネフィットを意味し，管理会計のテキストが認めているように，評価目的に対して，それらの配分は恣意的となり無意味なものとなる[28]。」

　「企業の検証できない評価と分離できない無形資産を扱うにあたって，以前に多くの者が取り扱うのを恐れていた（それにはもっともな理由があったのだが）道にFASBは足を踏み入れた。起こりうる結果は，より大きな操作を許すことになり，それ故に価値と業績の貧弱な測定となる純資産と利益を生み出すことになる[29]。」

　このようにのれんと無形資産の減損会計は「検証不能な将来キャッシュ・フロー（unverifiable future cash flow）[30]」に依存している。

お わ り に

のれんと無形資産会計においては,公正価値に全面的に依存して基準化がなされている。のれんと無形資産の認識は,それらの測定可能性に強く依存している。公正価値の測定概念が,のれんと無形資産の認識を支えている。公正価値概念は,市場価格の検証可能性と信頼性を主張しながら,そのなかに市場価格以外の多様な評価テクニックを公正価値を構成するものとして組み込んでいる。このような組み込みによって,今日ののれんと無形資産の会計は公正価値に裏づけされたものとされ,認識されるべきものとなる。しかしそれらののれんと無形資産は,その実,検証不能な予測キャッシュ・フローに依存しているにすぎない。検証不能な測定テクニックに依存したのれんと無形資産を,「公正な価値」であると承認づける制度効果を公正価値概念がもつことによって,制度的に合理化する。のれんと無形資産会計にみる今日の会計認識領域の拡大は,このような公正価値概念の制度効果に支えられなければ実現出来ないものとなっている。

(注)
(1) FASB, Statement of Financial Accounting Standards (SFAS) No. 142, *Goodwill and Other Intangible Assets*, 2001, par. B27.
(2) SFAS No. 141, *Business Combination*, 2001, par. B101.
(3) SFAS No. 142, par. B39.
(4) SFAS No. 141, par. B157.
(5) Michael J. Mard, James R. Hitchner, Steven D. Hyden, Mark L. Zyla, *Valuation for Financial Reporting, Intangible Assets, Goodwill, and Impairment Analysis*, SFAS 141 and 142, (2002) p. 17.
(6) SFAS No. 142, par. 18.
(7) SFAS No. 141, par. B160.
(8) SFAS No. 142, *Goodwill and Other Intangible Assets*, 2001, par. B129.
(9) SFAS 112, 144, *Accounting for the Impairment of Long-Lived Assets and for Long-lived Assets to be Disposed of*, 1995.
(10) SFAS 142, par. B57.

(11) FASB, Statement of Financial Accounting Concepts No. 7, *Using Cash Flow Information and Present Value in Accounting Measurements*, 2000.
(12) SFAS No. 131, *Disclosures about Segments of an Enterprise and Related Information.*
(13) SFAS No. 142, par. B19.
(14) *ibid.,* par. 18.
(15) そのようなのれん価値の減少を示す事象として次のものをあげている。(1) 法律や経営環境における変化。(2) 規制当局による行為もしくは評価。(3) 予測外の競争。(4) 重要な人物の死去。(5) 報告単位もしくは報告単位を構成する重要要素が売却されるか処分される可能性が50パーセント以上ある場合。(6) 報告単位内の重要な資産グループについてSFAS 144号で定めた回収不能性 (recoverability) のテストが施行される場合。(7) 報告単位を構成する子会社の財務諸表においてのれんの減損が認織される場合。(SFAS No. 142, par. 28.)
(16) SFAS No. 142, par. 34.
(17) *ibid.,* par. 21.
(18) *ibid.,* par. B124. さらにのれんの減損損失の計上手続きにおいて考慮しなければならないことは，のれんの減損を測定するにあたって，のれん減損テストの実施前に長期命数資産についての減損額を評価しなければならないことである。すなわちFASBステイトメント144号が，のれん減損評価に先立って適用される。
(19) *ibid.,* par. 23.
(20) *ibid.,* par. 24.
(21) *ibid.,* par. 25.
(22) Audra Ong, The Problems of Accounting for Intangible Assets in the Food and Drink Industry, in *Issues in Accounting and Finance*, edited by Peter Atrill and Lindsey Lindley, British Accounting Association, 1997, p. 173.
(23) *Ibid.,* p. 166.
(24) SFAS 142, par. 11.
(25) Audra Ong, *op. cit.,* p. 167.
(26) アメリカ学会 (American Accounting Association) の委員会は，「割引キャシュ・フロー・モデル (DCF) と残余利益モデル (RIM) とも，のれん総額の価値を推定するに合理的な基礎を提供している」。「残余利益モデル (RIM) や割引キャシュ・フロー・モデル (DCF) のいずれかを用いて企業ののれんを評価する提案は，公正価値会計の代用になり，先例となりうる」としている。AAA Financial Accounting Standard Committee, Equity Valuation Models and

Measuring Goodwill Impairment, *Accounting Horizons*, June, 2001, p. 170.
(27) Ross L. Watts, Conservatism in Accounting Part I : Explanations and Implications, *Accounting Horizon*, 2003, p. 217.
(28)　*Ibid.*, p. 218.
(29)　*Ibid.*, p. 219.
(30)　*Ibid.*, p. 207.

（村瀬　儀祐）

第7章　企業結合会計の会計的性質

は　じ　め　に

　2004年3月，IASBはIAS 22号「企業結合」（以下，IAS 22号という）を改訂したIFRS 3号「企業結合」[1]（IFRS 3号という）を表わし，またこれと共にIAS 36号「資産の減損」および同38号「無形資産」（それぞれIAS 36号，IAS 38号という）を改訂する新基準[2]を表わした。これらの包括的基準化により，企業結合会計はその会計処理法の大幅な見直しとともに，基準そのものの国際的統一化（convergence）の第1段階を画したといえよう。

　この企業結合会計の国際的統一化の経過に関していえば，パーチェス法と共に持分プーリング法を代替的方法として認めていたアメリカにおいて[3]，G4＋1との共同作業を経て，FASBが2001年6月にSFAS 141号「企業結合」[4]および同142号「のれん及びその他の無形資産」[5]を表わし，パーチェス法のみを会計処理法とする基準化を行ったことが，企業結合会計基準の国際的な方向性を決定づけるものとなった。

　一方，IASBにおけるこの企業結合会計の会計処理法と取得無形資産およびのれんの認識・測定の見直しは，IASBへの改組当初からのプロジェクトであった。この基準の特徴は会計処理法またその理論内容においても，ほぼアメリカ基準を踏襲するものであり，既存基準の国際的統一化の名のもとに行われた基準設定のあり様の特質を表わしている。

　そこで以下，企業結合会計に関するまさに国際的な動向を体現している

IFRS 3号を手掛かりに企業結合会計の国際的統一化のもつ会計的意味はなにかを，公正価値会計に支えられたパーチェス法のもつ会計機能との関連で検討する。

1 IASB企業結合会計基準の特徴

(1) 企業結合の定義

　IFRS 3号は，「企業結合とは個別の企業または事業 (*business*) を1つの報告実体 (*reporting entity*) に統合すること」をいい，「その結果，ほとんどすべての企業結合はある企業（取得企業）が1つないしそれ以上の他の事業（被取得企業）の支配権を取得すること」と定義する[6]。ここで，「事業」とは，執行され管理される統合された一組の活動および資産をいう。

　従来基準のIAS 22号は，企業結合を「他の企業の純資産および事業を1つの企業に合体するか支配権を取得することによって，別個の企業を1つの経済実体に結合すること」[7]と定義した。また，FASBはSFAS 141号において「企業結合は，企業の純資産を取得するか，1つないしそれ以上の他の企業の持分を取得しその企業の支配権を取得すること」[8]と定義した。IFRS 3号は基本的にはこれらを踏襲しながらも，企業結合をもって「取得」と規定する一方，「経済的実体」を「報告実体」に置き換えるなどの修正を加え広く定義したのである。

　実際に，企業結合の形態自体は多様である。他企業の持分を買収する場合，他企業の純資産の全部を買収するか他企業の負債を引受ける場合，また1つ以上の事業部門からなる他企業の純資産の一部を買収する場合が含まれる。また，企業結合は持分証券の発行，現金その他の資産（あるいはそれらの組合せ）の移転によって行われる。そして，この取引は企業結合に参加する企業の株主間あるいはある企業と他企業の株主間において行われる。

　このことから，企業結合は営業譲渡や，取得企業が親会社であり被取得企業は子会社である親会社―子会社関係を含むことに留意する必要がある。この場合取得企業は連結財務諸表上でこの企業結合会計基準を適用することになる。

この定義に含まれる企業結合においてはある企業による他の企業の支配権取得をメルクマールとしているが，これは企業結合会計成立の前提であって，これに如何なる会計方法が適用されるかは企業の結合形態とは別の問題である。

（2） パーチェス法への一元化

IFRS 3号の基本的特徴はすべての企業結合をパーチェス法による処理を規定したことである[9]。すなわち，従来企業結合の会計処理法については，制度的にはパーチェス法と持分プーリング法の選択適用制が採用され，これに加えて理論的には新出発法（fresh-start method）[10]が提唱されてきた。例えば，IAS 22号は企業結合をいわゆる「持分の結合」として区分される結合については持分プーリング法を，また「取得」として区分される結合についてはパーチェス法をという2つの方法を認めてきた[11]。これに対してIFRS 3号は持分プーリング法を排しパーチェス法のみに限定したのである。それは企業結合の大部分が結果としてある企業による他の企業ないし事業の支配権を取得することとして行われるところから，大部分の企業結合について取得企業を識別できるとし，パーチェス法が適切な方法である[12]と結論づけたのである。

パーチェス法は企業結合を結合当事企業のうち取得企業の観点からみる。すなわち，取得企業が（被取得企業の）純資産を買収し，取得した資産および引受けた負債・偶発債務を被取得企業によって結合前にはその財務諸表上に認識されていなかったそれらを含めて，その公正価値でもって認識する方法である。

では，会計処理法をパーチェス法に一元化する論拠はなにか。

まず，IFRS 3号は1つの企業が他の結合当事企業の支配権を獲得しないような企業結合についてもパーチェス法の適用を要求している。このような取得企業を識別できないような企業結合については新出発法[13]を適用する可能性もあるが，IASBは新出発法は現在の企業結合会計には適用されていないとする。

また，企業結合会計プロジェクトの主要な目的が会計方法の国際的統一化を

求める点にあることから,取得企業を特定できない企業結合についてもパーチェス法の適用を求めたという[14]。

いずれにしても,ある企業が他の企業あるいは事業の支配権を取得するような企業結合についてはパーチェス法が唯一適切な方法であるとしたのである[15]。

一方で,持分プーリング法の排除の論理は如何なるものであろうか。

前述のごとくIAS 22号は2つの方法を認めたが,持分プーリング法は決して同一の企業結合取引についての代替法として認めていたのではない。それが取得の場合はパーチェス法を適用し,「真正合併」あるいは「持分の結合」(すなわち,どの結合当事企業も支配権を得るに至らない場合)には持分プーリング法を適用するとしていた。これに対して新基準は,後者の場合についても持分プーリング法による情報はパーチェス法による情報提供を超えることはないとしてその適用を否定したのである[16]。

また,持分プーリング法は,従来からその適用については企業結合の対価が持分証券である場合に制限され,結合に伴う資産・負債は結合前の帳簿価額で継承され結合による追加的な認識がなされることはない。このようなことから,所有主持分が実質的に継続し結合後の持分構成も結合前のそれが継承される「真正合併」の場合は持分プーリング法が適切であるという主張があるが,新基準は,これらの持分は企業結合の結果実際には変化することもあるとしてこの主張を退けたのである。

なによりも,持分プーリング法では結合当事企業の全ての資産と負債は結合前の帳簿価額で認識されるから財務諸表の利用者は結合の結果生じると期待される将来キャッシュ・フローの性質,時期および金額を合理的に評価することができない。すなわち,持分プーリング法は交換取引は交換される項目の公正価値で処理されなければならないという一般原則に反すると[17],公正価値会計の論理をもって持分プーリング法を排したのである。

2 新基準の内容 —認識と測定—

(1) 取得企業の識別

パーチェス法の手続は取得企業の識別,結合原価の測定および結合原価の配分からなる。まず,取得企業とは結合当事企業のうち他の企業ないし事業を支配する企業をいう。すなわち,パーチェス法は企業結合を取得企業の観点からみるのであるから結合当事企業のうち1つを取得企業として識別できることを仮定するのである。

支配とはある企業ないし事業の財務および事業の方針を統制し,それによって便益を得る力であり,結合当事企業のうちの1つが他の企業の議決権の過半数を取得した時に,その所有が支配力を構成しないことが証明されないかぎり,支配力を獲得したとみなされる。しかし,議決権の過半数所有に達しない場合でも,結合の結果次の要件を得た場合は支配力を獲得したとみなされる[18]。

(a) 他の投資家との契約を通じて他の企業の議決権の過半数支配権を得た場合,

(b) 法や契約によって他の企業の財務及び営業に対する支配権を得た場合,

(c) 他の企業の取締役会あるいは同等の統治機関の役員の過半数を指名ないし移動させる権限を得た場合,

(d) 他の企業の取締役会あるいは同等の統治機関における投票権の過半数を采配する力を有する場合,である。

このように,新基準は取得企業の識別に「支配力」基準を用いることによって連結会計基準(IAS 27号)と整合性をもたせ,企業結合に親会社—子会社関係を包摂せしめることを論理づけたのである[19]。

(2) 企業結合原価の測定と配分

企業結合会計の会計処理の第一段階は取得企業による企業結合原価(取得原価)の測定である。企業結合原価は「被取得企業の支配と交換に,交換日に,取得企業によって提供された資産,発生ないし引受けられた負債,また取得企

業によって発行された持分証券の公正価値とその他のコストの合計額」である[20]。ただし，企業結合は1回以上の交換取引によって，すなわち段階的に支配権を獲得する場合もある。このような場合の企業結合原価は個々の交換取引原価の総計である。このようにパーチェス法は取得原価を支払った対価の公正価値で測定するのである。

つぎは企業結合原価の配分であるが，企業結合原価は取得日をもって，認識規準を満たす被取得企業の識別可能な資産，負債および偶発債務を少数株主持分に関係なく認識し，その公正価値に基づいて配分される。そして，その企業結合原価と識別可能な資産，負債および偶発債務の純公正価値に対する取得企業の持分額とに差額がある場合は，これはのれんとして処理される[21]。すなわち，次の規準を満たす被取得企業の識別可能な資産，負債および偶発債務は個別に認識されるのである。

(a) 無形資産を除く資産については，取得企業に将来経済便益をもたらす可能性が高く，かつ，その公正価値が信頼性をもって測定できる場合

(b) 偶発債務を除く負債については，その債務の決済に必要な経済便益を具現する資源の流出の可能性が高く，かつその公正価値が信頼性をもって測定できる場合

(c) 無形資産および偶発債務については，その公正価値が信頼性をもって測定できる場合

とくに，これら取得日の資産・負債の評価において問題となるのは被取得企業に少数株主持分が存在する場合であるが，少数株主持分は，取得企業（親会社）が取得日に認識した識別可能な資産，負債および偶発債務の公正価値に対する少数株主持分に比例して算定（表示）される。すなわち少数株主持分も公正価値評価される[22]のである。

以上のように，取得時に取得企業が取得し，引受けた認識規準を満たす識別可能な資産，負債および偶発債務が原則として認識対象となるが，とくに留意すべきことは，これらには（取得前には認識規準を満たさないことにより）被取得企業の財務諸表上に認識されていなかった資産および負債も認識規準を満た

せば識別可能資産および負債として認識されることである[23]。

なかでも取得日における被取得企業の無形資産は無形資産の定義を満たし，かつその公正価値が信頼性を持って測定できる場合にはのれんと区分して認識されうるとする。その定義を満たすべき識別可能性の規準とは，a．分離可能である（すなわち，企業から分離ないし分割可能で，かつ売却，譲渡，ライセンス貸与あるいは交換されうる）か，b．契約上ないしその他法的権利から生じたものであるか，を満たす場合であり，この特質を有する無形資産はのれんと区別して認識されるべきとしたのである[24]。

また，被取得企業の偶発債務については，その公正価値が信頼性をもって測定できる場合に結合原価の配分要素として個別に認識することになる。もし，その公正価値が信頼性をもって測定できないとすれば，結果としてのれんの認識額に影響することになるし，またその偶発債務について開示する必要があるとされる。さらに当初認識以後の偶発債務は，公正価値をもって測定し，その公正価値変動は損益計算書上で認識するとした[25]。

（3） のれんの認識と減損処理

企業結合における取得のれんは資産として計上される。のれんは企業結合原価が当初認識された識別可能資産，負債および偶発債務の純公正価値額に対する取得企業の持分相当額を上回る場合の，その超過額として測定される[26]。

すなわち，企業結合において取得したのれんは個々には識別も認識もできない資産から生じる期待将来経済便益への支払額を表わしていることから資産として認識され，被取得企業の識別可能資産，負債および偶発債務を認識し，その金額を企業結合原価から控除して測定される。すなわち，のれんは被取得企業の識別可能資産，負債および偶発債務を認識した後の残余の原価に他ならない。

また，このようにのれんは計算差額として認識されることから，これが負の金額となる場合には「負ののれん」（negative goodwill）が生じる。すなわち，被取得企業の識別可能資産，負債および偶発債務の純資産公正価値に対する取

得企業の持分相当額が結合原価を上回る場合である。この負ののれんが生じた場合は，被取得企業の識別可能資産，負債および偶発債務の識別・測定，また企業結合原価の再見直しを行い，さらに超過額の残余がある場合には直ちに利益として計上するとする[27]。

つぎに，新基準の特徴は，のれんは当初認識以降は企業結合で取得したのれんの原価から減損累計額を控除して測定されるとすることである。すなわち，旧基準のIAS 22号が取得のれんについて組織的償却を求めたのに対して，新基準は企業結合の取得のれんについては償却を行わないとし，替わりに年1回あるいはもし事象ないし環境変化が減損の兆候を示す場合にはそれ以上の減損テストをIAS 36号により行うことを規定したのである[28]。

3 新基準の特質と会計機能

(1) 無形資産の認識拡大

以上，IFRS 3号の内容を検討したがその基本は会計処理法のパーチェス法への一元化にある。この会計方法の特徴は取得を契機とした取得資産・負債の公正価値評価による認識の拡大にある。とりわけそれはのれんからの「分離可能性」概念の導入と公正価値評価を梃子に無形資産の積極的な認識計上を図ることにある。いま1つは，のれんの償却禁止と減損処理といういわば費用化の方法の転換にあるといえる。

まず，企業結合会計の処理法のパーチェス法への一元化はまた会計基準の国際的統一化でもある。FASBはSFAS 141号および同142号をもって従来基準[29]を転換し，会計処理法をパーチェス法に限定し持分プーリング法を排除した。アメリカにおけるこの転換に合わせて，IASBにおいてもまず企業結合の会計方法の国際的統一化としてIAS 22号の改訂（IFRS 3号）によってパーチェス法一元化への転換が図られたのである。

では，SFAS 141号以前のアメリカ基準に代表されるように，従来の企業結合会計においてパーチェス法と持分プーリング法という代替的方法が制度的にも維持されてきたのはなぜか。それは両会計方法がもつ会計上の効果に差異が

あるからに他ならない。

　各会計方法がもつ会計上の特徴を簡潔にいえば，まずパーチェス法は，取得資産（負債）の公正価値評価による評価上げとその償却費用の拡大を特徴とする。すなわち，取得原価（公正価値）が償却資産へ積極的に配分されることによって追加の費用の計上を可能とする。たとえば，それが棚卸資産に配分されれば売上原価を通じて早期の費用計上が可能であり，固定資産あるいは無形資産に配分されれば将来の一定期間にわたって費用償却が可能となるであろう。そして取得原価のうち識別可能資産（負債）への配分の残余分であるのれんについては減損処理による弾力的費用計上を可能とするであろう。

　一方，持分プーリング法は取得資産・負債の簿価による計上の一方で，被結合企業の結合前の所有主持分構成がそのまま継承されることを特徴とする。すなわち，持分プーリング法は所有主持分の継続を仮定するもので，結合当事企業の資産・負債はその帳簿価額で結合後企業に継承される。したがって所有主持分の構成も基本的にはそのまま継承され，利益剰余金も継承される。つまり，被取得企業の資産・負債は公正価値で評価されることはなく，したがって，取得原価の取得純資産公正価値の超過額，すなわちのれんが（取得企業の）貸借対照表上に計上されることもないといった特徴を有している[30]。これが，これら結合後の会計効果を意図した会計方法の選択を可能としたのである。

　このような従来の会計方法に対して，新基準はすべての企業結合を「支配権の取得」とみるという基本的アプローチの転換によって，その会計方法のパーチェス法への一元化を図ったのである。

　パーチェス法の特徴は，前述のように，取得資産・負債は一般の交換取引と同様に取引当事者の交換価値で処理されねばならないとして取得原価が取得日現在の公正価値に基づいて資産・負債に配分されることである。すなわち，その配分対象資産には被取得企業の財務諸表上に記帳されていたかどうかを問わず，企業価値を表わす無形資産を含むすべての取得資産・負債を計上するという公正価値評価の論理を梃子とした認識計上の拡大を可能とすることである。これは単なる資産の評価上げに止まらず，公正価値評価を通じて取得原価の枠

内であるが，これを如何なる金額で如何なる資産に割り当てるかによって費用化の多元化を可能とするという資産の会計を特徴としている。

とくに留意されるべき特徴は，企業結合を契機とする無形資産計上の拡大である。従来，パーチェス法に伴う取得原価と取得した識別可能資産及び負債の純公正価値の差額はのれんとして一括して認識された。新基準は識別可能な無形資産はそれが結合前に被結合企業によって認識されていたか否かにかかわらず，積極的にのれんから分離して計上する枠組みを構築し，その要件（認識規準）に取得資産の「公正価値の信頼性ある測定可能性」を上げたのである[31]。すなわち，それが財務諸表の有用性を高めるとして無形資産の計上拡大を論理づけたのである。

しかるに，基準はなにが公正価値の信頼性ある測定であるかについては「確定した耐用年数を有する」場合，あるいは「分離可能性」という規準以外に明確な規定を与えていない。それは（当該資産の将来純キャッシュ・フローの）割引現在価値といった間接的な評価テクニックに依拠せざるを得ないものであり[32]，当然に不確実性を伴う性質のものである。

（2） 減損会計の導入とその論理

IFRS 3号のいま1つの特徴は，のれんについての減損処理の導入である。新基準は企業結合により取得されたのれんは初期認識以降は原価から減損累計を控除した額で計上されねばならないとした。すなわち，従来基準のIAS 22号が償却期間20年を超えない範囲での償却を要求した[33]のに対して，新基準はもはや償却を認めず，毎期の減損テストとして行われることを求めたのである。

では，その論拠はなにか。一般にのれんの償却を主張する代表的な論議は，取得のれんは（認識後）費消され内部創出のれんによって置き換わっている。したがって取得原価を償却し費用化することは内部創出のれんの認識を禁止する一般原則にも適うというものである。

これに対して新基準は，取得のれんはその耐用年数もその価値の時の経過に

よる減少額も予測することはできない[34]。すなわち，取得のれんは取得企業による個別には識別もまた分離して認識することもできない資産の期待将来経済便益への支払いを表わしている。また取得のれんと企業結合以降の内部創出のれんとは個々に識別することはできず，それらは共に同じキャッシュ・フローに貢献している。したがって，のれんの減損テストの目的は帳簿価額が取得のれんと内部創出のれんとが一体となって生み出す将来キャッシュ・フローによって回収可能であるかどうかを確かめることにある，とこのように論理化するのである[35]。

このように，のれんの規定を変更し減損会計を導入したのであるが，このことは規則的償却に替えて回収可能額という現在価値技法を用いた裁量の余地ある概念を軸とした[36]減損損失の計上会計への転換を意味し，識別可能無形資産ののれんからの分離計上による早期費用化と他方における操作的費用計上の選択の枠組みを拡大したものともみられるのである。

お わ り に

企業結合会計方法の国際的統一化はIASB発足時からの主要プロジェクトの1つであり，このプロジェクト（企業結合会計（フェーズⅠ））のテーマがパーチェス法への一元化であった。このパーチェス法の会計的特徴はとりわけ無形資産の認識拡大とのれんの減損処理による費用化の多元化にある。これが企業結合会計と共に減損会計および無形資産の会計基準が包括的に提示される所以であり，これらを測定面から支えているのが公正価値評価の採用である。

その基本論理は企業結合をもって取得とみなすことである。取得取引であればその会計方法は当然にパーチェス法が適用されねばならない。取得とは交換取引であり，それは交換される項目の公正価値で会計処理されねばならない[37]ことになる。すなわち，取得資産・負債はその交換価格（市場価格）で評価されねばならないという公正価値会計の論理を梃子に（純資産簿価と企業価値との差異を埋めるものとして）無形資産の積極的計上が合理づけられたのである。

だが，公正価値評価の第一義が市場価格に置かれるとしても企業結合におい

て対象となる無形資産・のれんといった資産の多くは活発な市場を有しない性質のものであり[38]，その評価は予測と見積りを伴う将来キャッシュ・フローの現在価値に依拠せざるをえない。しかるに，公正価値評価モデルの特徴は資産の公正価値を，単なる評価上げに止まらず，無形資産を含む如何なる資産に配分するか，さらには償却資産とのれんとの間に如何に配分するか，によって費用化を操作化させる機能を有している[39]。新基準はこのような特徴をもつ会計への転換が会計方法の国際的統一化の名において果されたとみられるのである。

さらにいえば，このような公正価値評価の基底にあるのは取得企業が支払った対価が被取得企業の純資産公正価値の最善の証拠であるという前提である。このことから取得企業の財務諸表上に計上されるべき取得資産・負債の総額がこの支払い対価の公正価値を用いて決定されねばならないということになる。

これは取得企業の持分比率が100パーセント以下の場合（少数株主持分がある場合）でも，取得企業の支配下にある資産は持分比率に関係なくすべて財務諸表に反映させるという考え方に行きつくが，これは取得対価を取得持分比率で還元する（割返す）ことで被取得企業のトータルとしての公正価値を評価するという「全部のれん」の考え方に通じる。

まさに，IASBとFASBの共同プロジェクトとして進められている「企業結合会計（フェーズⅡ）」の焦点は取得のれんに替えてこの全部のれん計上の方向が志向されているのである。すなわち，全部のれんは「支配獲得日現在の被取得企業全体の公正価値と被取得企業の識別可能純資産の純公正価値との差額」[40]と定義される。このように被取得企業の企業価値評価を反映させたのれんの拡大計上が図られているところにも企業結合会計における公正価値評価のもつ機能が一層明らかなかたちで立ち現れている。

(注)
(1)　IASB, IFRS 3, *Business Combinations*, March, 2004.
(2)　IASB, IAS 36, *Impairment of Assets* and IAS 38, *Intangible Assets*, March, 2004.

（3） J. Sylvestre and G. L. Prescott, Accounting for Business Combinations, *The Journal of Corporate Accounting & Finance*, September/October 20002, p. 47.
（4） FASB, Statement of Financial Accounting Standards No. 141, *Business Combinations*, June, 2001.
（5） FASB, Statement of Financial Accounting Standards No. 142, *Goodwill and Other Intagible Assets*, June, 2001.
（6） IFRS 3, *op. cit.*, par. 4.
（7） IASC, IAS No. 22, *Business Combinations*, Revised 1998, par. 8.
（8） FASB, Statement of Financial Accounting Standards No. 141, par. 9.
（9） IFRS 3, par. 14.
（10） 新出発法のもとでは，結合当事企業の資産，負債はそれらが既認識であるか否かに拘わらず，結合後企業の貸借対照表上，公正価値をもって計上される (FASB, SFAS No. 141, par. B12.)。
（11） IAS No. 22, pars. 17 and 77.
（12） IFRS 3, pars. BC39–BC41.
（13） 企業結合の結果として生まれる新企業の観点に立つもので，結合当事企業，すなわち取得企業，被取得企業のこれまで認識されていない資産・負債を含めてこれを公正価値でもって認識する方法である。
（14） IFRS 3, par. BC42.
（15） *Ibid.*, par. BC44.
（16） *Ibid.*, par. BC50.
（17） *Ibid.*, pars. BC51–53.
（18） *Ibid.*, par. 19.
（19） *Ibid.*, par. BC56.
（20） *Ibid.*, par. 24.
（21） *Ibid.*, pars. 36 and 37.
（22） いわゆる全面時価評価されるのである（武田安弘「IFRS公開草案第3号『企業結合』とわが国の対応」『経営学研究』第12巻第4号，15頁，参照）。
（23） IFRS 3, par. 44.
（24） *Ibid.*, par. 46. IAS 38, par. 21.
　　IFRS 3号は解説事例（Illustrative Examples）において，企業結合によって取得され，その定義を満たす無形資産の例をマーケット関連，顧客関連，芸術関連，契約ベース，そして技術ベースの無形資産の具体例をあげている。．
（25） IFRS 3, par. 47.
（26） *Ibid.*, par. 51.

(27) *Ibid.*, par. 56.
(28) *Ibid.*, par. 55.
(29) APB, APB Opinion No. 16, *Business Combinations*, August , 1970.
(30) C. Christian and W. Hillison, Pooling: Should We Care if the FASB Kill it ?, *The Journal of Corporate Accounting & Finance*, Vol. 11, No. 3, 2000, p. 535.

　なお，パーチェス法においては借方の資産額は公正価値評価に基づく再評価によって拡大計上されるが，これに対応して貸方所有主持分もまた拡大する。だが，パーチェス法の特徴は所有主持分総額の増大は資本金および資本剰余金，すなわち払込剰余金の増大によって吸収され，利益剰余金の増大となることはない（今田正『企業連結会計』森山書店，1989，第4章，参照）。

(31) IAS 38, pars. 3-34.

　IAS 38号はその例に，被取得企業において進行中の研究開発プロジェクトもこの条件を満たせば資産として認識されるとしている。

(32) *Ibid.*, pars. 35-41.　　　(33) IAS No. 22, pars. 44-50.
(34) IFRS 3, par. BC140.　　　(35) IAS 36, pars. BC134-135.
(36) E. E. Levis, J. W. Lippitt, and N. J. Mastracchio, Jr., Users' Comment on SFAS 141 and 142 on Business Combinations and Goodwill, *The CPA Journal*, October 2001, p. 28.

　例えば，基準は「回収可能額をもって純売却価格と使用価値とのより高い方であるという要請は資産の回収可能額の測定は合理的経営者の行動を反映すべきであるという考え方による。資産の回収可能額についての市場の期待ではなく，当該資産を所有する個々の企業による合理的見積りを優先すべきである」という（IAS 36, par. BCZ23.）。

(37) FASB, SFAS No. 141, par. B57.
(38) 例えば，商標，新聞のマストヘッド，音楽・映画の著作権，特許あるいはトレードマークは活発な市場を有していない（IAS 38, par. 78.）。
(39) R. L. Watts, Conservatism in Accounting Part I : Explanations and Implications, *Accounting Horizons*, September 2003, p. 217.
(40) IASB, *Business Combinations*（Phase II）-Application of the Purchase Method, January, 2004, p. 15.

　広瀬義州「知的財産会計と全面公正価値会計」『税経通信』2004年8月，25-27頁，参照。

　中央青山監査法人研究センター編『企業結合会計基準ガイドブック』中央経済社，2004年，207頁，参照。

（今田　　正）

第8章　FASB金融商品会計による
　　　　　負債の会計認識領域拡大化

1　FASBステイトメント第150号公表の経緯

　FASBは1986年に「多様な金融商品とそれに関連する取引がもたらす現存の財務会計問題および財務報告問題と，将来に生ずるであろう諸問題を解決するための幅広い会計基準を開発すること[1]」を目的に，金融商品会計プロジェクトを発足させた。FASBは金融商品会計プロジェクトを「金融商品の開示問題を取り扱う部門」，「金融商品の認識と測定を取り扱う部門」，「債務証券と持分証券の区別に関する問題を取り扱う部門」という3つの部門に分けて展開してきた。

　FASBは前者2つの部門については，SFAS 105号，107号，119号という金融商品に関する開示基準の公表を経て，1998年に金融商品の認識と測定に関する包括的な会計基準であるSFAS 133号『デリバティブおよびヘッジ活動に関する会計処理』を公表するに至っている。

　SFAS 133号の基本的な内容はこれまで認識対象となりえなかった未履行契約であるデリバティブ取引から生ずる権利・義務を資産・負債として認識し，それを公正価値で測定するというものである。それはFASB財務会計概念ステイトメント（SFAC）によって定義された資産・負債概念を具体的に解釈する場面として展開されている。SFAC 6号は資産・負債を以下のように定義している[2]。

　資　産：「過去の取引または事象の結果として，ある特定の実体により取得または

支配されている，発生の可能性の高い将来経済便益である。」

負　債：「過去の取引または事象の結果として，将来に他の実体に資産を譲渡したり，用役を提供しなければならない，ある特定の実体の現在の義務から生ずる発生の可能性の高い将来の経済便益の犠牲である。」

SFAS 133号はこの資産・負債の定義を用いて，「現金，他の金融資産，もしくは非金融資産を受け取ることによって利得ポジションでデリバティブを決済することができる能力は，将来経済便益に対する権利の証拠であり，ゆえに，当該デリバティブは資産である。同様に，損失のポジションでデリバティブを決済することが要求される現金，他の金融資産，もしくは非金融資産の支払は，将来に資産を犠牲にしなければならない義務の証拠であり，当該デリバティブは負債であることを示す[3]」として，デリバティブから生ずる権利・義務を資産・負債として認識することを論理化するのである。すなわち，SFAS 133号において，デリバティブを認識・計上するために，資産・負債の定義をそれに適合するように解釈し，これまで認識されなかった項目を認識領域化することを可能にしたのである。

金融商品の発行者側の会計処理に係る「債務証券と持分証券の区別に関する問題を取り扱う部門」については，1990年のFASBディスカッション・メモランダム『負債証券と持分証券の区別と，両方の特徴を有する証券に関する会計処理』の公表を経て，2000年10月にSFAS公開草案『負債，持分，もしくは両方の特徴を有する金融商品に関する会計処理』（以下，「公開草案」と略称する）が公表された。

公開草案は（a）負債の特徴を有するが，実務上は財政状態表で完全に持分として，もしくは負債の部と持分の部の間のいずれかで表示されている金融商品，（b）持分の特徴を有するが，実務上は財政状態表で負債の部と持分の部の間で表示される金融商品，（c）負債と持分との両方の特徴を有するが，実務上は完全に負債として，もしくは完全に持分として分類される金融商品，さらに，（d）持分株式を発行する義務を含むある種の金融商品を，発行者が財政状態表でどのように分類すべきかについて，作成者，監査人，規制者などによ

って表明された懸念に応えるために開発されたものであるという[4]。

その公開草案の主な内容は，たとえば，発行した持分株式を将来に資産を譲渡することによって償還する義務を組み込んでいる定時償還優先株などは負債として分類し，将来に持分株式を発行するある種の義務を組み込んでいる金融商品も負債として分類することを要求するものであった。また，転換社債は社債の償還による資産を譲渡する義務と，転換オプションが行使された場合に持分株式を発行しなければならない義務と，その構成要素に分解し，発行時に負債と持分とに分類することを要求するものであった[5]。それと同時に，持分株式を発行するある種の義務を負債として計上するために，SFAC 6号の負債の定義を改正することも提案された。

FASBは公開草案を再検討した結果，2003年5月にSFAS 150号『負債と持分の両方の特徴を有するある種の金融商品に関する会計処理』を公表した。SFAS 150号は，公開草案で提示した適用範囲のうち，負債として分類する金融商品，すなわち，定時償還金融商品，資産の譲渡によって発行者の持分株式を買い戻す義務を組み込んでいる金融商品，および発行者の持分株式を発行する義務を組み込んでいる金融商品の3つのクラスに適用を限定したものである。負債と持分の要素から構成される転換社債のような金融商品や連結子会社における少数株主持分の処理に係る問題については解決するに至らず，継続審議となっている。また，SFAC 6号の改正も，それらの諸問題を解決するまで延期されることになった。しかし，FASBは解決可能な実務上の問題をもつ金融商品について，ガイダンスを提供することのほうがタイムリーかつ必要であるとして，公開草案よりも適用範囲を限定したSFAS 150号を公表したのである[6]。

そこで本章では，SFAS 150号の内容を考察することにより，いかなる論理でもってそれらの金融商品を負債として処理することを可能にしたのか，また，SFAS 150号公表の本質的な意味を明らかにしたい。

2　FASBステイトメント第150号の内容

(1) 適用範囲

　SFAS 150号は発行者に対する義務を組み込んでいる金融商品を発行した場合，当該金融商品を負債（あるいはある状況においては資産）として分類することを発行者に義務づけるものである。

　発行者に対する「義務」について，SFAS 150号は資産を譲渡するかもしくは持分株式を発行する条件付義務もしくは責任，あるいは無条件の義務もしくは責任を表しているという。このことについてSFAS 150号は以下のように説明している。すなわち，「たとえば，ある実体に現物決済によって持分株式を買い戻すことを義務づけるプット・オプションを発行すれば，当該実体は資産を譲渡しなければならない条件付義務を負うことになる。また，差金決済を義務づける同様の契約を発行しても，当該実体は資産を譲渡しなければならない条件付義務を負うことになる。株式による差額決済を義務づける同様の契約を発行しても，当該実体は持分株式を発行しなければならない条件付義務を負うことになる。それとは対照に，株式を発行した場合は，一般に実体は，当該株式を償還する義務を負わず，それゆえ，当該実体は資産を譲渡するかあるいは持分株式を追加発行する義務を負わない。しかし，ある種の株式の発行（たとえば，定時償還優先株）は，資産を譲渡するかあるいは持分株式を発行することを発行者に要求する義務を課す[7]」という。

　SFAS 150号は，金融商品の特徴を発行者が負う「義務」に求め，負債として計上する金融商品の範囲を，資産を譲渡する義務を組み込んでいる金融商品だけでなく，持分株式を発行する義務を組み込んでいる金融商品にまで拡大させている。

(2) 金融商品の初期分類

　SFAS 150号は発行者の義務を組み込んでいる独立した金融商品の3つのクラス，すなわち，①定時償還金融商品，②資産の譲渡によって発行者の持分株

式を買い戻す義務を組み込んでいる金融商品，③不定数の株式を発行する義務を組み込んでいる金融商品を，負債（あるいは，ある状況においては資産）として分類することを発行者に義務づけている。このステイトメントを金融商品に適用するさいには，その3つの金融商品の特徴を本質的に有していることが重要な要因となり，何らかの本質的でない特徴がそれらの金融商品に組み込まれている場合には，その本質的でない特徴を無視するものとしている[8]。

① 定時償還金融商品

定時償還金融商品については，その償還が報告実体の清算もしくは解散によってのみ行われることが義務づけられていない限り，負債として分類することを要求している。株式という形態で発行される金融商品が特定の日もしくは決定可能な日に，あるいは発生が確実な事象にもとづいて，発行者がその資産を譲渡することによって金融商品を償還することを要求する無条件義務を組み込んでいる場合，当該金融商品は償還が義務づけられているとみなされるという。

また，ある金融商品を発生が確実でない事象にもとづいて，資産を譲渡することによってその金融商品を償還するという条件付義務を組み込んでいる場合，当該金融商品は，その事象が発生するか，あるいは，その事象の発生が確実になった場合に，償還が義務づけられることになり，その時点で負債として分類することを要求している[9]。

SFAS 150号は定時償還金融商品の例として，トラスト優先証券を挙げている。トラスト優先証券は定時償還可能であり，株式を償還するために資産を譲渡しなければならない義務を表すために，当該証券は連結財務諸表上で負債として分類され，保有者に支払われる配当もしくは他の金額の支払あるいは発生は，利子コストとして報告されることになるという[10]。

② 資産の譲渡によって発行者の持分株式を買い戻す義務を組み込んでいる金融商品

発行当初に（a）発行者の持分株式を買い戻す義務を組み込んでいるか，あるいはそのような義務が持分株式の公正価値の変動にもとづいている金融商

品，(b) 発行者が資産を譲渡することによって決済する金融商品は，負債（あるいはある状況のもとでは資産）[11]として分類するものとする。その例として，現物決済もしくは差金決済が行われる発行者の持分株式についてのプット・オプションの発行もしくは先渡購入契約などがある[12]。

③ 不定数の株式を発行するある種の義務を組み込んでいる金融商品

無条件義務を組み込んでいる金融商品，もしくは条件付義務を組み込んでいる発行済株式以外の金融商品で，発行者が不定数の持分株式を発行することによって決済することができる金融商品は，当初にその義務の貨幣価値が，以下のいずれかに単独もしくは支配的にもとづく場合，負債として（あるいはある状況のもとでは資産）として分類することが要求されている[13]。

ⓐ 当初に知られている固定貨幣価値（たとえば，不定数の発行者の持分株式で決済可能な支払勘定）

ⓑ 発行者の持分株式の公正価値以外のものの変動（たとえば，S&P500の指標となる金融商品で不定数の発行者の持分株式で決済可能なもの）

ⓒ 発行者の持分株式の公正価値の変動に対して反対に連動する変動（たとえば，株式による差額決済が行われる発行プット・オプション）

ここで重要なのが貨幣価値（monetary value）という用語である。貨幣価値とは，現金，株式，もしくはある金融商品によって発行者がその保有者に譲渡することが義務づけられている他の金融商品が，特定の市場条件のもとで決済日に有している公正価値を意味しているという。SFAS 150号はある種の金融商品に対して，貨幣価値が固定されているのか，あるいは市場条件の変動に応じて変動するかどうかを検討することを要求している。金融商品の貨幣価値が市場条件の変動に応じてどのように変動するかは，決済方法を含む契約条件の性質に依拠する。上記の条件について，以下のような説明がなされている。

ⓐ 義務の貨幣価値が固定されている場合

現金100,000ドルを譲渡するかもしくは100,000ドルの価値のある持分株式を発行することによって決済することを要求する義務を組み込んでいる金融商品については，その貨幣価値は，たとえ株価が変動しても，100,000ドルに固定

第8章 FASB金融商品会計による負債の会計認識領域拡大化　131

されている。

　ⓑ　義務の貨幣価値が持分株式以外のものの公正価値の変動にもとづく場合

　発行者の持分株式以外のものの変動にもとづいて不定数の株式を発行することによって決済することを要求する義務を組み込んでいる金融商品については，その貨幣価値は他のものの価格変動にもとづいて変動する。たとえば，その決済価値がゴールド100オンスの公正価値の変動に等しい株式数を引き渡さなければならないという株式による差額決済義務は，ゴールドの価格にもとづいて変動する貨幣価値を有しているのであって，発行者の持分株式の価格にはもとづいていない。

　ⓒ　義務の貨幣価値が持分株式の公正価値の変動と逆に変動する場合

　発行者の持分株式固定数の公正価値の変動にもとづいて不定数の株式を発行することによって株式による差額決済を要求する義務を組み込んでいる金融商品については，その貨幣価値はその義務を満たすために発行することが要求される株式数にもとづいて変動する。たとえば，発行者の持分株式10,000株を売りつける権利を保有者に与える株式による差額決済のプット・オプションの行使価格が11ドルの場合，行使日に発行される実体の持分株式の公正価値が13ドルから10ドルに下落したとすると，その発行者の株式の公正価値の変動は，決済する義務の貨幣価値を0ドルから10,000ドル（110,000ドル－100,000ドル）に上昇させ，そのオプションは1,000株（10,000ドル÷10ドル）を発行することによって決済される。したがって，当該金融商品において，不定数の株式を引き渡すという義務の貨幣価値は，発行者の持分株式の公正価値が下落すれば増大する，つまり，貨幣価値と持分株式の公正価値は逆に変動する。

　SFAS 150号は，持分株式を発行する義務を組み込んでいる金融商品であっても，上記のような貨幣価値を有する金融商品については負債として分類することを要求している。これは公開草案において提言された，当該金融商品がその保有者と発行者との間に構築する関係の性質にもとづいたものである。つまり，将来に持分株式を発行することによって発行者の義務を決済する金融商品

であっても，その決済する義務の貨幣価値が固定されている場合は，当該金融商品の保有者と発行者の関係は，債権者と債務者の関係に類似するものであり，その場合の義務は負債とみなされるべきものであるというのである。また，持分株式を発行することによって決済される（株式による差額決済）義務の貨幣価値が，株式の公正価値と反対に変動する場合，すなわち，株式の公正価値が下落すれば貨幣価値は増大するというような関係にある場合，当該金融商品の保有者と発行者との間には所有主と企業という関係（ownership relationship）は構築されないため，当該金融商品は持分ではなく，負債として分類すべきであるというのである。

（3） 初期測定および事後測定

SFAS 150号は，負債として分類される上記の3つの金融商品について，以下のように初期測定・事後測定することを要求している[15]。

定時償還金融商品は公正価値で初期測定される。

資産を譲渡することによって（たとえば，現金と交換に）発行者の持分株式を特定数買い戻すことによる現物決済を要求する先渡契約については，契約時の当該株式の公正価値で初期測定するものとする。持分は契約時の株式の公正価値と同額まで減額するものとする。

現金と交換に発行者の持分株式特定数を買い戻すことによる現物決済を要求する先渡契約と，定時償還金融商品は，2つの方法のうちのいずれかで事後測定される。支払われる金額と決済日が固定されている場合，それらの金融商品は，契約時の利子率を用いて利子コストを計上し，決済日に支払われる金額の現在価値で事後測定される。支払われる金額もしくは決済日のいずれかが，特定の状況にもとづいて変動する場合，それらの金融商品は，報告日に決済が発生する場合，当該契約における特定の状況のもとで支払われるであろう現金額で事後測定される。ただし，以前の報告日からその金額の結果的変動を利子コストとして認識する。それらの契約の保有者に対して，初期測定額を超過して支払われるもしくは支払われるべき金額は，利子コストのなかで反映される。

第8章　FASB金融商品会計による負債の会計認識領域拡大化　*133*

　たとえば，ある実体が2年後に第三者から当該実体の普通株式100万株を再購入するという先渡契約を締結したとする。契約当初，その先渡契約1株当たりの価格は30ドルである。その基礎となる株式の現在の価格は25ドルである。契約条項は当該実体が株式を再購入するために現金を支払うことを要求する（実体は2年後に3,000万ドルを譲渡しなければならない）。当該証券は資産を譲渡しなければならないという無条件義務を組み込んでいるために，負債として分類しなければならない。当該実体は負債を認識し，2,500万ドルだけ持分を減少させる（それは契約における暗黙的な利率9.54％で割り引いた，契約価額3,000万ドルの現在価値であり，この例の場合は，契約当初の基礎となる株式の公正価値でもある）。利息は先渡契約価額の3,000万ドルに対して2年間にわたって発生する。その利息の計算には契約における暗黙的な利率9.54％が用いられる。基礎となる株式が再購入日前に配当の支払が行われると期待され，かつ，その事実が契約における暗黙的利率で反映される場合，負債の現在価値および契約価額に対するその後の利息の発生は，その暗黙的利率を反映する。発生した金額は利子コストとして認識される[16]。

　以上のように，SFAS 150号は株式という形態で発行されても資産を譲渡することによって償還する義務を組み込んでいる金融商品，資産の譲渡によって持分株式を買い戻す義務を組み込んでいる金融商品，さらにはある一定の条件のもとで持分株式を発行する義務を組み込んでいる金融商品を負債として処理し，それらの義務を公正価値で評価するという内容のものである。これらの金融商品は現行の会計処理では，持分として処理されていたもの，あるいは財務諸表上では認識されていなかったものであり，SFAS 150号は，基準レベルで負債として認識される項目に認識領域を拡大したのである。

3　FASBステイトメント第150号による負債領域拡大化の論理とその本質的意味

(1)　**FASBステイトメント第150号による負債領域拡大化の論理**

　以上のように，SFAS 150号は，定時償還金融商品，資産の譲渡によって発

行者の持分株式を買い戻す義務を組み込んでいる金融商品,発行者が不定数の持分株式を発行することによって決済する義務を組み込んでいる金融商品という3つのカテゴリーの金融商品を負債として分類することを要求したものである。SFAS 150号は,それらの金融商品を負債として認識領域に含めることをどのように論理化したのであろうか。

定時償還金融商品は,株式という形態で発行されるが,それは将来に資産を譲渡することによって償還するという義務を発行者に課しているために,当該株式を発行した時点で負債として処理される。この義務は(a)特定の日,もしくは特定の事象の発生にもとづき,将来に資産を譲渡することによる決済をともなう現在の義務を表しており,(b)発行者の任意で将来の資産の犠牲を避けることができず,さらに(c)すでに発生している取引(当該金融商品の発行)の結果として生じたものであるがゆえに,現行のSFAC 6号による負債の定義に合致しているという[17]。

資産の譲渡によって発行者の持分株式を買い戻す義務を組み込んでいる金融商品は,当該買い戻す対象となっている発行済株式は持分として処理されているが,将来に資産を譲渡することによって持分株式を買い戻すという義務はまだ未履行の状態であっても,それは負債として処理される。この義務は(a)発行者の持分株式を買い戻す義務を表しており,(b)発行者に資産を譲渡することによってその義務を決済することを要求するものであるがゆえに,現行のSFAC 6号による負債の定義に合致しているという[18]。

しかし,金融商品の発行者が不定数の持分株式を発行することによって決済する義務を組み込んでいる金融商品については,その義務は現行の負債の定義には合致しないという。なぜなら,その金融商品は決済をともなう義務を組み込んでおり,その義務は過去の事象から生じているが,発行者が資産を譲渡することを避けることができ,持分株式を発行することによってその義務を決済することができるがゆえに,現行の負債の定義に合致せず,持分として分類されうるからであるという[19]。それでは,SFAS 150号は,持分株式を発行する義務を組み込んでいる金融商品を負債として分類することをどのように論理化

したのであろうか。

　SFAS 150号は持分株式を発行する責務もしくは責任を，義務という概念に加えたという。発行者の持分株式は発行者の資産とはならず，当該持分株式の新たな保有者の資産となる。持分株式を発行することによって義務を決済することは，他の持分株式の保有者にとっては，彼らの発行者の資産に対する持分を希薄化することによって，彼らの持分に不利な影響を与えることになる。それは資産を譲渡することによって義務を決済することが，発行者の資産を減少させることによって他の持分株式の保有者の持分に不利な影響を与えることと同じであるという[20]。持分株式を発行することは資産を譲渡することと同質であると指摘したうえで，持分株式を発行するという責務もしくは責任は，発行者の任意ではほとんど避けることができないため，それは義務であり，潜在的に負債になりうると論理化する。

　このことは公開草案が提言した金融商品の保有者と発行者との間に構築される関係の性質にもとづいている。SFAS 150号は，発行者と保有者との関係に着目し，それが企業とその所有主との関係，すなわち，FASBがいうところの所有主持分関係（ownership relationship）を構築しない限り，持分として計上してはならないというのである。持分として分類するためには，金融商品に組み込まれている持分株式を発行することによって決済するという義務は，その保有者に所有主（発行済持分株式の保有者）が直面するリスクと便益と同じ状況を与えなければならないという[21]。

　所有主の投資の価値は発行者である実体の持分株式の公正価値の変動に比例する。したがって，発行者の持分株式の公正価値の変動は，それが所有主の実現可能な便益を反映するために，所有主持分関係の特徴となりうるという。そのことが株式を発行する義務が持分となるのか負債となるのかという重要な判断規準になるのである。

　金融商品が所有主持分関係を構築するかどうかの判断は，その義務を組み込んでいる金融商品の保有者がその義務の決済によって受け取る価値（貨幣価値）と，基礎となる持分株式の価値との関係にもとづいてなされるという。た

とえば，持分株式1,000株を発行することによって決済する義務を組み込んでいる金融商品を発行した場合，現在，当該持分株式の公正価値が10ドルであったとすると，その義務の貨幣価値は10,000ドルである。決済日に持分株式の公正価値が11ドルに上昇した場合，その義務の貨幣価値は11,000ドルに上昇する。つまり，当該金融商品の保有者は持分株式の公正価値の上昇によって便益を得ることになる。これはある実体の所有主（持分株式の保有者）が，当該持分株式の公正価値が増加すれば便益を得るのと同じであるために，当該金融商品は保有者と発行者の間に所有主持分関係を構築する。それゆえ，当該金融商品は持分として分類されるのである。

　上記のように貨幣価値が持分株式の公正価値の変動と同じ方向で変動する金融商品とは対照的に，貨幣価値が持分株式の公正価値の変動と逆の方向で変動する金融商品の場合はどうか。たとえば，行使価格が11ドルで持分株式1,000株についてのプット・オプションを発行した場合，当該持分株式の公正価値が10ドルに下落すると，持分株式を購入するという義務の貨幣価値は1,000ドル増加する。株式による差額決済をする場合には，それだけ多くの株式を発行しなければならない。このプット・オプションの保有者は，持分株式の公正価値が下落すると便益を得ることになり，これは上記のような所有主持分関係を構築しない。したがって，当該金融商品は負債として分類されることになる。

　このようにSFAS 150号は株式という形態であっても資産を譲渡することによって償還する義務を組み込んでいる金融商品，持分株式を買い戻す義務を組み込んでいる金融商品について，それらの義務を現行のSFAC 6号による負債の定義にあてはめることによって負債の認識領域に含めることを可能にした。さらには，現行の負債の定義に合致しない，ある一定の条件を満たす持分株式を発行する義務についても，保有者と発行者との関係に所有主持分関係という概念を導入することによって負債の認識領域に含めることを論理化したのである。

第8章　FASB金融商品会計による負債の会計認識領域拡大化　　*137*

(2) FASB公開草案「FASB概念ステイトメント第6号改正案」

　FASBは現在，SFAC 6号の負債の定義に所有主持分関係を構築しない義務を含めるという改正の提言を行っている。FASBは「ステイトメント公開草案『負債，持分，もしくは両方の特徴を有する金融商品に関する会計処理』を公表するまでの審議期間中に，持分株式を発行することによって決済しなければならない（もしくは，発行者の任意でそれが認められている）義務を組み込んでいるある種の金融商品の構成要素が，負債として分類されるべきであるということを決定した。この変更は負債の定義がそれらの金融商品の構成要素に適合するようにするために，負債の定義を変更する[22]」として，公開草案『負債の定義を変更するためのFASB概念ステイトメント第6号改正案』（以下，「第6号改正案」と略称する）を公表したのである。

　第6号改正案はSFAC 6号でなされている負債の定義そのものを変更するのではなく，その定義に以下のような脚注を新たに付け加えることによって，資産の譲渡による義務には持分株式を発行する義務も含まれているという解釈を行うのである。

　　「ある種の義務，主として，金融商品もしくは複合金融商品の要素は，持分株式の発行による決済を要求する，もしくは認めている。それらの金融商品の要素が発行者と保有者との間に所有主持分関係を構築しない場合，それらの要素は負債である。本概念ステイトメント全体をとおして，資産の譲渡もしくは資産の犠牲を要求するものとしての言及される負債には，報告実体の持分株式の発行によって決済することができる，もしくは決済しなければならない義務が所有主持分関係を築かないという状況も含まれている。金融商品の要素は以下のような場合に所有主持分関係を築く。すなわち，(1) 金融商品の要素が，定時償還規定のない発行済株式である場合，もしくは (2) 金融商品の要素が発行者の持分株式の発行によって決済することができるか，もしくは決済しなければならない義務である場合である。さらに，所有主持分関係にあるものは，満期日にその義務の決済について金融商品の保有者に譲渡しなければならない価値が変動する範囲内で，その価値の変動は発行者の持分株式の公正価値の変動に帰属し，それに等しく，かつ，その変動と同じ方向の場合である[23]。」

　以上のように，公開草案が発行者にとって持分株式を発行する義務を組み込んでいる金融商品は負債であるという解釈を行うことを明確にするために，第

6号改正案が公表されたのである。このことによって，所有主持分関係を構築しない持分株式を発行する義務を負債であると解釈することが概念レベルで明確にされ，負債の範囲の拡大化が可能になるのである。

現在，SFAC 6号の改正については継続審議中である。しかし，この第6号改正案の公表後の審議において，FASBは改正案で示しているように，負債の定義に所有主持分関係の欠如を組み入れることを決定している[24]。このことから，SFAS 150号が基準レベルで金融商品に組み込まれている義務を具体的に負債として処理することを可能にしたことの意味は，SFAC 6号の改定をつうじて，負債の認識領域を概念的に拡大することにあると考えられる。

(注)
(1)　FASB, Statement of Financial Accounting Standards No. 105, *Disclosure of Information about Financial Instruments with Off-Balance-Sheet Risk and Financial Instruments with Concentrations of Credit Risk*, March 1990, par. 1.
(2)　FASB, Statement of Financial Accounting Concepts No. 6, *Elements of Financial Statements*, December 1985, pars. 25 and 35.
(3)　FASB, Statement of Financial Accounting Standards No. 133, *Accounting for Derivative Instruments and Hedging Activities*, June 1998, par. 219.
(4)　FASB, Exposure Draft, Proposed Statement of Financial Accounting Standards, *Accounting for Financial Instruments with Characteristics of Liabilities, Equity, or Both*, October 2000, par. 1.
(5)　公開草案の内容については，志賀理「FASB金融商品会計における負債概念の解釈のあり方―FASB財務会計基準書公開草案『負債，持分，もしくは両方の特徴を有する金融商品に関する会計処理』について」『同志社商学』第54巻第1・2・3号，2002年12月を参照されたい。
(6)　FASB, Statement of Financial Accounting Standards No. 150, *Accounting for Certain Financial Instruments with Characteristics of both Liabilities and Equity*, May 2003, par. B11.
(7)　*Ibid.*, par. 3.
(8)　*Ibid.*, par. 8.
(9)　*Ibid.*, pars. 9-10.
(10)　*Ibid.*, pars. A2-A5.
(11)　SFAS 150号の範囲内にある負債となる義務を組み込んでいるある種の金融

商品もまた，資産の特徴を含んでいるかもしれないが，一つの項目として報告しなければならない。たとえば，発行者の持分株式についての先渡購入契約の場合，発行時点で当該契約が発行者にとって不利なポジションとなっている場合（持分株式の市場価格が先渡購入価格を下回っている場合）は，当該先渡契約は負債として分類されるが，有利なポジションの場合（持分株式の市場価格が先渡購入価格より上回っている場合）は資産として分類されるのである。それらの金融商品は，最初に資産もしくは負債として分類され，その後に，報告日の金融商品の公正価値に依拠して分類される。（SFAS 150号脚注7）

(12) FASB Statement No. 150, par. 11.
(13) *Ibid.*, par. 12.
(14) *Ibid.*, par. 4.
(15) *Ibid.*, pars. 20-23.
(16) *Ibid.*, par. A12.
(17) *Ibid.*, par. B20.
(18) *Ibid.*, par. B26.
(19) *Ibid.*, par. B30.
(20) *Ibid.*, par. B34.
(21) *Ibid.*, par. B37.
(22) FASB, Exposure Draft, *Proposed Amendment to FASB Concepts Statement No. 6 to Revise the Definition of Liabilities*, October 2000, par. 2.
(23) *Ibid.*, par. 13.
(24) FASB Statement No. 150, par. B17.

（志賀　　理）

第9章 金融商品会計基準と資産概念

はじめに

　1978年に公表された財務会計概念ステイトメント（SFAC）1号から2000年のSFAC 7号は，現代アメリカ会計を支える上で重要な役割を果たしている。この中で展開されている新しい会計の考え方は，新しく設定されるさまざまな会計基準のなかに表れてきている。

　とくに金融商品会計基準は，市場価格に依拠して公正価値を測定属性として取り入れたことにより，これまでの取得原価を中心とした測定，配分の概念とは大きく異なる特徴を示している。また，金融商品に限らず，多様な契約を含むデリバティブをも資産として論理付け，認識することを要求している。

　本章は金融商品会計基準にみられる資産概念の拡大と公正価値評価の関係について明らかにするとともに，その問題点について考察するものである。

1　アメリカにおける金融商品会計基準の発展と問題点の推移

　アメリカ財務会計基準審議会（FASB）は，1986年5月に金融商品とオフバランス処理についてのプロジェクトをアジェンダに加え，金融商品会計基準の作成に着手した。初期の金融商品に関連する会計基準には，1990年の財務会計ステイトメント（SFAS）105号『オフバランス・リスクを伴う金融商品と信用リスクの集中に伴う金融商品に関する情報開示』，1991年のSFAS 107号『金融商品の公正価値に関する開示』，1994年のSFAS 119号『デリバティブと金融商

品の公正価値に関する開示』があげられる。

　SFAS 105号では,「すべての実体に会計損失のオフバランス・リスクを伴う金融商品に関する情報開示を要求する」とあるように,将来,実体の保有する金融商品がもたらす損失の可能性[1]についての情報を要求するものであった。

　また,SFAS 107号では,公正価値 (fair value) を定義づけ[2],年金,退職後医療給付,従業員ストック・オプション,リース契約など特定の取引を除き,すべての実体に金融商品の公正価値の開示を要求することで,公正価値導入の基礎を作った。SFAS 119号は,SFAS 105号と107号の内容を改訂すると同時に,先物,オプション,スワップなどデリバティブに関する開示を求めてきた。

　これらの基準書は,情報開示の観点から金融商品を扱っているが,重要なことは金融商品を定義づけ,公正価値を金融商品の測定基準として導入したことにあったと考えられる。

　SFAS 105号では,金融商品を「現金,実体における所有者持分を明示するもの,もしくは以下の2つの条件[3]を満たす契約である[4]」と定義づけている。この定義はSFAS 107号でも同様であり,現在,一般的にも[5]同様の定義が金融商品にたいして用いられている。SFAS 119号は,金融商品だけでなくデリバティブまでその範囲を広げると同時に,公正価値の利用可能性を広げていった。しかし,これらの基準で要求されている情報は,基本的に注記開示であり,とくにデリバティブの公正価値による測定,認識といった問題は1998年に公表されたSFAS 133号『デリバティブとヘッジ活動の会計』に持ち越された。

　SFAS 133号は,「実体は,契約に基づく権利や義務によるすべてのデリバティブを貸借対照表において資産もしくは負債として認識すべきである[6]」とし,SFAS 133号の適用対象となるデリバティブについて,その資産性と負債性を認めている。また,測定についても「すべてのデリバティブは公正価値で測定されるべきである[7]」とし,公正価値が金融商品だけでなく,デリバティブにおいても最も適しており,最良の見積もりとなるとしている。

SFAS 133号は,それまで限定的にしか認められなかったヘッジ会計の範囲を広げるなど会計上の認識領域を大きく広げる一方で,すべてのデリバティブについて整合性を持たせることを意図した。しかし,SFAS 133号にたいする非常に多くの改訂要求や実務における適用[8]の困難性から,FASBは1999年のSFAS 137号『デリバティブとヘッジの会計―SFAS 133号の発効日の延期―』,2000年のSFAS 138号『特定のデリバティブと特定のヘッジ活動の会計』,2003年のSFAS 149号『デリバティブとヘッジ活動についてのSFAS 133号の改訂』というように,SFAS 133号の修正を公表することとなった。

SFAS 149号は,(1) SFAS 133号の改訂を必要とするDIG[9]の決定,(2) 金融商品を扱う他の審議会プロジェクトに関係する決定,(3) デリバティブの定義の適用に関連した実務上の問題に関係する決定により,SFAS 133号を改訂するものである。ここにおいて,金融商品会計の中心的な論点はデリバティブの定義の明確化とその適用対象となるデリバティブの範囲を限定することであり,多様な契約形態であるデリバティブを会計上どのように捉えるかという点にある。

2　デリバティブの認識

SFAS 133号は,「デリバティブは,以下の3つの特徴を兼ねそろえた金融商品やその他の契約である[10]」として,デリバティブを金融商品だけでなくそれ以外の契約も含めるところに特徴がある。

a. (1) 1つもしくは複数の原資産 (underlying) を持ち,(2) 1つもしくは複数の想定元本,もしくは支払条項のいずれかまたは両方を持っていること。これらの条件は決済金額を決定し,場合によっては,決済が必要か,必要でないかどうかを決定する。

b. 当初純投資が全くないか,市場の要因の変動に同じように反応することが予想される他の契約が要求する金額よりも小さい当初純投資が要求されている。

c. その条件が,純額決済が要求されているか,または認められており,契

約外の方法で純額決済が容易にできるか，もしくは受取人に実質的に純額決済と異ならない立場での資産の引き渡しを規定している。

SFAS 149号で，「上述のような特徴に関わらず，売買目的で保有する抵当貸付金に関するローン・コミットメントは，SFAS 65号のパラグラフ21に述べられているように，ローン・コミットメントの発行者（潜在的な貸し手）によるデリバティブとして会計処理すべきである[11]」という一文が加えられ，上記の3つの特徴を兼ねそろえなくともデリバティブとなることが明記された。

その一方でSFAS 133号では，以下の契約については適用外とし，デリバティブとしては取り扱わないとしている。

a. 通常の有価証券取引
b. 通常の売買取引
c. 特定の保険契約
d. 特定の財務保証契約（financial guarantee contracts）
e. 取引所で取り引きされていない特定の契約
f. 売却の会計処理の障害となるデリバティブ

さらに，SFAS 149号では，上記のaからfの取引に以下の契約を加えるとともに，これまでのものについて詳細な規定を加えている。

g. 生命保険への投資 [12]
h. 特定の投資契約 [13]
i. ローン・コミットメント [14]

このような定義と適用範囲に合致した金融商品や契約は，デリバティブとして扱われ貸借対照表上で認識し，公正価値によって測定されなければならないとされている。

また，SFAS 133号では，デリバティブの公正価値の変動（利得または損失）を以下のように認識することを求めている[15]。

a. ヘッジとして指定されない場合。ヘッジ目的でないデリバティブの利得または損失は，現在の損益として認識しなければならない。
b. 公正価値ヘッジの場合。公正価値ヘッジ手段として指定される適格なデ

リバティブの利得または損失は，ヘッジされるリスクに帰属可能なヘッジ対象の相殺される損失または利得とともに現在の損益として同じ会計期間に認識しなければならい。

c. キャッシュ・フロー・ヘッジの場合。キャッシュ・フロー・ヘッジ手段として指定される適格なデリバティブの利得または損失の有効な部分は，その他の包括利益の構成要素として報告しなければならない，そして，ヘッジされる予定取引（forecasted transaction）が損益に影響をあたえる期間と同じ期間に，損益として再分類しなければならない。もし，デリバティブに残る利得または損失があるならば，現在の損益として認識しなければならない。

d. 外貨ヘッジの場合。外貨ヘッジ手段として指定される適格なデリバティブまたはデリバティブ以外の金融商品の利得または損失は，以下のように処理されなければならない。

(1) 外貨建確定コミットメントのヘッジにおいては，デリバティブまたはデリバティブ以外によるヘッジ手段の利得または損失とヘッジされる確定コミットメントの相殺される損失または利得は，同じ会計期間に現在の損益として認識しなければならない。

(2) 売却可能証券のヘッジにおいては，デリバティブによるヘッジ手段の利得または損失とヘッジされる売却可能証券の損失または利得は，同じ期間に現在の損益として認識しなければならない。

(3) 予定外貨建取引のヘッジにおいては，デリバティブによるヘッジ手段の利得または損失の有効な部分は，その他の包括利益の構成要素として報告されなければならない，そしてヘッジされる予定取引が損益に影響を与える期間と同じ期間に損益に再分類しなければならない。ヘッジ手段の残りの利得または損失は，現在の損益として認識しなければならない。

(4) 海外業務への純投資のヘッジにおいては，デリバティブまたはデリバティブ以外によるヘッジ手段の利得または損失は，ヘッジとして有

効な範囲内で，累積換算調整勘定の一部としてその他の包括利益で報告しなければならない。

このように，FASBはデリバティブの認識をヘッジであるか否かを軸にして，指定されるデリバティブの種類と適格要件[16]を満たすことにより，その変動を利得または損失として，デリバティブの効果が生じる将来のある期間ではなく，当期の損益としてもしくはその他の包括利益の構成要素として認識することを求めている。

とくに，キャッシュ・フロー・ヘッジもしくは予定外貨建取引のヘッジ手段として指定された場合，ヘッジ対象の利得または損失の生じた期間にヘッジの効果を表すように処理するため，そのデリバティブの利得または損失の認識される期間が異なることになる。

設例）コモディティの予定売却のキャッシュ・フロー・ヘッジ[17]

ABC社は，コモディティA（100,000ブッシェル）を1,100,000ドルで売却することを予定している。このキャッシュ・フロー・ヘッジとしてデリバティブZを指定する。デリバティブZのプレミアムはゼロである。このヘッジ関係は適格である。

期末においてコモディティAは25,000ドル値下がりし，デリバティブZは25,000ドル値上がりした。そこで，コモディティAとデリバティブZを決済した。

この設例について，仕訳を行うと以下のようになる。

デリバティブ（資産）	$25,000 /	その他の包括利益	$25,000
現　　金	$1,075,000 /	売　　　上	$1,075,000
現　　金	$25,000 /	デリバティブ	$25,000
その他の包括利益	$25,000 /	損　　益	$25,000

設例では，非有効部分がなく第1期末で同時に決済されているため，その他の包括利益から損益への再分類が同時期に行われているが，仮に第2期末にコモディティAが決済されるならば，第1期末ではヘッジするために有効なデリバティブZの部分が公正価値で評価され，資産として認識される。また，非有効部分があれば，その部分については損益として認識されることになる。

このように，金融商品の認識・測定では，取得原価から公正価値への測定属性の変更により認識される金額が拡大され，それにともなう損益に影響を及ぼしている。

3　公正価値の導入に関わる問題

SFAS 107号の公表以後，FASBは一貫して金融商品にとって公正価値が最良の見積もりであるとしてきた。SFAS 133号においても，「公正価値は金融商品にとって最も目的適合性をもった測定であり，デリバティブにとっては唯一の目的適合性をもった測定である。デリバティブは公正価値で測定されるべきである[18]」とされている。またSFAS 133号の公正価値の定義は，SFAS 125号で示された「資産（もしくは負債）の公正価値は，強制や清算による売却以外で，現在，取引の意思のある当事者間（willing parties）において購入（引き受け）や売却（決済）が可能な資産（もしくは負債）の金額である。活発な市場において公表されている市場価格が公正価値の最良の証拠であり，可能であるならば測定の基礎として用いるべきである[19]」と同義であるとされている。これは，SFAS 107号での定義に基づいたものである。

この公正価値の定義は，公表されている市場価格に依拠している。これは，市場価格の算定において公正価値による評価が含まれることと，算出される数値の客観性を重視したためと考えられるが，すべての金融商品やデリバティブについての公表されている市場価格を入手することは実質的に不可能であるので，見積もり計算が必要となる。この見積もり計算には，割引現在価値や期待キャッシュ・フローの考え方が用いられる。

SFAS 133号では，「期待将来キャッシュ・フローが公正価値の見積もりに利用できるならば，これらの期待キャッシュ・フローは，合理的で支持できる仮定と予測に基づく最良の見積もりであるべきである[20]」とされてきた。ここで用いられている期待キャッシュ・フローの解釈について，SFAC 7号の用語解説では，「期待キャッシュ・フローは見積もり可能な金額の範囲における発生の確率を加重した金額の合計」とされているが，SFAS 149号では，「本ステ

イトメントはSFAC 7号以前に発行されたものであり，そのため期待キャッシュ・フローという用語は，SFAC 7号で用いられているものと同じ意味である必要はない[21]」という一文を脚注に加えて修正がなされた。

これは，SFAC 7号以前の考え方は，「単一のキャッシュ・フローを見積もり，リスクに見合った単一の割引率を使う[22]」ものであったため，リスクが現在価値に割引くための利子率に含まれるのにたいし，SFAC 7号では，基本的にリスク・フリーの利子率を用いることによるものである。

測定属性としての公正価値の導入は，金融商品，デリバティブ会計と関係づけて行われてきた。そこでの論理は，金融商品，デリバティブの実態を把握するためには，当初認識だけでは十分でなく，その後の価格変動やリスクを情報利用者が理解できることが重要であるとされてきた。

しかし，金融商品，デリバティブ会計に公正価値を測定属性として導入することで生じる本質的な問題は，評価差額の計上とそのさいの経営者の判断[23]がもたらす処理の多様性にある。

お わ り に

金融商品会計基準にみられる認識領域拡大は，とくにデリバティブ会計基準においてこれまでオフバランスとされてきた契約時における権利・義務について，一定の要件を兼ねそろえれば資産・負債として認識することを可能としたところに表れている。この認識領域の拡大は，資産・負債アプローチへの転換と公正価値測定の2つによって論理づけられている。

まず，資産・負債アプローチについてFASBは，SFACにおいて「資産とは過去の取引または事象の結果として，特定の実体によって取得または支配されている，発生の可能性の高い将来経済便益である[24]」と定義しており，この定義の意味するところは，「近代会計におけるように過去の収入・支出を体現するものとみることから，将来キャッシュ・フローを体現するものとみることへの概念転換がなされている[25]」というように，従来の費用・収益アプローチからの転換である。これまでの配分の結果としての未費消原価＝資産という

位置づけではなく，将来，キャッシュとして実現されるか，もしくは実現可能なものを意味する。さらに，ここでの将来キャッシュ・フローは，取得原価を将来にわたり配分するという過去の一時点を起点として現在を把握するものではなく，その資産が将来にわたり稼得するであろうキャッシュ・インフローを現在時点へ割り引いたものを表す。

　SFAS 133号では，「デリバティブは資産または負債の定義と合致する権利または義務を表すものであり，財務諸表において報告されなければならない。デリバティブは資産または負債である，なぜならばそれらは権利や義務を表すからである[26]」とし，SFACで述べられている将来キャッシュ・インフローに代表される資産の3つの本質的な特徴をあげ，「gain positionにおけるデリバティブを，現金や他の金融資産または非金融資産を受け取ることで決済できることは，将来経済便益にたいする権利の証拠であり，そしてその商品は資産であるとする説得力のある証拠である[27]」というように，将来経済便益にたいする権利は，結果的に将来においてキャッシュ・インフローをもたらすので資産であるという論理展開を行っている。反対にloss positionの場合は，支払い義務を生じ，結果的に将来においてキャッシュ・アウトフローを生じさせるので，負債ということになる。

　gain positionであるかloss positionであるかは，現在（認識時点）におけるものであり，デリバティブの権利，義務は過去（契約時点）の結果である。そして，将来（決済時点）における金額を公正価値により見積もることで，現在のデリバティブを資産または負債として認識することとなる。

　FASBはSFAC 5号の認識規準の中[28]で，資産たるためにはその資産がSFACの資産の定義と合致し，測定可能性，目的適合性，信頼性といった基本的認識規準を満たすことを要求している。つまり，金融商品やデリバティブの認識を考える場合，まずSFACの資産の定義に合致するかどうかが問題となる。SFACの資産の定義に合致するということは，「コストや法的な権利・義務の概念から離脱した拡大した資産・負債概念を包摂しうる内容をもつものである[29]」と考えられ，リース会計では，現在において対象となる資産が存在

したが，デリバティブでは，現在において存在するのは権利と義務をもつ契約である。ここに認識領域の拡大をみることができる。

つぎに公正価値測定は，金融商品やデリバティブを測定するための測定値として公正価値を最良の見積もりであると位置づけることにより，取得原価では把握できなかった数値変動を財務諸表に表すことを可能とした。

SFAC 7号によれば公正価値は，市場価格だけでなく将来キャッシュ・フローを含める広い概念であることから，実質的に公正価値により算定される資産の価額は幅広い数値になることが予想される。従来の客観性や検証可能性といった数値の信頼性が問題となるが，合理的な計算方式の利用や表示上の誠実性（representational faithfulness）[30]の概念などによって合理づけられ，こうした観点は金融商品会計にとどまらず，今後さらなる認識領域の拡大の可能性をもつものとなるといえる。

さらに公正価値測定の導入は，取得原価による測定と比較して資産数値が拡大したというだけでなく，測定の結果生じる変動評価差額の期間損益にもたらす影響に重要な意味がある。とくにデリバティブ会計基準では，その処理方法は多様であり，損益認識時点についても拡大されている。

このように金融商品会計は，金融商品の価格変動，デリバティブといった特殊な経済事象を認識するために，近代会計における認識領域から大きく変化したといえる。しかし，こうした認識領域の拡大は特殊な一部の事象にのみあてはまるものではなく，多様な会計実務を合理づけるためさまざまな会計基準にその影響を及ぼすものとなっている。

（注）

（1） SFAS 105号『オフバランス・リスクを伴う金融商品と信用リスクの集中に伴う金融商品に関する情報』では，損失をもたらす可能性をリスクとして捉え，このリスクを，債務不履行により生じる信用リスクと金利変動など市場の価格変動により生じる市場リスクの2つに限定している。（FASB, Statement of Financial Accounting Standards No. 105, *Disclosure of Information about Financial Instruments with Off-Balance-Sheet Risk and Financial Instruments with*

第 9 章　金融商品会計基準と資産概念　　*151*

　　Concentrations of Credit Risks, March. 1990, par. 7.）
（ 2 ）　SFAS 107号『金融商品の公正価値に関する開示』では，公正価値とは，強制や清算による売却以外で，現在，取引の意思のある当事者間（willling parties）において交換が可能な価格としている。（FASB, Statement of Financial Accounting Standards No. 107, *Disclosures about Fair Value of Financial Instruments*, December. 1991, par. 5.）また，公表されている市場価格が最も証拠性が高いとしながらも，公表されている市場価格が得られない場合には，経営者の最良の見積もり（best estimate）による開示を求めている。（SFAS No. 107, par. 11.）
（ 3 ）　2 つの条件とは，a. ある実体が契約先の実体にたいし，(1) 現金もしくは他の金融商品を引き渡す，または (2) 金融商品を潜在的に不利な条件で交換するという義務を持つ。b. ある実体にたいし契約先の実体が，(1) 現金もしくは他の金融商品を受け取る，または (2) 潜在的に有利な条件で他の金融商品と交換できる権利を持つ，ことである。
（ 4 ）　SFAS No. 105, par. 6.
（ 5 ）　金融商品は，現金，所有者持分，もしくは現金または他の金融商品を受け取る契約上の権利や引き渡す契約上の義務である。これらには，現金，投資，売上債権，支払債務があげられる。(Donald E. Kieso, Jerry J. Weygandt, Terry D. Warfield, *Intermediate Accounting*, Eleventh Edition, Wiley Text Books, March. 2003, p. 186.）
（ 6 ）　FASB, Statement of Financial Accounting Standards No. 133, *Accounting for Derivative Instruments and Hedging Activities*, June 1998, par. 17.
（ 7 ）　*Ibid.*, par. 17.
（ 8 ）　FASBは，個別問題については，DIG（Derivatives Implementation Group）を発足させ，『SFAS 133号の適用問題の指針』を公表することで対応することにした。
（ 9 ）　DIG（デリバティブ適用グループ）は，SFAS 133号の実務における問題のみを取り扱うという点で，他の Task Force（専門問題検討委員会）と異なる。
（10）　SFAS No. 133, par. 6.
（11）　FASB, Statement of Financial Accounting Standards No. 149, *Amendment of Statement 133 on Derivative Instruments and Hedging Activities*, April 2003, par. 3.
（12）　SFAS No. 149, par. 7-d.
（13）　*Ibid.*, par. 7-e.
（14）　*Ibid.*, par. 7-e.

(15) FASB, Statement of Financial Accounting Standards No. 133, *Accounting for Derivative Instruments and Hedging Activities*, June 1998, par. 18.
(16) 公正価値ヘッジの適格要件は，SFAS 133号（一部149号で修正）のパラグラフ20，21の要件をすべて満たす必要がある。また，キャッシュ・フロー・ヘッジの適格要件は，同パラグラフ28，29の要件をすべて満たす必要がある。これらの要件としては，ヘッジ手段，ヘッジ対象，ヘッジするリスク，ヘッジの有効性について書かれた正式な文書が存在すること，ヘッジの有効性が少なくとも3ヶ月に1度は評価し，リスク管理戦略と整合すること，ヘッジ対象たる要件を満たすこと，などがあげられている。
(17) SFAS No. 133, pars. 127-130. 参照．
(18) *Ibid.*, par. 3-b.
(19) FASB, Statement of Financial Accounting Standards No. 125, *Accounting for Transferes and Servicing of Financial Assets and Extinguishments of Liabilities*, June 1996, par. 25.
(20) SFAS No. 133, par. 17.
(21) SFAS No. 149, par. 10.
(22) 荻　茂生『金融商品の全面時価評価』中央経済社，2002年，69頁。
(23) 村瀬儀祐編『会計判断の制度的性質』森山書店，1998年 参照。
(24) FASB, Statement of Financial Accounting Concepts No. 6, *Elements of Financial Statements : a replacement of FASB Concepts Statement No. 3*, December 1985, par. 25.
(25) 加藤盛弘「現代会計理論における認識対象の概念変化―過去の収入・支出から将来キャッシュ・フローへ―」『同志社商学』第50巻第3・4号，1999年，126頁。
(26) SFAS No. 133, par. 218.
(27) *Ibid.*, par. 219.
(28) FASB, Statement of Financial Accounting Concepts No. 5, *Recognition and Measurement in Financial Statements of Business Enterprises*, December 1984, par. 63.
(29) 加藤盛弘『現代の会計原則 改訂増補版』森山書店，1987年，95頁。
(30) FASBのSFAC 2号における表示上の誠実性については，加藤盛弘，前掲書，1987年，64頁-66頁に詳しく説明されている。

（山内　高太郎）

第10章　FASBとIASBにおける
　　　　　ストック・オプション会計調和化の持つ意味
　　　　　—FASB Invitation to Commentにおけるオプション
　　　　　　権利失効の会計処理を中心に—

は じ め に

　従業員ストック・オプション（単にストック・オプションともいう）とは，オプションを付与された者が将来，一定の時期にあらかじめ定められた価格で自社の株式を購入することができる権利である。これは通常，役員および従業員に対し，一定期間の勤務を条件にその報酬として無償で付与される。ゆえに取引価格はゼロである。またそれは，通常譲渡不可能であるため，市場性を持たない。しかし，原株式株価の将来の変動に依拠して，オプション行使により利益が得られる。そのためこれには何らかの価値があるとみなされ，その価値は付与された者への報酬費用として財務諸表に計上すべきであると考えられている。このような将来の予測要素を多様に含む事象を，オプション価格決定モデルと称される数式を用いて算定される「公正価値」をもって，オプション付与企業がその付与時に認識・測定することを，FASBステイトメント（SFAS）123号『株式報酬の会計』は導入した。

　ストック・オプションについての従来の会計基準はAPBオピニオン25号であり，そこでは報酬費用の測定方法は，本源的価値法によることとされている。本源的価値法とは，オプション付与日における原株式の市場価格が行使価格を上回る差額超過分（本源的価値）をもって報酬費用の計上額とする方法である。SFAS 123号に規定される公正価値法とは，オプションの価値は本源的価値および時間的価値から構成されるとし，行使されるまでの期間や株価変動

率などの数値をふまえた数式によって導出される理論値を用いて測定する方法である。

　APBオピニオン25号に規定される本源的価値法によれば，行使価格を付与時の市場価格と同額以上に設定すればオプションの本源的価値はゼロとなり，したがって報酬費用は財務諸表に計上されないことになる。SFAS 123号公表以前は，企業は行使価格を市場価格と同額に設定する傾向にあり，そのためストック・オプションによる報酬費用は計上されないことが一般的であった。しかし，公正価値法によれば，付与時における本源的価値はゼロであっても，将来有利な条件で行使できる可能性の価値と考えられる時間的価値は有するため，公正価値法を適用してオプション価値を測定すれば，結果として通常，多額の報酬費用を認識することとなる。

　しかし，SFAS 123号公表の前段階である公開草案において，公正価値法による報酬費用計上は産業界から猛烈な反対を受け，結局，SFAS 123号は公正価値による計上を推奨するが，その金額を脚注開示すれば財務諸表本体へは本源的価値法による計上も認めるというものとなった。その結果，SFAS 123号公表後も依然として財務諸表本体情報は，本源的価値による測定を継続適用する企業が大多数であった[1]。そのためSFAS 123号公表以後にも，APBオピニオン25号の解釈指針書が公表されたりもした。ところが最近，エンロン事件を契機に，公正価値による会計処理への機運が高まってきたといわれる。そこでFASBは，2002年11月18日にFASB Invitation to Comment『株式報酬の会計：FASBステイトメント123号『株式報酬の会計』および関連する解釈書と，IASBによるIFRS公開草案『株式報酬』との比較』(以下，『コメント招請書』と略称) を公表した。本章は以下，『コメント招請書』を考察し，そこで大きくとりあげられる問題を中心に，ストック・オプション会計の検討方向，および『コメント招請書』公表のもつ意味を検討する。

1　Invitation to Commentの目的

　Invitation to Commentは，財務会計基準書の公開草案の作成に先立って，

第10章　FASBとIASBにおけるストック・オプション会計調和化の持つ意味　155

討議すべき問題を明確にするものとされる。それは，FASBが討議するある種の問題に関して，会計基準を変更することを提案すべきか否か，討議する時期をいつ頃とすべきかなどについて，意見を求めるものである。

本『コメント招請書』は，ストック・オプションの現行の会計基準であるSFAS 123号『株式報酬の会計』およびそれに関連する解釈指針書等と，IFRS公開草案『株式報酬』とを比較検討するものである。それは米国会計基準と国際会計基準との株式報酬の会計処理について主要な共通点と相違点を整理し，幅広く意見を求めるものである。FASBが受け取った意見は，会計基準の質を高め国際的調和化を推進する目的で，株式報酬にかんする米国会計基準の変更を提案すべきか否かの検討に利用するとしている[2]。

また，『コメント招請書』はFASBの構成員がIFRS公開草案の分析をしやすくするよう意図されたものであるため，すべての共通点および相違点が包括的にまとめられたものではない。以下まず，『コメント招請書』でとりあげられているSFAS 123号とIFRS公開草案との共通点および相違点を整理しよう。

2　FASBおよびIASBによる会計処理の共通点と相違点

『コメント招請書』はSFAS 123号とIFRS公開草案との主要な共通点および相違点をあげ，それをもとに主要な17の問題を提起し，それぞれの問題についてコメントを求めている（次頁図表10-1参照）。以下まず，そこで提起されている共通点および相違点を検討しよう。

(1) 共　通　点

『コメント招請書』があげているSFAS 123号とIFRS公開草案との主要な共通点は，次のとおりである[3]：

① 従業員に付与されるストック・オプションの性質は，持分証券である。
② ストック・オプションによる報酬費用は，公正価値をもって測定する。
③ 測定日を付与日とする。
④ 権利獲得勤務期間にわたり，損益計算書において費用認識する。

『コメント招請書』は，これらの共通点がこうした会計処理による調和化へ向かっていることを示唆するとしている。そのため，『コメント招請書』にお

図表10-1　『コメント招請書』における主要な論点の概要

問題1：ESOPsおよびある種のESPPsを適用範囲に含めるか，除外するか。
問題2：従業員に付与されるストック・オプションの公正価値測定に，SFAS 123号およびIFRS公開草案の双方が6つの仮定の要素を考慮に入れるオプション価格決定モデルの利用を義務づけている。両基準書はそれらの仮定を選択する際に用いられる補足のガイダンスを提供している。そこで，
　(a)：会計基準は測定方法として，オプション価格決定モデルの利用を強制すべきか。
　(b)：強制する場合，特定のモデルを強制すべきか。
　(c)：強制しない場合，補足の開示が必要か。
　(d)：オプション価格決定モデルの結果にある種の修正をすべきか。
　(e)：オプション価格決定モデルに利用される要素を選択する際に，補足のガイダンスは必要か。
問題3：従業員と非従業員との取引は別であるため，持分証券の公正価値を決定する際に異なる測定日を認めるか。
問題4：非従業員に付与される持分報酬の公正価値についても，付与日における測定でよいか。
問題5：発行についての考え方は，株式報酬の基準作成に概念として重要か。
問題6：受給権利あるいは業績状態等に従う持分証券は，付与日に発行されるものと考えるか。
問題7：受給権利失効の影響は，持分証券一株当たりの公正価値の見積に含めるべきか。
問題8：報酬を受ける権利保有者が約束された便益を受ける条件を満たし損ねることは，報酬費用に影響するか。
問題9：株式非公開企業の持分証券の公正価値を算定する場合に，最小価値法を認めるか，公正価値法のみとするか。
問題10：それぞれの基準に規定される配分法について，どちらがより株式報酬契約の経済実質に表示上誠実であるか。
問題11：SFAS 123号は，持分証券との交換に受け取るサービスについて，受給権利失効分の価値を認識しない（すなわち，受給権利失効分について認識された報酬費用を再仕訳する）。一方，IFRS公開草案はサービス単位帰属法（units-of-service attribution method）により株式報酬の価値を認識する（すなわち，受給権利失効分について認識された報酬費用を再仕訳しない）。IFRS公開草案を支持する場合，サービス単位帰属法は受給権利失効以前に受けたサービスの価値を適切に認識していると考えるか。
問題12：業績による報酬について，実際の結果は発生する報酬費用総額に影響を与えるか。
問題13：予想オプション期間が権利確定期間を超えて設定される場合，時間的価値はその期間分高くなる。しかし，その場合でも権利確定期間で報酬費用を配分するという問題は，期間帰属モデルの正当性を考慮するさいに重要であると考えるか。
問題14：測定日基準は非従業員との取引の経済実質を正確に反映すると考えるか。
問題15：株式報酬契約におけるすべての税便益は，損益計算書で認識されるべきか。
問題16：SFAS 123号の開示要件をさらに拡張することは，財務諸表利用者により有用な情報を提供すると考えるか。
問題17：株式報酬契約の経済実質について財務諸表利用者へより有用な情報を提供するために，義務づけられるべきと考える補足的な開示を提起してください。

ける検討内容の中心は，むしろ相違点にあるとしている[4]。さらに，公正価値による会計処理に多様な意見が存在するため，公正価値による会計処理を前提とした相違点を中心に扱うとしている。したがって，本源的価値による会計処理は討議の対象外とされる[5]。

（２）相違点におけるそれぞれの処理法
つぎにそれらの相違がどのような点にあり，またそれぞれがどのような処理を規定しているのかを見てみよう[6]：
① **持分証券の発行についての考え方，およびその考え方にもとづくオプション権利失効に関する処理**
〈SFAS 123号〉：持分証券は価値のある対価との交換により発行されるものであるとの前提にもとづく。そのためオプションの受給権利の失効が判明した数量については，累積報酬費用を修正する仕訳を行う。
〈IFRS公開草案〉：持分証券の発行それ自体は取引の結果に影響を与えないとする。そのため，累積報酬費用の修正は行わない。
② **非従業員との取引の測定日**
〈SFAS 123号〉：非従業員との取引については規定していない。
〈IFRS公開草案〉：オプション付与日を測定日として規定している。
③ **報酬費用の期間配分方法**
〈SFAS 123号〉：複合的報酬アプローチ（multiple-award approach）。
〈IFRS公開草案〉：用益単位帰属法（units-of-service method）。
④ **法人税便益についての処理**
〈SFAS 123号〉：超過税便益は追加払込資本として認識されるべき。
〈IFRS公開草案〉：税便益は損益計算書において認識されるべき。
⑤ **従業員自社株所有権プラン（ESOPs）の処理**
〈SFAS 123号〉：適用範囲から除外（AICPAポジション・ステイトメント93-6『従業員自社株所有権プランの雇用主の会計処理』に従って処

理)。

〈IFRS公開草案〉：適用範囲に含む。

⑥ **株式非公開企業におけるオプション価値測定法**

〈SFAS 123号〉：最小価値法による測定を認めている。

〈IFRS公開草案〉：従業員との取引は公正価値測定を義務づけている。

以上，6つの相違点をあげたが，これらは全く別個の性質のものではないと考えられる。それを整理してみよう。

(3) 相違点の特徴

これら主要な相違点の検討事項は大きく捉えると，次のような特徴において分類されよう：

1) 持分証券発行についての概念的相違から生ずるもの（上記①（権利失効の処理法）および上記③（報酬費用の期間配分方法））

2) 公正価値法の適用範囲の相違から生ずるもの（上記②（非従業員を含めるか否か），上記⑤（ESOPsを含めるか否か），および上記⑥（株式非公開企業にまで公正価値法を義務づけるか否か））

3) 税便益の扱い（上記④（損益計算書において認識するか否か））

本稿では以下，1)のオプション権利失効の処理法の相違点にしぼり，検討をおこなう。

3　FASBおよびIASBのオプション権利失効の処理

オプションの権利失効数量が当初の見積と異なる場合に，認識された報酬費用を調整し直すか否かにより，処理の相違が生じる。オプションの権利が失効するのは，1) オプションの条件が達成されなかった場合（権利確定日前の失効）と，2) オプションが行使されなかった場合（権利確定日後の失効）との2つの場合である。このうちいったん権利が確定した2)の場合については，認識された報酬費用は調整をしないことで一致している。しかし1)の場合，SFAS 123号は調整を行うとしているが，IFRS公開草案は調整を行わないとし

ている。『コメント招請書』ではその処理についてどちらが望ましいか検討するため，それらの処理を支える論理からの説明がなされている。以下それを考察しよう。

（１） 報酬費用の測定対象

ストック・オプション取引は，企業からの持分証券（オプション権）の付与と従業員による用益の提供との交換とみなされる。その取引における報酬費用の測定対象を，SFAS 123号は付与される持分証券とするのに対し，IFRS公開草案は受け取る用益とする。すなわち，SFAS 123号は企業が価値のある対価を受け取るのと交換に持分証券を発行すると考えるのに対し，IFRS公開草案は従業員による用益を拠出とみなし，それによって純資産が増加する一方で，それは同時に費消されるため報酬費用が計上されると考える。またIFRS公開草案はその価値の測定について，受け取る用益の価値を直接測定するよりも，間接的ではあるが対価である持分証券の公正価値の方が信頼性の高い結果が得られると考える。その考え方の相違が，権利失効の処理に影響を与えている[7]。

① SFAS 123号

SFAS 123号では権利失効はオプションの公正価値に影響を与えないと考えるため，公正価値の算定に権利失効率を含めない。オプション付与のさい予想される権利失効率は，発行数において考慮され，報酬費用総額が調整される。また，実際の権利失効状況により，判明した期間に報酬費用の修正を行う。あるいは，付与日には権利失効率を見積もらず，失効が発生した時点で認識する方法も認めている。

SFAS 123号は価値のある対価が受領されてはじめてオプションが発行されるという仮定にもとづき，実際に発行されるオプションの報酬費用を認識する。たとえば従業員の辞職による失効の場合，その従業員へのオプションを表す持分証券は付与されないため，その報酬費用の認識は取り消される。用益あるいは業績を条件とするが，それらが達成されずに発行されないオプション証券も同様に，報酬費用は認識されないとしている[8]。

② **IFRS公開草案**

IFRS公開草案では,オプションの権利失効率はその公正価値に影響を与えると考えている。たとえば,従業員の辞職による失効の場合,その従業員から以後用益は提供されないため,報酬も認識されないとする。したがって,付与時点での公正価値算定に予想される失効率が組み込まれる[9]。

しかし見積の失効率と実際の失効率が異なることが判明しても,修正は行わない。失効は純資産の変動に影響しないとする。IFRS公開草案は受け取る用益単位をもとに報酬費用を測定するため,用益あるいは業績を条件としたオプションがそれらの条件を達成できずに失効した場合でも,企業がオプションの対価として用益を受け取った(そして消費した)という事実は,失効によって変わるものではないとしている。

(2) 設例による考察

『コメント招請書』において解説されている例にもとづき,より具体化するため数値をあてて検討してみよう。

〈設 例〉

20x1年1月1日,ある実体が従業員10人それぞれに10のストック・オプション(合計100のストック・オプション)を付与するとする。受給権利は3年間の勤務期間終了時点(20x3年12月31日)で確定する。実体は付与日に,オプション価格算定モデルを用いて,1オプション当たり公正価値を12ドルと決定する(この1オプション当たり公正価値は,権利失効の可能性を考慮していない)。実体は付与日において,オプション総数のうち20%は失効すると予想している[10]。簡略化すれば,以下のとおりである:

〈設例の仮定〉

　　付与されるオプション数:100　　権利確定期間:3年
　　1オプション当たり公正価値(失効率は考慮せず):12ドル
　　付与日における予想失効率:20%

これらの仮定のもとで報酬費用を認識する仕訳は,SFAS 123号およびIFRS

第10章 FASBとIASBにおけるストック・オプション会計調和化の持つ意味

公開草案，ともに以下のようになる：

(各期間におこなう仕訳：20×1/20×2/20×3年度末それぞれ同じ)

報酬費用　　320　　／　　追加払込資本—ストック・オプション　　320

ここでの320ドルは，付与日におけるオプションの公正価値総額960ドルを各期間に配分したものである（960ドル÷3年間）。また，オプションの公正価値総額は両者ともに960ドルとしているが，以下それぞれ述べるように，その論拠は異なる。

〈SFAS 123号〉

実体は報酬費用総額を決定するさいに，1オプション当たり12ドルと算定された付与日時点での公正価値を用いる。実体は失効の影響を付与日に見積もり，実際の失効に合わせて調整する。付与日における報酬費用の公正価値総額は960ドル（1オプション当たり12ドルの公正価値×確定すると予想されるオプション数80）である。予想される失効分については，報酬費用を認識しない。予想による見積失効率と実際の失効率との誤差が判明した場合には，その期間に調整の処理をおこなう[11]。

〈IFRS公開草案〉

実体は報酬費用総額を決定するさいに，付与日時点で1オプション当たり公正価値において失効率（20%）を考慮する。その結果，1オプション当たり公正価値は9.60ドルと算定され（12ドル×(100%-20%)），その公正価値に総発行数を乗じて総額を960ドルとする（1オプション当たり公正価値9.60ドル×オプション総数100）[12]。

また，期間中，見積失効率と実際の失効率との誤差が判明しても，オプション総数の変更処理による調整はおこなわない[13]。

ここで，実際の失効率が，1) 30%の場合（当初見積を超える場合）と，2) 10%の場合（当初見積より少ない場合）について比較する。いずれの場合も，20×3年度中に失効が確定したとする。

〈SFAS 123号によって認識される報酬費用〉
① 20X3年12月31日：上記仕訳に追加。
　　追加払込資本—ストック・オプション　　120　　／　　報酬費用　　120
　　報酬費用総額は840ドル（320ドル×3−120ドル）となる。
② 20X3年12月31日：上記仕訳に追加。
　　報酬費用　　120　　／　　追加払込資本—ストック・オプション　　120
　　報酬費用総額は1,080ドル（320ドル×3＋120ドル）となる。
〈IFRS公開草案によって認識される報酬費用〉
追加の仕訳はなされない（したがって報酬費用総額は960ドル）。

このように，両者とも当初算定した報酬費用総額は同額であっても，見積と実際の失効率が同じである場合を除いて，その誤差による相違が生じる。しかし，『コメント招請書』はその実質的差額についてさほど問題視しておらず，むしろ両者の概念的相違を強調している。

4　Invitation to Commentのもつ意味

以上考察してきたポイントは，FASBスタッフによる次のような分析からもうかがえる。『コメント招請書』のConclusionに述べられる内容を要約すると，以下のごとくである。
・SFAS 123号とIFRS公開草案のいずれも，純粋な付与日測定法に従うことを意図していない。
・株式報酬について，SFAS 123号がAPB 25号のもとでの本源的価値法の継続利用を認めていることを除外すれば，SFAS 123号とIFRS公開草案との最も重要な相違点は，以下の点から生じている。
　(a)　受給権利失効の会計処理の仕方に影響を与える理論的相違
　(b)　報酬費用認識パターンの相違
　(c)　法人税についての会計処理の相違
　(d)　非従業員との取引についての測定法の相違
・SFAS 123号とIFRS公開草案とは，いずれも財や用益の受領時に公正価値で

測定するという方針に基づくとしても,実質的に異なる[14]。

このように,株式報酬の会計処理は,SFAS 123号とIFRS公開草案のいずれも純粋理論的に付与日公正価値測定によるものではないが,その実質的相違は,背景となる概念的アプローチに起因していることが指摘される。しかし,おそらく概念的調和化は困難であると考えられる。それにもかかわらずこのような見解を述べることはどのような意味をもつのであろうか。

(1) 相違点への対応

たしかに,相違点については国際的調和化のための会計処理一本化が模索されるが,理論的整合性を維持しつつその調整を図るのは困難である。しかし,両者ともすでに純粋に理論的な処理とはいえないものと述べることにより,修正を行うさいには容易になると思われる。

(2) 公正価値法による統一化

従業員に付与されるストック・オプションの性質は持分証券であること,その報酬費用は付与日に公正価値をもって測定し,用益提供期間にわたり損益計算書において認識することなどは,両者とも共通している点である。その部分を確認することにより,これらの共通点は国際的なスタンダードとして認められるものであることが強調されていると考えられる。

このことはまた,公正価値法による会計処理の妥当性を強調し,APB 25号による本源的価値法を否定することにつながると考えられる。これには,SFAS 123号において選択適用とされていたため,公表当初は適用する企業がごく僅かにとどまっていた公正価値法について,一層の適用の促進が意図されていると考えられる。

おわりに

SFAS 123号はストック・オプション会計において,従来の基準であるAPB 25号の本源的価値による認識から,オプションの価値を本源的価値のみなら

ず,時間的価値も含めた価値から構成される「公正価値」によって認識することとする。それは,認識領域を大きく拡げるものと想定された。しかし,SFAS 123号はAPB 25号の継続適用も認めているため,その目的は達成されなかったと考えられる。

『コメント招請書』は現行のSFAS 123号には修正の余地があることを示唆していると考えられる。そこには,SFAS 123号は依然としてAPB 25号の継続適用も認めているが,公正価値法の強制適用へ向けての検討を進めたいとする意図があると考えられる[15]。またさらに,それはFASBが自らの検討のためとしているが,IAS側にも,FASBとの相違点について一致させる検討を促す効果を持つものと考えられる。

（注）

（1） 加藤盛弘・志賀理「将来予測をともなう会計項目の計上と判断に関する調査研究」『同志社商学』第52巻 第1・2・3号,2000年12月,107頁。

（2） FASB, Invitation to Comment, *Accounting for Stock-Based Compensation : A Comparison of FASB Statement No. 123, Accounting for Stock-Based Compensation, and Its Related Interpretations, and IASB Proposed IFRS, Share-Based Payment*, November 2002, pars. 8-10.

（3） *Ibid.*, executive summary, par. 20 and pars. A7-A8.

（4） *Ibid.*, par. 10.

（5） *Ibid.*, pars. 1-2.

（6） *Ibid.*, executive summary and pars. 22-86. デロイト トウシュ トーマツ編『米国財務会計基準の実務』中央経済社,2004年,188-190頁。

　その他に開示すべき情報として,IFRS公開草案はSFAS 123号よりも詳細な情報を義務づけている。それらは以下の事項である：①持分証券の公正価値を決定する際に用いられる歴史的株価変動率と予想株価変動率との差異の説明,②公正価値測定の際にどのようにして権利確定条件を勘案したのかの説明,③権利確定条件が満たされる場合に,期間中に確定した,あるいはするオプション,株式,持分証券について,権利が確定すると予想される付与日の見積の割合あるいは数と,確定した持分証券の割合との比較,④行使されたオプションについて,付与日時点でのオプション行使までの見積期間と実際の行使までの期間との比較（*Ibid.*, par. 83）。

第10章　FASBとIASBにおけるストック・オプション会計調和化の持つ意味

(7)　*Ibid.*, par. 22. 與三野禎倫「役員・従業員ストック・オプションの会計―IFRS公開草案第2号とFAS123の概念的基礎―」『JICPAジャーナル』No. 579, 2003年10月, 36-37頁。上田秀一・豊田俊一「ストック・オプション会計に係る論点の整理について」『季刊 会計基準』創刊号, 2003年3月, 16-21頁。
(8)　FASB, *op cit.*, par. 30.
(9)　*Ibid.*, pars. 40-48.
(10)　*Ibid.*, pars. 34-37.
(11)　*Ibid.*, pars. 34-37. 大塚成男『会計基準基礎講座シリーズNo. 2 ストック・オプション会計の基礎』財団法人 財務会計基準機構, 2004年3月, 94-96頁。財団法人 財務会計基準機構 編『調査研究シリーズNo. 1 ストック・オプション会計の国際比較』財団法人 財務会計基準機構, 2003年1月, 63-65頁。
(12)　FASB, *op cit.*, par. 33.
(13)　*Ibid.*, par. 32. 財務会計基準機構編, 前掲調査研究シリーズ, 96頁および180-183頁。
(14)　FASB, *op cit.*, par. 88.
(15)　2004年3月末にはSFAS 123号の内容の一部を見直す公開草案が公表され, 同年12月にはSFAS 123号の改訂版が公表された。その内容については, 今後の研究課題としたい。

（上田　幸則）

第11章　将来損失事象計上の枠組

は　じ　め　に

　会計は〇年〇月〇日から×年×月×日までの期間の企業の経営成績およびその期末の財政状態の認識と測定を行うものである。現代の会計はその期間計算に，将来発生すると予測される事象，とりわけ将来損失事象をますます多く取り入れることによって，会計認識領域を拡大する特徴をもっている。

　将来損失事象の会計は近代会計の理論枠組では説明できないかあるいは困難であったものを，新しい基準によって，負債の発生あるいは資産の減損と，損失の発生として合理化し，損失の早期計上を正当化するものである。偶発損失事象会計，資産除却債務会計，環境修復債務会計などはその典型例といえよう。本章では，アメリカにおけるこれら3つの将来損失事象会計処理基準の分析を通して，将来損失事象計上の理論枠組を考察するものである。

1　将来損失事象計上の基準

　将来損失を取り込む会計の処理内容はそれぞれに異なるものではあるが，ここでは将来損失事象取り込みの状況とその論理に焦点をあてて，それぞれの会計基準に示される会計処理の性質を明らかにする。

(1) 偶発損失事象会計

① 偶発損失の計上基準

　アメリカにおける偶発事象の会計基準は財務会計基準ステイトメント第5号『偶発事象会計』（以下SFAS 5号と略称）において規定されている。

　SFAS 5号は偶発事象を「発生の可能性のある利得（省略）または損失（省略）に関して，1つまたはそれ以上の将来事象が発生するかまたは発生しないことによって，究極的に解消される不確実性を伴う条件，状況または環境のセットである」と定義している[1]。それは発生そのものに不確実性を伴う事象（偶発利得はSFAS 5号では対象外）である。そしてその不確実性が解消される状況になると，資産の減損または負債の発生が確認される[2]，とする。しかし，偶発事象会計は，現実にその不確実性が解消される以前の段階で，すなわち，発生そのものも，また金額および支払時期も不確実な段階で，損失および負債の発生を，見積と判断によって計上するものである。

　SFAS 5号は偶発損失事象による見積損失を，以下の2つの条件がみたされる場合には，利益に賦課することによって計上しなければならないとする。

　パラグラフ8：

(a) 財務諸表日において資産が減損しているか，負債が発生していることがprobable（ほぼ確実）であること。この条件のなかには，損失の事実を確認する1つ以上の将来事象の発生がprobableであるこを含む。

(b) その損失金額が合理的に見積可能であること。

　つまり，損失事象の（a）発生がprobableであり，（b）金額が合理的に見積可能である場合に，損失を予測計上するということである。この場合，まず（a）の「発生がprobable」である，は専門的な意味で用いられている。SFAS 5号は将来事象発生の可能性の幅を以下のように3つに分けている[3]。

(a) probable: 将来事象の発生の可能性が高い（likely）。

(b) reasonably possible: 将来事象の発生の可能性はremoteより高いが，likelyほど高くはない。

(c) remote: 将来事象発生の可能性は低い。

偶発損失事象はこの (a) のprobableの条件を満たす場合に，認識の条件をみたすことになる。その場合，何をもってprobableとするかについては，具体的基準はないが，たとえば，訴訟や賠償請求に係わる偶発損失においては，訴訟や賠償要求がなされる可能性が高く，かつ不利な結果になることがprobableであることが，パラ8 (a) の，負債の発生がprobableであることの条件をなすとする[4]。つまり，偶発事象の発生がprobableであることをもって，負債の発生あるいは資産の減損，および損失の発生とするのである。当然，発生がprobableであることと，現実の発生との間には違いがある。

偶発損失の計上は，さきのパラ8で示されるように，(a) の「発生がprobable」であるという認識の条件をみたすとともに，(b)「金額が合理的に見積可能」という測定の条件をみたさなければならない。

この「合理的に見積可能」という金額測定の条件は，損失金額が単一の金額として見積可能であることを意味しない。たとえば，損失金額が，300万ドルから900万ドルの幅のなかにあると判断されるなら，その幅のなかの最小金額である300万ドルの計上を義務づけ，600万ドルを追加発生可能損失額として開示することを義務づけている[5]。つまり，「合理的に見積可能」とは，幅のある金額にしろ数量化しうることをもって見積可能，ということである。

② 偶発損失計上の論理

このようにパラ8の (a) (b) 2つの条件に合致して計上される偶発損失は，現実に発生した偶発事象に関する損失ではない。SFAS 5号はそれを，現実の発生以前に計上する。それではprobableと現実の発生との間の差はどのような論理（根拠）によって埋められるのであろうか。

SFAS 5号で示されるFASBの立場は，偶発損失の計上は何よりも，財務諸表の完全性（integrity）を確保することにある[6]と思われる。すなわち，財務会計はその基礎データである発生した事象についての，基本的に歴史的な情報であり，パラ8 (a) の条件――資産の減損あるいは負債の発生がprobableであること――は，その考え方と一致しているとする。「ただ，そのパラ8の条件は過去を向いていない……。その条件は，確認する将来事象の発生がほぼ確実で

あることだけを義務づける[7]」と。

このような理解に立つならば，負債の発生がprobableであること，あるいは資産の減損がprobableであることをもって，負債の発生および資産の減損と理論づける（とりわけ負債の定義をふまえて）ことが，つぎの問題になろう。

SFAS 5号は負債の定義として，APBステイトメント第4号『企業の財務諸表の基礎にある基礎概念および会計原則』パラ58の，企業の経済的債務とは，「将来において他の実体に経済的資源を移転するか，用役を提供する現在の義務」であるとする定義を引き合いに出し，とりわけ負債が「現在の義務」であり，「他の実体への義務」である点を強調している。そして，その定義の2つの側面は，とくに偶発事象会計に当てはまるとする。さらにまた，その考え方はAAA会計基準『会社財務諸表会計および報告諸基準』（1957年版）や，モーリス・ムーニッツの論文「負債概念の変化」（1960年）で表明されている負債の定義によって支持されている[8]とする。つまり，SFAS 5号による偶発債務の計上基準は，負債概念としての支持を得ているということである。ただ，このような「現在の義務」や「他の実体への資源・用役の提供義務」を強調する考え方は，拡大する負債会計実務を論理化するFASB財務会計概念ステイトメントの負債概念の先駆となる概念であった[9]のである。SFAS 5号は偶発債務の計上を新しい負債概念によって正当化したのである。

（2） 資産除却債務会計
① 基本的な会計処理構造

FASB会計基準ステイトメント第143号（以下SFAS 143号と略称）による資産除却債務の会計は，将来，除却を義務づけられる長期資産の除却に係わるキャッシュ・アウトフローを見積もり，その現在価値（公正価値）をもって，〈借方：関係長期資産（除却原価）××／貸方：資産除却負債××〉として，当初認識時に両建て計上することを義務づける。

その後の期間においては，負債については現在価値の測定に用いた信用調整リスク・フリー利子率を，負債の期首帳簿価額に乗じた金額をもって〈借方：

利子費用××／貸方：資産除却負債××〉として計上することによって，負債に関する計算上の利子費用を計上するとともに，負債を増額する。他方，借方側に計上された除却資産原価については，関係資産の耐用年数にわたって，〈借方：減価償却費××／貸方：減価償却累計額××〉として費用化して行く[10]。

ⓐ 資産除却負債の範囲と認識

まず，除却債務会計の認識対象となる負債の範囲は，「長期資産の取得，建設，開発および（または）通常の運転から生ずる長期資産除却に係わる法律的債務（legal obligation）である[11]」としている。このようにSFAS 143号は負債の範囲を法的義務のある債務に限定している。しかし，この法的義務には約束的禁反言の原則による約束を含むとしている。

また，負債の認識に係わる発生の可能性の高さについては，つぎのように述べている。

財務会計概念ステイトメント第6号の負債の定義では，負債とは「発生の可能性の高い（probable）将来経済便益の犠牲である」とされているが，この負債の定義にあるprobableは，さきのSFAS 5号パラ8のprobableとは異なり，経済活動が「確実な結果のほとんどない，不確実性によって特徴づけられる環境のもとで生ずることを，認めることを意図している」とSFAS 143号はいう。このような説明を行うことの意味は，probableという用語が負債の定義のなかで用いられているが，それは不確実性（uncertainty）が高く，発生の確率が低い負債であっても，その認識を排除しない，ということであろう。事実，SFAS 143号は，履行日の不確実性も，除却活動遂行の不確実性も，負債の認識を遅らせるものではない，としている[12]。

つまり，履行日を決定できない債務のみならず，除却活動の遂行に不確実性を伴う場合であっても，そこに法的義務が存在するならば認識すべき負債の対象になる，ということである。

ⓑ 公正価値と測定技法

つぎに資産除却負債の計上金額は公正価値によることが規定されている。

活発な市場がある場合には，市場価格が公正価値の最善の証拠となる。市場価格が利用できない場合は，類似の負債についての価格や現在価値技法での算定価格による。しかし，資産除却債務の場合には，通常それを決済するための活発な市場が存在しないので，SFAS 143号は現在価値技法としての「期待キャッシュ・フロー・アプローチが通常唯一妥当な技法」であるとしている[13]。

資産除却債務についての負債の公正価値を，期待現在価値法（期待キャッシュ・フロー・アプローチ）を用いて見積もるにあたっては，義務づけられる除却活動を遂行するためのすべてのコストと支払時期を反映するキャッシュ・フローを見積もるとともに，第三者に履行を依頼したとすれば要求されるリスクや利益マージン，不確実性などの要素も，見積キャッシュ・フローの測定因子に組み入れられるとする。期待現在価値技法を用いての資産除却債務の測定については，前掲拙稿の設例を参照していただきたいが，その技法によると，将来キャッシュ・フローの金額と時期についての不確実性は見積キャッシュ・フローの測定にあたって測定因子に含められるため，それらの不確実性は「公正価値の合理的見積の決定を妨げない」という[14]のである。

つまり，公正価値測定技法としての期待現在価値法を適用することによって，将来支払キャッシュ・フローの見積に伴う金額や支払時期の不確実性は，負債の公正価値の合理的見積を妨げないことを正当化しているのである。

② 不確実性に係わる会計処理の特徴

上述の考察に基づいて，資産除却債務会計における将来キャッシュ・フローの不確実性に係わる会計処理のポイントをまとめてみよう。

第1は認識対象としての負債である。SFAS 143号では履行日を決定できない除却債務や，除却義務の遂行を求められないかもしれない条件付債務も法的義務が存在する限り，負債として認識すべき対象としている。また，SFAS 143号ではSFAS 5号でのprobableとは異なり，将来の履行の可能性がゼロより高いがSFAS 5号でいうprobableよりも低い債務も認識の対象としている[15]。

第2は負債金額の測定にあたっては，負債の履行に必要な将来キャッシュ・フローの金額と支払時期についての不確実性を，測定因子に組み入れる。した

がって，金額や支払時期および履行可能性の不確実性なども，金額の見積を妨げるものではない，とする。

第3は，上述のことを可能にしているものが公正価値測定技法としての期待現在価値法の開発であり，その存在である，といえる。

(3) 環境修復債務会計

アメリカには環境修復のために将来支出される費用と負債の認識・計上を規定する会計基準が存在する。それがアメリカ公認会計士協会のStatement of Position 96-1である。それはスーパーファンド法や資源保全・再生法などの環境法によって義務づけられる汚染土壌等の修復コストと負債を，いつ，どのように認識・測定し，計上すべきかを規定したものである[16]。

汚染された環境（土壌）に対する修復プロセスは，一般に，企業が汚染の責任当事者に指定されて以降，汚染状況の調査，除去事業計画の作成，汚染物質の除去，さらにそのサイトの維持・管理・監視等を含み，そのため数年・数十年の長期間に及び，規模によっては膨大なコストを要するといわれる。それだけにこの環境修復負債の予測と見積には，大きな不確実性と判断を伴う。

① 環境修復負債の認識・計上方法

ⓐ 全体的アプローチと環境法の修復プロセス

SOP 96-1は，SFAS 5号『偶発事象会計』を環境法によって義務づけられる環境修復義務に具体的に適用するためのものと，位置づけられている。

SFAS 5号はさきに考察したように，(a) 資産が減損したかまたは負債が発生した可能性が高い（probable）場合にして，(b) その金額が合理的に見積もり可能な場合に，負債の計上を義務づけている。SOP 96-1はSFAS 5号のこの2要件を環境修復負債の認識に適応するように具体化したものだという[17]。

スーパーファンド法は合衆国環境保護庁（EPA）が，危険物質が放出されたサイトを確認し，その責任当事者に対して，当該サイトの修復を義務づけるものである。スーパーファンド法による汚染サイトの修復プロジェクトは典型的には，EPAによる汚染サイトの確認に始まって，修復事業を義務づける決定，

修復調査等々と，図表11-1のような段階を経て進められる。責任当事者はEPAの管理のもとに修復事業を遂行することを義務づけられるのである。

ここで強調さるべきことは，SOP 96-1による環境修復負債認識の指針は，その環境法の修復プロセスの段階（図表11-1の段階）に照応して規定されていることである[18]。つまり，図表11-1に見るような環境修復事業の連続するプロセスのなかで，SOP 96-1は適用されるのであり，修復負債は「一般に，個々の事象によって識別可能になるのではなく，また，その負債金額はある特定の時点で定まった，決定可能なものになるものでもない」，むしろ「連続する事象および活動のなかで」決定可能になる[19]という立場を，とっている。そこで，SFAS 5号の2つの要件は，どのようなプロセスのなかで識別可能になるとSOP 96-1は捉えているのかを見てみよう。

図表11-1　典型的なSuperfund修復プロセスの順序

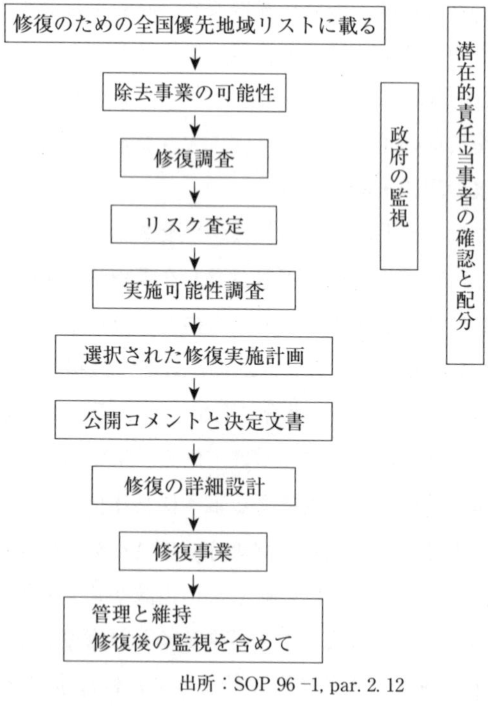

```
修復のための全国優先地域リストに載る
         ↓
     除去事業の可能性
         ↓
       修復調査
         ↓
      リスク査定
         ↓
     実施可能性調査
         ↓
   選択された修復実施計画
         ↓
   公開コメントと決定文書
         ↓
     修復の詳細設計
         ↓
       修復事業
         ↓
      管理と維持
   修復後の監視を含めて
```

（右側：政府の監視／潜在的責任当事者の確認と配分）

出所：SOP 96-1, par. 2.12

ⓑ 負債の発生可能性

SFAS 5号の「発生の可能性がprobable」という規準は，環境修復負債については，つぎの2要件みたすことであると，SOPはいう[20]。
   (a) 訴訟が開始されるか，賠償要求が言明されるか，その可能性が高いこと。
   (b) その結果が不利である可能性が高いこと。

したがって，責任当事者としてEPAによって告知されることは環境法による責任当事者たることの明白な証拠であり，負債の発生がほぼ確実であることを示しているという。

ⓒ 負債金額の合理的見積可能性

負債金額の見積にあたっては修復事業に係わるすべてのコストはもちろんのこと，危険物質の程度，修復の水準，修復技術の進歩の展望，コストの配分割合等々，多くの要素を考慮する必要がある[21]ために，初期の段階では多くの不確実な要素が存在し，合理的な見積は一般に困難である。そのために図表11-1に示した修復プロセスが進行する過程のなかで，それらの修復費用要素のある部分が，幅を持つ金額にしろ見積可能になれば，費用を計上すべきだということである。したがって，負債（コスト）の測定には仮定と見積と判断の行使を伴うし，しかもそのコストの測定には具体的な基準があるわけではない[22]。そこでSOPは環境法の修復プロセスに照応する認識の基準点を設け[23]，その基準点が現れる都度，負債を計上すべきか，あるいは，計上している負債金額を再評価すべきかを，検討すべきだとしている[24]。これは見積と判断に依拠する認識・測定のプロセスに，信頼性を付与する役割を果たすものと考える。

② 不確実性のもとでの負債計上の特徴

上述のように，環境修復負債計上の会計には，他の会計基準には見られないほどの多くの不確実性と，見積・判断を伴う。そこにおける負債見積計上の特徴としては，以下の諸点が挙げられよう。

   ⓐ 段階的認識計上　SOP 96-1は最初からある特定の時点で，将来の修復のための支出総額（コスト）を見積もろうとはしない。それは一般的に出

来ないと考えられている。環境修復負債の金額はある特定の時点で決定可能な金額となるのではなく，「連続する事象および活動のなかで」「存在が決定可能となり，その金額が見積もり可能になる」との立場をとっている。このような段階的認識方式は環境修復負債会計に特有のことであろう。

ⓑ 見積の構造的変更　SOP 96-1は見積変更を構造的に含むものとなっている。初期段階での認識は，最初からその後の修正を受けるべきものと想定されている。計上負債額は初期の段階では負債全体の構成要素の一部であり，最小部分の代理（surrogate）と考えられている[25]。

ⓒ 認識基準点の設定　SOP 96-1は負債の認識および計上のための基準点を設けている。

「スーパーファンド（または資源保全・再生法）の修復負債の見積は，スーパーファンドの各基準点が現れる都度，再評価されるべきである[26]。」

この基準点設定の意味するところは，それを法の修復プロセスと結びつけることによって，見積と判断に，一定度の根拠と信頼性を付与しようとするものであろう。

2　将来損失事象の計上を支える中心概念

以上考察してきたように，将来損失事象の計上には多くの見積と不確実性を伴う。それにも係わらず，会計期間を限定する会計方式のなかで，将来事象の認識・計上を，その現実の発生に先立って行うことを可能にする中心概念は，何に求められているのであろうか。将来損失事象の会計の内容と性質はそれぞれに異なっている。しかしそこに流れる中心概念には，少なくとも以下のものがあると考えられる。

（1）　発生の可能性の高さ（probable）

まず第1は損失事象の将来における発生（負債の発生または資産の減損）自体の可能性が高い（probable）ことの強調である。この発生がprobableであるこ

とをもって，現実の発生との差を埋めているものと考えられる。なぜなら，発生がprobableであることが損失認識の条件だからである。しかし，その発生の高さは製品保証および製品欠陥に対する債務に見られるように，修繕要求の多さの問題ではなく，1件でも発生する可能性がprobableならば，それはprobableということである。しかも，SFAS 143号で資産除却債務の認識範囲を規定するにあたって，「その債務にかかわる資産の将来の移転が確実であること」という2000年公開草案にあった認識条件を削除したことは，負債の性質についての可能性の高さという意味でのprobableさを低下させている。

しかしなお，将来損失事象の認識条件としては，SFAS 5号の意味での可能性の高さを示すprobableは重要な概念的意味を持っている，と考える。

(2) 金額測定の不確実性 (非厳密性)

上述の，将来事象の発生がprobableであるということには，金額や支払時期のprobableさは入っていない。SFAS 5号の金額についての解釈は『解釈指針』第14号が示すように，金額の合理的見積可能性は幅のある金額をもって可としているし，負債の公正価値測定を義務づけるSFAS 143号は，金額および支払時期ともに不確実な債務，および履行日が決定できない債務についても，認識を妨げない[27]。さらにはSOP 96-1による環境修復負債にいたっては，認識と計上金額の見積・測定は，特定時点において識別可能とは考えておらず，修復プロセスの進行の過程で段階的になされるものとされるし，また計上金額の修正は構造的に組み込まれている。このように将来事象損失およびそれに伴う負債金額の測定では，ある意味では金額の厳密性は問われない存在になっている[28]と言えよう。

だが会計の勘定項目としての損失および負債の正当性は，認識のprobableさと金額測定の合理性から成り立っているはずである。いずれかの合理性が疑問視されるならば，財務諸表上の勘定項目そのものの妥当性が問題とされることになる。それでは，測定金額の不確実性に合理性を与えるものは，何に求められているのだろうか。

（3） 測定技法の変革：期待現在価値法による公正価値評価

SFAS 143号では，金額も支払時期の不確実性も，また債務履行の不確実性も負債の認識を妨げないとされている。それらの不確実性は将来キャッシュ・フローの測定に確率を組み入れることによって調整出来る，というのである。

現在価値の測定は将来キャッシュ・フローの見積をもって始まる。その場合，伝統的現在価値法はもっとも可能性の高い1組のキャッシュ・フローとそれにふさわしい単一の利子率を用いるが，それは複雑な状況を扱う場合には適さない[29]。それに対して期待キャッシュ・フロー・アプローチは，可能性のあるすべてのキャッシュ・フローについての期待を確率を加味して組み入れることによって反映させることが出来るとする。そのことによって，期待キャッシュ・フローを使用する手法は，以前には適さないと考えられていた将来キャッシュ・フローの現在価値評価に拡大できる[30]，とする。支払金額にも支払時期にも不確実性を伴う負債価値の測定に合理性を与えるうえで，期待現在価値法の開発が果たす役割は大きいと考える。

（4） 会計認識対象としての将来キャッシュ・フロー

事象の発生そのものについても，金額の測定についても多くの不確実性を伴う将来損失事象の会計を合理化する概念についてさらに遡って考えるならば，会計認識対象の将来キャッシュ・フローへの概念的転換がその基礎にあると考える。近代会計においては，会計の認識対象は過去の収入・支出におかれていた。それに対して将来損失事象について問題とされるのは，将来キャッシュ・アウトフローの予測・見積であり，その測定である。そこでは損失も将来支出されるコストであり，負債も将来見積キャッシュ・アウトフローあるいはその現在価値（公正価値）である。将来損失事象会計の認識対象は，概念的には過去の支出から，将来のキャッシュ・アウトフローに転換されている。そのような基礎的・理念的変化のもとに上述の測定技法としての期待キャッシュ・フロー・アプローチも存在し得ていると考えられる。

(5) 負債概念の定義

そのような，理念的・概念的転換を整理した形で示すものが，財務会計概念ステイトメントによる財務諸表要素の定義であり，ここで直接関係するのは負債の定義である。そこでは，負債は「現在の義務から生ずる発生の可能性の高い (probable) 将来経済便益の犠牲 (future sacrifices of economic benefits) である」と定義されている。

つまり，負債は将来の (future)，発生の可能性の高い (probable) 経済便益の犠牲である。経済便益は具体的には将来キャッシュ・フローによって表されるのであるから，負債は将来における可能性の高い（起こりそうな）キャッシュ・フローの犠牲，ということである。ここでは焦点は，将来キャッシュ・フローとその将来の可能性にある。会計の認識対象（焦点）がそこに置かれることを概念ステイトメントとして正当化するところに，将来損失事象会計を支える概念的根拠があるといえよう。

お わ り に

上述のような諸概念は将来事象会計を論理的に支える概念であって，将来事象会計の成立を引き出すものではない。将来事象会計（実務）は，それを支える概念によって生み出されるものではない。それは論理とか概念と異なるレベルにある。つまり，理論や概念が会計実務の成立を規定しているのではない。関係としてはむしろ，基本的には逆である。そのことをよく示しているのは，SFAS 5号『偶発事象会計』の負債認識を支える規定が，財務会計概念ステイトメント第6号（その前身の第3号：1980年）の負債の定義が出される以前の1975年にすでに出されていることである。しかも，SFAS 5号による偶発事象による負債を正当化する負債の定義は，ムーニッツ等の新しい負債概念や，APBステイトメント第4号，あるいはAAA会計基準1957年版の負債の解釈に求められているのである。新しい負債概念，あるいはその体系化された概念ステイトメントの成立を求めるものは会計実務または会計実務を支える会計基準なのであって，その逆ではないといえよう。会計事象の展開を規定する基本は

会計実務の側にあると考える。

(注)
（1） FASB, Statement of Financial Accounting Standard No. 5, *Accounting for Contingencies*, par. 1. SFAS 5号の内容についての詳細な考察は，拙稿「偶発損失計上の論理と将来支払予測債務拡大の可能性」『同志社商学』第56巻第1号（2004年6月）を参照されたい。
（2） FASB, Current Text, *Accounting Standards*, Vol. 1, Contingencies（Section C 59), par. 101, As of June 1, 2001, John Wily & Sons, Inc.
（3） SFAS, No. 5, par. 3.
（4） *Ibid.*, pars. 37 and 38.
（5） FASB Interpretation No. 14, *Reasonable Estimation of the Amount of a Loss*, par. 4.
（6） SFAS No. 5, par. 59.
（7） *Ibid.*, par. 68.
（8） *Ibid.*, par. 70.
（9） 拙著『現代の会計原則』第5章「現代負債会計」（森山書店，1992年）を参照されたい。
（10） 資産除却債務会計処理基準の詳しい内容については拙稿「FASB長期資産除却債務会計の認識・測定構造とその特徴」『同志社商学』第54巻第1, 2, 3号（2002年12月）を参照されたい。
（11） FASB, Statement of Financial Accounting Standards No. 143, *Accounting for Assets Retirement Obligations*, June 2001, par. 2.
（12） *Ibid.*, par. A17.
（13） *Ibid.*, pars. 8 and 71.
（14） *Ibid.*, par. A20.
（15） *Ibid.*, par. B36.
（16） AICPA, Statement of Position 96-1, *Environmental Remediation Liabilities*, 1996. SOP 96-1による環境修復債務会計規定の詳しい内容については，拙稿「環境回復負債および費用の予測計上と開示―AICPAステイトメント・オブ・ポジションによって―」『ワールド・ワイド・ビジネス・レビュー』（同志社大学）第2巻第1号（2000年1月），および「環境修復負債認識方式の特徴」『會計』第164巻第2号（2003年8月）を参照されたい。
（17） Ernst & Young LLP, *Financial Reporting Development, Environmental Remediation Liabilities : Statement of Position 96-1*, 1997, p. 1.

(18) *Ibid.*, pars. 5. 15 and 5. 16.
(19) *Ibid.*, par. 5. 3.
(20) *Ibid.*, par. 5. 5.
(21) *Ibid.*, pars. 5. 7, 6. 2, 6. 5, 6. 6 and 6. 11.
(22) Amy A. Ripepi, Environmental Remediation Liabilities: An Accountant's Perspective, *Villanova Environmental Law Journal*, Vol. V No. 2, pp. 3, 4 and 6.
(23) 詳しくは前掲拙稿「環境回復負債および費用の予測計上と開示」のⅢ, 1, (3) 認識の基準点, を参照されたい。
(24) Statement of Position 96-1, par. 5. 16.
(25) *Ibid.*, 5. 11.
(26) *Ibid.*, 5. 16.
(27) SFAS No. 143, pars. A14 and A20.
(28) SFAS No. 5, par. 84.
(29) FASB, Statement of Financial Accounting Concepts No. 7, *Using Cash Flow Information and Present Value in Accounting Measurements*, 2000, pars. 43 and 44.
(30) *Ibid.*, pars. 45, 46 and 73.

(加藤　盛弘)

第12章　財務業績報告書の構成とその特徴
―IASB提案とFASBモデルの比較検討―

は　じ　め　に

　本章は，財務業績報告書が重要な新しい計算書として登場する理論的背景を指摘し，財務業績報告書モデルに見られる重要な計算構造上の論点を整理した上で，検討中の2つの財務業績報告書の事例として，国際会計基準審議会（IASB）モデルとアメリカ財務会計基準審議会（FASB）モデルの検討を通じて，財務業績報告書の構成とその特徴を明らかにすることにある。

1　財務業績報告書が登場する理論的背景

　世紀末から現在にかけて，現代会計は国際的規模の変革の途上にある。これまでの伝統的な取得原価主義会計の枠組みでは対応できない，様々な新しい会計実務への対応に迫られている。ここでは財務業績報告書が登場する理論的背景を指摘することにしたい。

（1）　現代会計理論の特徴点

　現代会計理論の特徴を要約するとすれば，資産・負債アプローチの採用と公正価値評価の導入をあげることができる。たとえば，FASB「財務会計概念ステイトメント」において，現代会計の概念的基礎理論が展開されている。その要点は，意思決定に有用な情報提供を会計の目的と規定し，この情報提供目的を達成するための理論としては，伝統的な収益・費用アプローチ（収益費用配

分理論）ではなく，資産・負債アプローチ（資産負債評価理論）を主たる論理として採用している。財務会計概念ステイトメント第6号「財務諸表の構成要素」では，資産・負債をそれぞれ「発生の可能性の高い将来経済便益」と「発生の可能性の高い将来経済便益の犠牲」と定義し，資産・負債の公正価値（時価）評価理論が展開されている。「財務会計概念ステイトメント」は，資産・負債アプローチによって資産・負債の公正価値（時価）評価理論を論理化し，現代会計を合理化する枠組みを提供するものである[1]。

（2） クリーン・サープラス関係

取得原価主義会計が採用する収益・費用アプローチでは，貸借対照表は期間利益を通じて損益計算書の連結環の役割を果たすことで，損益計算書と貸借対照表は連携する計算構造を前提としてきた。すなわち，貸借対照表における持分簿価の変動額（資本取引を除く）は，損益計算書上の純損益に等しいという関係である。このためには，全ての損益が損益計算書に記載されて，損益計算書を経由しない損益はないことが前提となる。このような状態をクリーン・サープラス関係と呼ぶ。またこれに反する場合，ダーティ・サープラス関係と呼ぶ。

図表12-1　収益・費用アプローチにおける
クリーン・サープラス関係

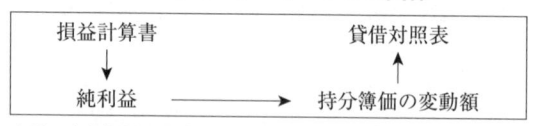

損益計算書		貸借対照表
↓		↑
純利益	→	持分簿価の変動額

出所：斎藤静樹編著『会計基準の基礎概念』中央経済社（2002年）362頁。

資産負債アプローチでは，貸借対照表の持分簿価の変動額すべて（資本取引を除く）を財務業績（包括利益に同じ）と定義し，損益計算書に計上することを通じて，貸借対照表と損益計算書の連携が完成することになる。この場合は，損益計算書が貸借対照表の連結環の役割を果たすことになり，クリーン・サー

プラス関係が成り立つ。

**図表12-2　資産・負債アプローチにおける
クリーン・サープラス関係**

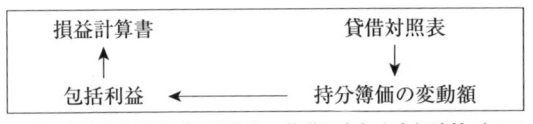

```
┌─────────────────────────────────────────────┐
│   損益計算書              貸借対照表          │
│      ↑                      ↓               │
│   包括利益  ←────────  持分簿価の変動額      │
└─────────────────────────────────────────────┘
```

出所：斎藤静樹編著『会計基準の基礎概念』中央経済社（2002年）363頁。

　しかしながら，貸借対照表上の資産負債を公正価値（時価）評価した評価差額（持分の変動額）のうち，不確実な未実現損益部分について損益計算書を経由しないで直接持分に計上する会計処理が行われるならば，貸借対照表の持分簿価変動額と損益計算書上の損益額が一致しない事態が生じることになる。このギャップの代表的な例として，外貨換算調整勘定や売却可能有価証券評価差額などがある。このように資産・負債アプローチのもとでクリーン・サープラス関係を維持するには，すべての持分変動額を報告する新しいタイプの損益計算書，すなわち財務業績報告書を作成することが必然となったのである。

　財務業績報告書は，資産・負債アプローチのもとで公正価値（時価）評価を中心とする会計基準の登場によって，会計理論の概念的一貫性と信頼性を確保するとともに，現代会計実務を合理化する論理的な受け皿の役割を担う装置として登場したものである。

2　財務業績報告書の論点整理

　財務業績報告書は，これまでもいくつかのパターンが検討されてきた。たとえば，イギリスのFRS 3号「財務業績報告」(1992年)，ニュージーランドFRS 2号「財務報告書の表示」(1994年)，アメリカのSFAS 130号「包括利益報告」(1997年)，国際会計基準委員会（IASC）IAS 1号「財務諸表の表示」(1997年)などである。これらの会計基準の間には財務諸表の様式と内容の点で多くの違いが存在している。G4+1はこれらの基準間の違いを解消し，財務諸表の比較可能性を高めるため，財務業績報告の将来の方向性を検討した。この検討結果

が1998年1月に公表されたG4+1特別報告『財務業績の報告：最近の展開と将来方向』[2]（以下『特別報告』）である。ここでは，この『特別報告』における財務業績報告書の検討内容を踏まえて，中心となる論点を整理することにしよう。

（1） G4+1『特別報告』の内容

『特別報告』は，財務業績の報告の将来を考えるためにまず次のような問題設定を行っている（par. 3.3）。

① すべての財務業績を財務業績計算書で報告すべきか否か？
② すべての財務業績は単独の財務業績計算書で報告すべきか否か？
③ 財務業績の構成要素を報告すべきか？　その場合，その構成要素の内容と配列の順序をいかにすべきか？

財務業績計算書の様式としては「持分変動計算書」，「第2の損益計算書（総認識利得損失計算書，包括利益計算書など）」，「拡張損益計算書」の3つの方法がある。たとえば，FASBは，SFAS 130号「包括利益報告」において，これら3つの方法の選択的適用を認めている。またASBは，FRS 3号「財務業績報告」において，「第2の損益計算書（総認識利得損失計算書）」方式を採用している。

『特別報告』はこれら3つの方法を比較検討した上で，①と②の問題への回答として，すべての財務業績を単一の計算書で報告する「拡張損益計算書」を採用する。また，最後の③の問題については，構成要素情報の意思決定における有用性を高めると予想されることから，構成要素の報告を要求する（pars. 3. 18-3. 20）。

『特別報告』は，さらに，「拡張損益計算書」を実現するために，以下の四類型を検討している。そこでは，一般的特徴として，業績測定観，伝統的利益数値の報告（稼得─実現─対応利益），報告様式，主要計算区分の四項目に分類している。

まず，業績測定観によって4つのアプローチを2つのグループに分けている

(図表12-3)。これは業績測定を一元的に見る立場（一元観）と二元的に見る立場（二元観）である。一元観では包括的測定値のみを重視し，二元観では伝統的測定値と包括的測定値の二つの面を重視する。従って，一元観においては，伝統的利益は表示されないことになる。

アプローチAは歴史的原価による損益計算書に加えて評価修正を表示する二欄式の様式を採用するものである。アプローチBは伝統的損益計算書に未実現評価損益を加減する様式であり，未実現評価損益を実現時点でリサイクル調整をする様式である。これは SFAS 130号「包括利益報告」のように，従来の損益計算書に，その他の包括利益を追加する方式を採用する。これらのアプローチでは伝統的利益と包括利益を区分して報告するところに特徴がある。

また，一元観を採用するアプローチC，Dの特徴としては，伝統的利益を表示しないことを指摘できる。したがって，いずれのアプローチも未実現評価損益をリサイクル調整することなく，財務業績の区分表示を採用する様式である。アプローチCでは流動資産・負債からの損益とそれ以外とを2区分に表示する。これは操業活動および財務活動の成果とその他の活動の成果で2区分である。アプローチDは営業活動，財務活動，およびその他の活動からの損益に三区分するものである。この様式は営業活動と財務活動の性格の違いを根拠に区分している。このアプローチDは，後のG4+1ポジションペーパー『財務業績報告』やASB財務報告公開草案第22号（FRED 22号）『FRS 3号「財務業績報

図表12-3　財務業績報告の4類型

アプローチ	類型的特質			
	業績測定観	「伝統的利益数値」の報告	報告様式	計算区分
A	二元観	有	多欄式	2区分
B	二元観	有	調整式	2区分
C	一元観	無	従来型	2区分
D	一元観	無	従来型	3区分

出所：G4+1特別報告『財務業績の報告：最近の展開と将来方向』

告」の改訂』において採用されている。

『特別報告』では,どの方式を採用するかの点で意見が分かれたため,満場一致の結論を得ることはできなかったが,大多数の委員から支持を得ることのできたものはアプローチDであった (par. 5. 45)。

(2) 拡張損益計算書における論点整理

このような『特別報告』の検討内容から,「拡張損益計算書」方式を採用した財務業績報告書における計算構造上の重要な論点を整理することにしたい。第1は,伝統的利益を報告する必要があるのか否かという論点である。第2に,二元観を採用する場合には,リサイクルを認めるのか否かは重要な論点となる。第3に,一元観を採用する場合,上記アプローチC,Dのように,計算区分が重要な論点となる。業績として何をどのように表示するかに関わる重要な問題である。

3 財務業績報告書の構成とその特徴

最後に,上記の財務業績計算書の計算構造上の論点を念頭において,IASBの提案内容を整理し,FASBの暫定決定と比較検討して,その差異を明らかにすることにしたい。

(1) プロジェクトの動向

IASBは2001年4月から新たにその活動を開始した。IASBの財務業績報告書への取り組みは世界の各国基準の統合化を目的とした4つのプロジェクトの1つであった。このプロジェクトは2001年8月イギリスASBとの共同プロジェクトとしてスタートした。プロジェクトの目標は,単独の財務業績報告書を開発することを前提として,財務業績報告書の様式と損益項目の分類配列の諸原則を決定することにあった。認識・測定問題を除いた表示問題のみを対象とするものであった。

IASBは当初2003年末までに財務業績報告書に関する国際財務会計基準

(IFRS) の完成を目標とした。しかしながら，2003年10月には様々な反対意見を受けてプロジェクト中止の検討がなされたが，最終的にプロジェクトの続行が決定された。また2004年5月FASBと共同プロジェクトを進めることに合意し，現在は2005年中に討議資料の完成をめざし準備段階にある。

（2） IASB財務業績報告書の提案内容

まず，IASBの提案内容を概観し，その特徴を確認することにしたい。プロジェクト・サマリー「包括利益報告」(2003年9月改訂版)（以下「プロジェクト・サマリー」）から主要部分を紹介することにしよう[3]。

(目標)：目標は，実体の達成された業績に関する利用者の理解を促し，将来の業績予測を行うために利用者を支援できる方法で期間中の損益全体を区分表示することにある。

(提案様式の全体像)：提案様式の計算書は，事業，財務，税金，閉鎖事業の4つの分類に区分される。（キャッシュ・フロー・ヘッジについては別の区分が設定される。現行IAS 39号では持分に直入される)。

財務の区分は財務資金提供者に対するリターンのすべてを含むものと定義される（現行基準での認識測定の場合，主に負債の金利費用と割引率の割戻し)。

事業の区分は他の分類に含まれない項目全体から構成される残余区分とされる。事業の区分は金融資産から発生する収益費用（「金融収益」区分と定義される)，「その他の事業利益」区分，その他すべての収益費用（「営業利益」区分と定義される）に細分化される。

提案様式の計算書は財務分析の促進を意図するものである。一貫性のある強固な区分を導入することは，会社間を比較するアナリストのニーズにアピールするように設計される。

(事業利益と財務)：事業利益から財務費用を除いているので，この事業利益は資本構成上の独立会社によって創造されるすべてのリターンに関する尺度である。要するに，事業利益は企業価値に直接的で目的適合性ある測定基準(metric) である。他方，財務費用と包括利益はそれぞれ負債価値と株主価値

に関連するものである。

(再測定と行列様式)：この提案の特徴は，合計項目（すなわち合計欄で報告される項目）を2つの構成要素に区分する行列様式の採用にある。すなわち，再測定から生じる損益とその他のすべての損益である。再測定とは，資産・負債の簿価を変動させる価格や見積もりの改訂と定義される。再測定には，固定資産の再評価・減損・処分損益，年金の保険数理差損益，金融商品の公正価値変動，およびのれんの減損などが含まれる。

（3） IASB提案の特徴

IASBが提案する財務業績報告書の内容を概観した。IASBの財務業績報告書の特徴については以下のように整理することができる。IASB提案様式は業績測定としては包括利益のみを測定する一元観を採用している。これは単独の財務業績報告書であって，純利益を表示しない。またここではリサイクルも認めていない。構成要素別の表示のために，事業，財務，税金，閉鎖事業の4つの大分類に区分する。また合計を縦に再測定と再測定前に分ける行列様式を採用する。

提案様式は財務分析の促進のために構成要素別の区分を採用するものである。財務の区分は財務資金提供者に対するリターンのすべてと定義される。事業の区分は他の分類に含まれない項目すべてから構成される残余の区分とされる。また事業の区分は，「金融収益」の区分，「その他の事業利益」の区分，および，「営業利益」の区分に細分化される。事業利益は創造するすべての企業価値の測定基準であり，財務費用と包括利益はそれぞれ負債価値と株主価値の測定基準との対応関係を表す。また合計額は再測定と再測定前に列区分される。再測定は資産・負債の簿価を変動させる価格や見積もりの改訂と定義される。再測定は従来と異なる損益区分である。

（4） FASBの暫定的決定

2004年4月FASBは，IASB・ASBの共同プロジェクト推進を目的として，

図表12-4　IASBの提案様式

	合計	再測定前	再測定
収益	1000	1000	-
売掛債権の貸倒れ	(10)	-	(10)
売上原価	(400)	(340)	(60)
販売及び一般管理費	(250)	(200)	(50)
営業利益	340		
処分損益	100	-	100
有形固定資産再評価	150	-	150
投資不動産	-	-	-
のれん	(100)	-	(100)
純投資額の為替換算損益	(50)		(50)
その他の事業利益	100		
関連会社からの収益	50	50	-
持分投資	(60)	-	(60)
負債投資	20	5	15
年金資産	(150)	-	(150)
金融収益	(140)		
事業利益	300		
負債金利費用	(80)	(120)	40
年金財務費用	(120)	(200)	80
財務費用	(200)		
税金	(30)	-	-
廃止事業	(10)	(5)	(5)
キャッシュ・フロー・ヘッジ	50	-	50
包括利益	110		

出所：IASB, Project Summary：Reporting Comprehensive Income（revision: 2003/09/09）

収益，費用，利得および損失の項目区分ならびに報告に関する暫定的決定に合意した。暫定的決定ではあるが全体像を概観する意味で，ここではFASBモデルの主な内容を紹介することにしよう[4]。

1　この計画の目的は，包括利益計算書で表示される情報の予測およびフィードバック価値を強化する報告の基準を開発することにある。この目的は

IASB・ASBの同様な計画で認識されたものと同じである。
2　事業実体は，単独の包括利益計算書において，収益，費用，利得および損失のすべての項目を報告しなければならない。
3　包括利益計算書では，少なくとも，事業活動，財務，その他の利得損失の3分類に区分しなければならない。
4　財務の区分には，(a) 全ての種類の負債に関する時の経過に関わるすべての費用，(b) 現金および現金同等物によって獲得される時の経過に関わる収益，(c) 発行，リストラクチュアリング，償却に関わる利得損失などを含めなければならない。
5　法人税は，主要な区分の後に独立区分で表示しなければならない。
6　閉鎖事業（SFAS 144号「長期資産の減損または処分の会計」で定義される）の影響は，税引き後の影響を他の区分において，かつ法人税区分の後に独立表示しなければならない。
7　異常事象や取引に関する影響は，法人税の影響の前に，これらの関連区分に含めなければならない。
8　包括利益計算書の情報において，IASB提案モデルと同様な再測定の区分で表示すべきかどうかを検討する。
9　SFAS 130号「包括利益報告」で定義されるその他の包括利益の諸項目に関する分類表示規準を維持することを確認した。これには会計方針変更の累積的影響の修正など現行基準で現在要求される諸項目を含む。
10　「継続事業からの純利益（損失）」の小計を表示することを要求する。これには，事業，財務，非事業・非財務，および法人税の区分の報告額を含む。この小計は，閉鎖事業（税引き後）および，その他の包括利益（税引き後）で表示される金額の直前に表示することを要求される。
11　包括利益計算書には，財務会計概念スティトメント第5号「営利企業の財務諸表における認識・測定」で記述される稼得利益の小計を要求しない。

FASBはこのように暫定決定をIASBとの共同会議のために決定している。この暫定決定は今後の審議の方向性を示唆するものである。なお，この暫定決

定の具体的モデルとして以下のような2003年10月23日FASB/IASB共同会議で示されたモデルがある[5]。

図表12-5　FASBの提案様式

```
        包括利益計算書の事例―製造会社    FASB
事業（Business）：
財務（Financing）：
非事業・非財務（Non business/Non financing）：
  法人税費用・収益
継続事業からの純利益・損失
  閉鎖事業（税引き後）
  為替換算調整勘定（税引き後）
  最小年金負債（税引き後）
  売却可能有価証券に関する未実現利得・損失の変動分(税引き後)
  キャッシュ・フロー・ヘッジ（税引き後）
  会計方針の変更による累積的影響（税引き後）
包括利益
```

出所：FASB Performance Reporting Summary Paper（October 23, 2003）

（5）　FASBモデルとIASB提案の比較検討

　FASBは2003年10月にIASBとの共同会議においてIASBの提案と対比してFASBモデルの検討を行った。この検討内容をもとに，現在検討中のFASBモデルの特徴をまとめることにしたい。

　FASBモデルにおける目的，廃止事業の表示，税金の表示，財務費用の表示，および包括利益の用語についてはIASBの提案とほぼ同じである。しかしながら，FASBのモデルにはIASB提案と比べて3つの点についてモデルの根底を覆す重要な違いが存在するという。第1に，営業利益と「その他」の区分のアプローチに違いがある。FASBは「経営者アプローチ」によって事業（営業）の区分を定義することを提言している。このアプローチでは，「経営者の視点」から事業の区分において報告すべき項目の選択を認めるものである。これはIASBの提案とは対照的なものである。すなわち，IASB提案は事業の区分を直接的に定義していない。事業の区分は他の区分に該当しない残余の区分と

している。事業の区分には他の分類に該当しない全ての損益を含めなければならない。第2に，再測定とコラム表示の問題がある。FASBは現在のところ再測定やコラム表示の採用を決定していない。この論議はいまだFASBによって十分な審議がなされていない。これからの検討課題として予定されている問題である。最後に，純利益表示とリサイクルの問題である。FASBは「その他の包括利益」の区分表示を留保することを決議している。また純利益として「継続事業からの純利益（損失）」と題する小計の表示を要求している。これはリサイクルを前提としないIASBの提案とは対照的な点である。

　FASBモデルとIASB提案の間には，2「財務業績報告の論点整理」で指摘した3つの重要な論点，すなわち，純利益の表示，リサイクルの可否，計算区分に関わる相違点がある。これらの相違点は，2004年4月FASBとIASBの共同会議において，財務業績報告プロジェクトを進めるために克服しなければならない諸課題として認識されたものである[6]。財務業績報告書は現代会計の諸基準を合理化するための論理的な受け皿の役割を担うことが期待されている。財務業績報告書の会計基準を完成するために，どのような論理の下にこれらの諸課題に結論を下すのかが注目されるところである。財務業績報告書と他の現代会計の諸基準との関連において，3つの論点を中心に財務業績報告書の会計基準を再検討する必要があるだろう。

お わ り に

　現代会計理論の重要な特徴として，資産・負債アプローチの採用と公正価値評価の導入を上げることができる。現代会計では，資産・負債アプローチを前提として，公正価値評価を中心とした会計基準の登場とともに，会計理論における概念的一貫性と信頼性を確保する上で，新たな財務業績報告書の導入が必要不可欠なことになったのである。

　財務業績報告書の会計基準を完成するには，単独の「拡張損益計算書」を前提とするならば，伝統的利益を報告するのか否か，リサイクルを認めるのか否か，また業績測定の一元観を採用する場合には，業績として何をどのように表

示するのか。これらが財務業績報告書に関わる計算構造上の重要な論点となる。

FASBモデルとIASB提案を比較検討した結果，以下の重要な3つの相違点があることが明らかになった。第1にFASBモデルでは「経営者アプローチ」によって事業の区分を直接定義しているが，IASBモデルでは残余の区分として直接定義されていない。第2にIASBモデルは再測定とコラム表示を採用するが，FASBモデルは採用していない。第3にFASBモデルは純利益の表示とリサイクルを認めるが，IASBモデルは認めないことである。

財務業績報告書と他の現代会計の諸基準との関連において，これまで検討してきた3つの論点を中心に，財務業績報告書の会計基準を検討しなければならない。

（注）
（1）加藤盛弘『現代の会計学』第11章，森山書店（1996年）。
（2）G4+1 Special Report, *Reporting Financial Performance :Current Developments and Future Directions*, 1998. これに関連するものとして以下の文献を参考にした。岩崎勇「財務業績の報告—G4+1の特別報告書を中心として」『JICPAジャーナル』第10巻第6号（1998年6月）。浦崎直浩『公正価値会計』第14章，森山書店（2002年）。
（3）IASB, Project Summary：Reporting Comprehensive Income（revision: 2003/09/09）http://www.iasb.org/current/active_projects.asp
（4）FASB, Project Updates, Financial Performance Reporting by Business Enterprises. http://www.fasb.org/project/fin_reporting.shtml
（5）2003年10月23日FASB／IASB共同会議が開催された。この会議ではFASBの財務業績報告プロジェクトにおけるこれまでの審議結果とIASB提案との比較でFASBモデル案の概略について報告がおこなわれた。
http://www.fasb.org/project/fin_reporting.shtml#decisions
（6）両審議会は計画を以下の2つのセグメントに区分することに合意した。
セグメントAは以下の諸目を含んでいる。
・単独の包括利益計算書は「継続事業からの純利益」または「損益」の概念に類似した小計を含む単独の包括利益計算書を要求するかどうか？
・要求される主要財務諸表に関する合意について

・比較財務諸表や財務諸表の注記の開示で表示を要求される年間数値に関する合意について
・直接法による表示をキャッシュフロー計算書に要求するのか？

セグメントBは以下の諸項目を含んでいる。
・純利益とその他の包括利益の小計との項目間の「リサイクル」概念に価値があるのか？またあるとすれば，リサイクルすべき取引や事象，並びにいつリサイクルが発生するのかに関する基準？
・直要求される財務諸表の項目における情報区分の諸原則の開発について
・直要求される財務諸表で報告すべき合計および小計の定義（これは事業や財務の区分を含む）について

http://www.fasb.org/board_meeting_minutes/04-22-04_perf_rep_working_group.pdf.

（深谷　和広）

第13章　繰延税金資産の評価

は　じ　め　に

　SFAS 109号（*Accounting for Income Taxes*）では，これまでの税効果会計基準から大きな転換が図られた。その主たる特徴は，税効果会計の目的を第1に当期の未収または未払税額を認識すること，第2に財務諸表あるいは納税申告書上に認識されている事象の将来の税効果を繰延税金資産または負債として認識することにした点にある[1]。これにより繰延税金資産または負債が一時差異および繰越控除項目に起因する見積将来税影響額（tax effects）について認識されることになった[2]。この論理化の過程での重要な論点の1つは繰延税金資産の計上であった。将来減算一時差異による税便益（tax benefit）は，差異が解消される将来の年度に十分な課税所得が存在していることが条件となる。十分な課税所得が将来に期待されないならば，課税所得ならびに法人税額を減少させる税便益は認識できないと主張することもできよう。しかしSFAS 109号では，将来の課税所得の存否は「当期末における将来減算一時差異または繰越控除項目について認識される税便益の測定にとって重要である[3]」として，認識要件から取り除かれたのであった。すなわち「将来年度に課税所得を稼得することは，当期末における認識可能な税便益の存在を確認する事象であり，SFAS 96号で定められていたような税便益が認識される前に発生しなければならない前提条件となる事象ではない[4]」と結論づけたのであった。これによりSFAS 96号で課せられていた繰延税金資産計上のハードルが大きく引き下げら

れることとなった。したがって将来減算一時差異の存在は繰延税金資産の認識をもたらし、論点はその実現可能性の検証へと移ることになる。SFAS 109号では、その測定規準として「可能性がおそらくある (more likely than not)」をキーワードに評価引当金の設定をおこなうのである。

本章ではSFAS 109号で導入されたこの繰延税金資産の認識と評価引当金の設定に焦点をあてて税効果会計の意味を検討することにしたい。

1 SFAS 第109号の特徴

SFAS 109号は、APBオピニオン11号 (*Accounting for Income Taxes*) とSFAS 96号 (*Accounting for Income Taxes*) にとって代わった。ここではそれら税効果会計基準の特徴を簡潔にまとめてみよう。

APBオピニオン 11号は1967年[5]の公表以降長きにわたって税効果会計基準として機能してきた。その特徴は、財務会計と税務会計の差異を期間差異と永久差異に分類し、期間差異の税効果はすべてその発生した決算期と解消した決算期に認識されなければならないとした。そして税効果額についてはその期間差異が発生した年度の税率で測定され、その差異が消滅する将来の年度まで繰り延べられる繰延法が採用された。繰延法の結果として貸方繰延税金が認識され、借方繰延税金についてはその実現可能性を検討したうえで認識された[6]。しかし、APBO 11号では法人税等の期間対応を重視したため、借方繰延税金や貸方繰延税金の資産性や負債性について明確な概念規定がなされていないことが批判されてきた。くわえて1981年に導入された加速減価償却制度 (Accelerated Cost Recovery System) により、有形資産について税務上の耐用年数が短縮され財務会計と税務会計の差異が増大し、その影響が貸方繰延税金の増大となって現れたことも多くの批判を浴びる要因となった。

FASBは上述の批判に応えて1987年にSFAS 96号を公表し、大きな転換を図ったのであった。SFAS 96号では、財務会計と税務会計の差異を一時差異と永久差異に分類し、すべての一時差異の税効果について繰延税金資産・負債が認識されなければならないとした。税効果額は繰延税金資産・負債の期首残高と

期末残高の差額として算定される資産負債法が採用された。このとき税率はその一時差異が解消されるであろう将来の年度の税率が適用される。そして資産負債法の結果として繰延税金負債が認識され，繰延税金資産については欠損金の繰戻しにより実現する部分に限り認識された[7]。SFAS 96号は繰延税金資産・負債の資産性および負債性について明確に定義し，APBオピニオン11号に向けられていた主たる批判を解消した。その一方でSFAS 96号ではその適用にあたって，将来の各年度において一時差異および欠損金の繰越にかかわる繰延税金資産・負債のスケジューリングが求められたため，その複雑さに批判が寄せられた。くわえて繰延税金資産の認識が制限的であり，繰延税金負債の認識と比べてアンバランスであることなどが指摘された。これらの批判を受けたため，SFAS 96号は最終的に強制適用されることなくSFAS 109号に代替されることとなった。

　FASBはSFAS 109号においても資産負債法を踏襲する一方で，繰延税金資産の認識にあたっては将来の課税所得の存否ならびに実現可能性をその認識要件から取り除き，それを税便益の測定にあたって重要なものと位置づけたのであった。SFAS 109号では，前述のごとく当期の未収または未払税額を認識し，財務諸表あるいは納税申告書上に認識されている事象の将来の税効果を繰延税金資産または負債として認識することを目的としている。そして繰延税金資産または負債が一時差異および繰越控除項目に起因する見積もり将来税影響額について認識される。ここで採用されている一時差異とは，資産または負債の税基礎額と財務諸表上の報告金額との差異であり，APBオピニオン11号で採用されていた期間差異（ある年度の課税所得と税引前財務諸表利益との差異）だけではなく，投資税額控除の適用による資産価額への影響や事業結合におけるパーチェース法の採用による差異など[8]も含む概念である。一時差異は将来年度に課税所得額を生じさせる将来加算一時差異と，控除額を生じさせる将来減算一時差異とにわかれ，前者の税影響額が繰延税金負債を，後者のそれが繰延税金資産の認識を必要とする。SFAS 109号では，繰延税金負債ならびに資産がFASB概念ステイトメント第6号の負債ならびに資産概念にてらして検討さ

れ，それぞれ負債ならびに資産としての特質を有しているものとして論理化されている。

SFAS 109号はSFAS 96号による繰延法から資産負債法への転換を継承し，繰延税金資産および負債の資産性または負債性を明確に明らかにした。そしてSFAS 96号で繰延税金資産の認識条件として設定されていたハードルを引き下げることで繰延税金資産の認識へと道を切り開いたのである。

2 繰延税金資産の認識

繰延税金資産は将来減算一時差異ならびに欠損金の繰延など繰越控除項目から生じる税便益であり，将来において支払わねばならない法人税を減少させるか，または還付される法人税を表している。将来減算一時差異を生じさせる項目としては，引当金や訴訟損失の計上などのように費用または損失が財務会計上認識された後に税務上控除されるもの，また前受収益などのように収益または利得が財務会計上認識される前に税務上所得として計上されるものがあげられる。

ここでは簡単な例を用いて繰延税金資産・負債の認識プロセスをみてみよう。

A社は年度1および年度2ともに税引前純利益が100,000ドルであり，税率は年度1および2ともに25%であるとしよう。そして一時差異は12,000ドルの前受賃貸料と20,000ドルの割賦販売にかかわるものがあるとしよう。一時差異はともに年度1に発生し年度2に解消する。

　　　［年度1］
　　　　法 人 税 費 用　　23,000　／　未 払 法 人 税　　23,000
　　　　繰延税金資産　　 3,000　／　繰延税金費用　　 3,000
　　　　繰延税金費用　　 5,000　／　繰延税金負債　　 5,000

当期法人税費用は（100,000ドル＋12,000ドル－20,000ドル）×25％＝23,000ドルである。前受賃貸料と割賦販売にかかわる繰延税金資産と繰延税金負債

は，それぞれ12,000ドル×25％＝3,000ドルと20,000×25％＝5,000ドルである。繰延税金資産についてはその実現可能性が検討されるが，この例では年度2においても十分な課税所得が見込まれているため評価引当金の設定は必要とされない。また年度1に生じる一時差異は次年度に解消が予定されているため，ともに流動資産・負債として分類され，年度1は繰延税金負債2,000ドルが貸借対照表に計上される。一方，年度1の法人税費用は次のように算定される。

期末繰延税金資産	$ 3,000
期首繰延税金資産	$ 0
繰延税金費用（ベネフィット）	($ 3,000)
期末繰延税金負債	$ 5,000
期首繰延税金負債	$ 0
繰延税金費用	$ 5,000
純繰延税金費用	$ 2,000
当期法人税費用	$23,000
法人税費用	$25,000

年度1の繰延税金費用は繰延税金資産の増加額3,000ドルと繰延税金負債の増加額5,000ドルを相殺した2,000ドルとなる。これを当期法人税費用に加算して法人税費用25,000ドルが算定される。

［年度2］
法人税費用	27,000	／	未払法人税	27,000
繰延税金費用	3,000	／	繰延税金資産	3,000
繰延税金負債	5,000	／	繰延税金費用	5,000

当期法人税費用は（100,000ドル－12,000ドル＋20,000ドル）×25％＝27,000ドルである。年度2では一時差異がすべて解消されるため，法人税費用は次のように算定される。

期末繰延税金資産	$ 0

期首繰延税金資産	$ 3,000
繰延税金費用（ベネフィット）	$ 3,000
期末繰延税金負債	$ 0
期首繰延税金負債	$ 5,000
繰 延 税 金 費 用	($ 5,000)
純 繰 延 税 金 費 用	($ 2,000)
当 期 法 人 税 費 用	$27,000
法 人 税 費 用	$25,000

年度2の繰延税金費用は繰延税金資産の減少額3,000ドルと繰延税金負債の減少額5,000ドルを相殺した2,000ドルとなる。

この例では繰延税金資産の実現可能性には問題がないと仮定しているので評価引当金の設定は必要とされなかった。しかし繰延税金資産の測定にあたってはその実現可能性が重要な論点となる。

3　繰延税金資産の実現可能性と評価引当金

繰延税金資産はその過大計上を避けるために，「一部またはすべてが実現しない可能性がおそらくある（可能性が50%超）ならば[9]」評価引当金が計上されなければならない。この規準によれば，50%をわずかでも超過すれば評価引当金を計上しなくて済むため，「0.1%の判断の相違が財務諸表全体に大きな影響を与えうる[10]」ことが指摘される。しかしより重要な問題は繰延税金資産の実現可能性を検証し，評価引当金を測定する方法である。SFAS 109号では次の2つの基本的方式が検討されている[11]。

（1）　肯定的判断アプローチ（Affirmative judgment approach）
　　　繰延税金資産はその実現の可能性がプロバブルであるならば認識される。
（2）　減価アプローチ（Impairment approach）
　　　繰延税金資産はその実現しない可能性がプロバブルであるならば認識されない。

しかしながらこれらのアプローチのいずれかを採用しただけでは処理できな

いケースが生じるとする。たとえば肯定的判断アプローチでは，実現が期待される繰延税金資産の認識が，その実現の見込みがプロバブルでないときには禁止される。他方，減価アプローチでは実現が期待されない繰延税金資産の認識が，その実現しない見込みがプロバブルでないときには要求される。そこでSFAS 109号では「繰延税金資産の測定に要求される規準は，期待される結果すなわち将来年度における繰延税金資産の実現または非実現にもっとも近い会計上の結果をもたらすものであるべき[12]」とされ，「可能性がおそらくある」規準が採用された。このとき「可能性がおそらくある」とは可能性のレベルが50％を超えることを意味するとされ，この規準を前記アプローチに適用しアプローチ間の相違を排除する[13]。

（1）将来税便益の実現する見込みが50％を超えるならば，繰延税金資産を認識する（肯定的判断アプローチ）
（2）将来税便益の実現しない見込みが50％を超えないかぎり，繰延税金資産を認識する（減価アプローチ）

これにより実務上では両アプローチの会計結果には差異が生じないとしている。しかしHeiman-Hoffman & Patton（以下，H&P）によれば，減価アプローチの適用は肯定的判断アプローチにくらべ巨額の繰延税金資産を計上する傾向にあるという。

H&Pはビッグ6（当時）の研修に参加した会計士を対象に実験をおこなった。被験者は平均3.2年の実務経験があり，SFAS 109号の背景と目的に関するトレーニングはすでに受けているが繰延税金資産実現の判断に関してはまだ特別なトレーニングは受けていない。被験者の半数には減価アプローチに関する問題が，残り半数には肯定的判断アプローチに関する問題が配布された。そして被験者全員にSFAS 109号の基本的なトピックスと貸借対照表（繰延税効果が報告されている昨年度分と報告されていない今年度分）および損益計算書（繰延税効果が報告されている過去2年度分と報告されていない今年度分）が配布され，実現可能性を評価する前の繰延税金資産額は500,000ドルとされた。実験結果によれば，実現の見込みが50％を超えるとされた繰延税金資産の平均額は，減価

アプローチでは309,756ドル,他方肯定的判断アプローチでは252,545ドルとなった(15)。

両アプローチはSFAS 109号にあるように同一評価額をもたらすものではなく,約50,000ドルの差異をもたらしている。もちろんH&Pはいずれかの方法が繰延税金資産の過大表示あるいは過小表示をもたらしていると指摘しているわけでもない。しかしSFAS 109号は,将来における税便益の実現が,繰延税金資産の全部ではなく一部しか期待できない場合には,減価アプローチを採用するとして(16),一方のアプローチの採用を指示している。H&Pの研究は両アプローチを実際に適用した場合には差異が生じる可能性が高く繰延税金資産の実現に一致する方法の開発を求めているが,またいずれかのアプローチの優位性を指摘できるものでもないことを示している。

4　実現可能性の評価プロセス

繰延税金資産の実現は,将来減算一時差異または繰越控除項目が相殺するであろう課税所得の源泉にかかっている。将来(および過去)の課税所得が存在するか否かに判断が行使されねばならない。この判断にあたっては肯定的証拠 (positive evidence) と否定的証拠 (negative evidence) が考慮されねばならない。肯定的証拠は繰延税金資産の実現見込みを補強し評価引当金の必要度を低下させるのに対して,否定的証拠は繰延税金資産の実現見込みを低下させ評価引当金の必要度を高めるものである。SFAS 109号はそれぞれの証拠の例を以下のように示している(17)。

[肯定的証拠]
- 現行の販売価格と原価構成にもとづく繰延税金資産が実現するのに十分すぎる課税所得をもたらす既存の契約または受注残高がある。
- 繰延税金資産を実現させるのに十分なほどに,企業の純資産の税基礎額を上回る資産評価額がある。
- 将来減算金額をもたらす損失を例外とする高い収益力が過去に続いており,その損失が継続的な状況ではなく例外的な状況であることを示す証拠

をともなっている。

[否定的証拠]

・近年の繰越欠損金
・未利用のまま期限満了した繰越欠損金や繰越税額控除が過去にある。
・(現在利益を計上している企業が) 近い将来に損失が見込まれている。
・不利に解決したならば，将来の営業や利益水準に将来にわたって継続的に悪影響を与える未解決の案件がある。
・以下の理由により繰戻および繰越期間が短いがゆえに繰戻または繰越期間が制限される。
  (1) 多額の将来減算一時差異が単一年度にリバースする場合。
  (2) 企業が伝統的な循環的事業で業務を遂行している場合。

　SFAS 109号ではこれらの証拠がその重要度に基づいて検討されるべきことを指示しているが，どのようなプロセスで税便益の実現可能性を検討するかは明らかにされていない。Eaton & Williams (以下，E&W) はそのプロセスをシュミレーションしている。E&Wによれば，経営者は前述のすべての肯定的証拠と否定的証拠を検討した上で，特定の所得源泉が繰延税金資産の実現をもたらすか否かを検討しなければならないとする。そしてSFAS 109号で示されている課税所得として見込まれる4つの源泉をとりあげ，評価引当金の必要性を分析するフローチャートを図表13-1のようにまとめている[18]。

　はじめに検討されるべき事柄は当該企業のゴーイングコンサーン問題である。企業の継続性に疑いが生じているならば繰延税金資産の全額について評価引当金の設定が要求されよう。この問題をクリアしたならば，検討されるべきは欠損金の繰戻期間内に十分な所得があるか否かである。繰戻期間内の所得は「SFAS 109号における課税所得の源泉のうちもっとも客観的なものである。それは将来の所得への仮定に依拠しないからである[19]」。なお繰戻期間内の所得はすでに欠損金がある場合に限定されるものではないであろう。将来減算一時差異が次年度にリバースしかつ欠損金の発生も十分に予測されているときには，次年度を起算年とする繰戻期間内の所得は肯定的証拠となる。

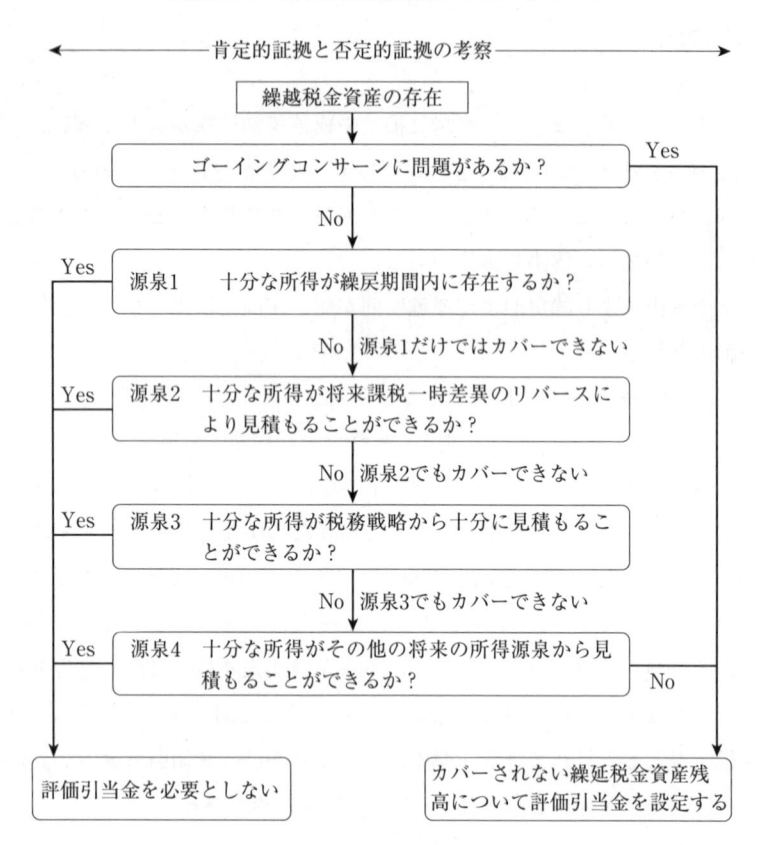

図表13-1 評価引当金認識のフローチャート

←――――― 肯定的証拠と否定的証拠の考察 ―――――→

```
           繰越税金資産の存在
                  │
                  ▼
         ゴーイングコンサーンに問題があるか？ ──Yes──┐
                  │ No                              │
                  ▼                                 │
  Yes── 源泉1  十分な所得が繰戻期間内に存在するか？   │
                  │ No │源泉1だけではカバーできない   │
                  ▼                                 │
  Yes── 源泉2  十分な所得が将来課税一時差異のリバースに│
               より見積もることができるか？          │
                  │ No │源泉2でもカバーできない       │
                  ▼                                 │
  Yes── 源泉3  十分な所得が税務戦略から十分に見積もるこ│
               とができるか？                        │
                  │ No │源泉3でもカバーできない       │
                  ▼                                 │
  Yes── 源泉4  十分な所得がその他の将来の所得源泉から見│
               積もることができるか？ ──No──────────┤
                  │                                 │
                  ▼                                 ▼
          評価引当金を必要としない        カバーされない繰延税金資産残
                                         高について評価引当金を設定する
```

出所 Tim V. Eaton & Jan B. Williams, Valuing Deferred Tax Assets Under SFAS 109, *Management Accounting*, Vol. 79 No. 9, 1998, p. 48.

つぎに客観的な源泉は既存の将来加算一時差異である。この所得の源泉が肯定的証拠として重きをなすか否かはそのリバースのタイミングにかかっている。すなわち「将来加算一時差異が，繰延税金資産が実現するタイミングでリバースするか否か[20]」にかかっている。たとえばBushongは，繰延税金資産の監査にあたっては将来加算一時差異が将来減算一時差異を超過しているだけ

では不十分であり，それらのリバースが同時に起きないならば将来加算一時差異のリバースは必ずしも繰延税金資産の実現をもたらさないと指摘している[21]。SFAS 109号ではSFAS 96号とは異なりスケジューリング（一時差異がリバースする金額と時期を予定する）が求められてないが，実質的にはその作成が必要とならざるをえない。

　上述の２つの源泉によっても繰延税金資産の実現が十分ではないと判断される場合には税務戦略の存在が検討される。たとえば繰越控除の期限満了前に十分な含み益のある資産の売却，あるいは将来の所得の性質（通常所得かキャピタルゲインか）やタイミングについて計画することにより繰延税金資産の実現可能性を高めることができよう。しかしこの所得源泉は，戦略が現行税法や将来の税法改正と一致するのかあるいは戦略の実行が所得を相当に減少させることにつながる可能性もあり，上述の源泉に比べ客観性が乏しいと判断される[22]。

　所得の最後の源泉は将来の課税所得である。この源泉が検討されるときには，「過去の利益水準，既存の契約内容，産業の成熟度，経済動向，および会社に影響を与えるその他の要因を考慮して実体の将来所得を見積もらねばならない[23]」。この源泉の場合には他の源泉にもまして肯定的証拠と否定的証拠の綿密な検討並びに比較考量が要求されることになる。SFAS 109号の適用にあたって経営者がスケジューリングを実施しているとすれば，繰延税金負債の存在そのものが繰延税金資産の実現可能性を担保するものとみなせる。Comiskey & MulfordはSFAS 109号の導入当初には評価引当金を計上しない理由として既存の将来加算一時差異が将来減算一時差異を上回っている事実をあげている企業が多くみられたとして，「繰延税金負債が繰延税金資産を超過しているときには，将来加算金額が将来減算金額を超過しているはずなので繰延税金資産の実現可能性も高まる[24]」と指摘している。Comiskey & Mulfordの調査はSFAS 109号の導入直後の1992年のアニュアルレポートを対象にしているため，おそらくは初めてのことでもあり繰延税金資産にたいして評価引当金を設定しない理由をわざわざ開示したものと思われる。近年のアニュアルリポートでは上述の理由にもとづいて評価引当金を設定しないことを明らかにする

よりも，評価引当金を計上する理由を開示しているケースのほうが多く，またその理由の多くは繰越控除項目の期間満了によりその税便益を利用できないこと，あるいは海外子会社等にかかわる事柄が開示されるのが一般的である。監査の観点からはスケジューリングが必要とされることを前提にすれば，将来一時差異のリバースの時期は十分に検討されており，繰延税金負債の存在が繰延税金資産の実現可能性を高めることは一般的なこととして定着していると考えてよいであろう。したがってE&Wによるフローチャートの源泉4が繰延税金資産の実現可能性の判断にとって重要なものとなろう。

お わ り に

　SFAS 109号の導入は，資産負債法の導入により増加し続けていた貸方繰延税金に代えて繰延税金負債を計上しその負債性を明確にした。一時差異を生じさせる一方の原因である税法サイドでは1986年の税制改革法により税率引き下げとともに多くの税特典が縮小され課税ベースが拡大された。この結果将来加算一時差異は減少する傾向にありそれに応じて繰延税金負債も減少してきている。これは将来加算一時差異の主たる要因が減価償却費やリース等によるからである。たとえばFord社では，2002年度のアニュアルリポートによれば19,894百万ドルの繰延税金負債のうちリース取引によるものが8,418百万ドル，また償却資産によるものが4,814百万ドル認識されている。一方繰延税金資産は20,546百万ドル認識されており，そのうち8,219百万ドルは従業員に対する年金や退職後医療給付から生じている。SFAS 109号は繰延税金資産の計上に道を開いただけでなく，今後その金額が増大していく可能性もあろう。少なくとも繰延税金負債が認識される主たる要因たる設備資産を保有またはリースしていない企業では繰延税金資産の計上が進むことになろう。このとき繰延税金資産計上の論点はその認識プロセスにあるのではなく，評価引当金を設定するか否かの問題にある。そこではE&Wによる源泉4の所得，すなわち十分な所得がその他の将来の所得源泉から見積もることができるか否かの判断がとくに重要となろう。繰延税金資産の認識は，認識そのものを問題にするのではな

く，すべてをいったん認識しそれらの実現可能性を検討する測定の問題を強調することによって論理化されているといえよう。

(注)
(1) Financial Accounting Standards Board (FASB), Statement of Financial Accounting Standards No. 109, *Accounting for Income Taxes*, 1992, par. 6.
(2) *Ibid.*, par. 8.
(3) *Ibid.*, par. 86.
(4) *Ibid.*, par. 86.
(5) 1967年より前にも個別の処理項目について税効果の1つの形態とも呼べるべき手続きを定めたものは多く見られる。1967年のAPBオピニオン11号の公表はそれらも含む体系的かつ総合化された税効果会計基準の確立ともいえる。APBオピニオン11号が公表されるまでの経緯については下記の文献を参照されたい。
　　中田信正『税金配分会計《法人税期間配分の会計》』中央経済社，1973年，第2章。
　　西村幹仁『税効果会計の理論―国際的調和化の動向とその問題点―』同文舘，2001年，第1章。
(6) Accounting Principles Board, APB Opinion No. 11, *Accounting for Income Taxes*, 1967, pars. 13-35.
(7) FASB, Statement of Financial Accounting Standards No. 96, *Accounting for Income Taxes*, 1987, pars. 9-17.
(8) SFAS, No. 109, par. 11
(9) *Ibid.*, par. 17.
(10) Vernon M. Martin Jr., SFAS 109 Accounting for Income Taxes; An Overview With Examples, *The National Public Accounting*, Feb/Mar, 2001, p. 24.
(11) SFAS, No. 109, pars. 92-95.
(12) *Ibid.*, par. 96.
(13) *Ibid.*, par. 97.
(14) *Ibid.*, par. 97.
(15) Vicky B. Heiman-Hoffman & James M. Patton, An Experimental Investigation of Deferred Tax Asset Judgments under SFAS 109, *Accounting Horizons*, Vol. 8 No. 1, 1994, pp. 1-4.
　　H&Pの仮説は，Tversky & Kahnemanが主導した一連の心理学の研究にもと

づいている。それによれば人々は最初に提示された価値に引っ張られて、追加情報を受け取ったときに十分な修正に失敗するとされている。(*Ibid.*, p. 1.)
(16) SFAS, No. 109, par. 98.
(17) *Ibid.*, pars. 23-24.
(18) Tim V. Eaton & Jan B. Williams, Valuing Deferred Tax Assets Under SFAS 109, *Management Accounting*, Vol. 79 No. 9, 1998, pp. 47-49.
(19) *Ibid.*, p. 48.
(20) *Ibid.*, p. 48
(21) J. Gregory Bushong, Auditing Deferred Tax Valuation Allowances: Intersection of SAS 57 and SFAS 109, *Ohio CPA Journal*, Vol. 56 No. 1, 1997, p. 49.
(22) Tim V. Eaton & Jan B. Williams, *op. cit.*, p. 48.
(23) *Ibid.*, p. 49.
(24) Eugene E. Comiskey & Charles W. Mulford, Evaluating Deferred-Tax Assets: Some Guidance for Lenders, *Commercial Lending Review*, Vol. 9 No. 3, 1994, p. 16.

(永田　守男)

第14章　ドイツ商法会計における機能領域の拡大
―EU会計指令現代化への対応―

は　じ　め　に

　2004年5月，EUは，ポーランド，チェコ，リトアニアなど，新たに中・東欧および地中海の計10ヵ国を加えて25ヵ国に達し，人口・4億5000万人，GDPで約10兆ドルの市場を擁する拡大欧州としてスタートした。拡大欧州はいまや，域内市場の統合と単一通貨ユーロの導入によって，GDPで世界の30％，世界貿易のおよそ19％，外国直接投資の46％を占め，対内直接投資でも24％を受け入れるなど，グローバル経済における三極構造の中で，超大国アメリカの強力な対抗軸となりつつある。

　拡大欧州にとって，2005年の資本市場統合とそれに向けたEU会計の現代化・一層の国際化が当面の焦点である。資本市場統合によって，域内企業の円滑な資金調達とEU圏の経済成長，雇用の拡大を可能にし，同時に比較可能で等価な企業決算書の作成が，透明で効率的な資本市場の形成にとって必須の条件とされるからである。かくて，いま取組まれている一連のEU会計指令の改正・現代化は，「2005年」を転換点として，資本市場に参加するグローバルプレーヤーの意思決定有用の情報要求を充たしうる，企業決算書の作成と開示のための準拠枠形成への里程塚に他ならない。

1　ドイツ会計規準形成の特徴

　1980年代以降のドイツにおける会計法制の改革は，60年代末に始まる一連の

EC会計指令の国内法への転換として進められたところに特徴がある。とりわけ，3つの基幹指令・第4号，第7号および第8号指令を「会計指令法（Bilanzrichtlinien-Gesetz）」として転換した85年商法典（第三編・商業帳簿）は，"世紀法"とすらいわれる大改正であった。それは，債権者保護と慎重原則を編成原理とし，正規の簿記の諸原則（GoB）を規範システムとする利益測定機能アプローチのドイツ商法会計法の伝統的思考と，資本市場指向の意思決定有用性・情報機能アプローチのアングロ・アメリカ型会計思考との葛藤と調和化の過程に他ならない。それは，商法典（以下，HGB）第264条2項において年度決算書作成の一般条項として，GoBとともに"true and fair view"原則を導入したことに象徴的に表れている。元来，イギリス会社法に由来する決算書原則とされた後者が，EC第4号指令の第2条3項の規定をへて，資本会社の財産・財務および収益状態の"実質的諸関係に合致する写像"の伝達要請としてHGBに転換されたものである。

しかし，1990年代後半以降，ドイツは資本市場指向・情報機能重視のEU会計指令との対応にシフトした規準形成の方向を辿ることとなった。たとえば，1998年4月の「資本調達容易化法（KapAEG）」と「企業領域統制・透明化法（KonTraG）」は，欧州市場の統合とドイツ企業の国際資本市場での資金調達の活発化を背景に，検証・承認メカニズムを伴うEU会計指令のIASとの統合化を指向した，95年11月のEU委員会「会計領域の調和：国際的調和化のための新戦略」を受け，資本市場における投資家の情報要求に応えて，会計規準の国際的対応をはかった法改正である。

まず「資本調達容易化法」では，HGB第292a条が新設され，そこにおいて国内外の資本市場に上場するコンツェルン親企業が，「国際的に認められた会計基準」（IASもしくはUS-GAAP）に準拠して連結決算書を作成した場合，ドイツ商法にもとづく決算書の作成を免責するものとした。これによって，ニューヨーク証券取引所上場のDaimler Benzなどドイツ大企業が，これまでドイツ基準によって作成した連結決算書を，SEC基準・US-GAAPに準拠した場合との調整計算表を付して開示することによる，実務的・経済的負担を取り除く

とともに，決算書そのものの比較可能性と等価性，透明性を高めることになるとされた。しかし，第292a条における免責条項は，あくまで国際的会計基準の適用を上場企業の連結決算書（情報機能）に限定した2004年末までの時限的措置ではある。

他方，「企業領域統制・透明化法」では，まずキャッシュ・フロー計算書およびセグメント計算書を連結附属説明書に加え（第297条1項2文），あわせて企業活動の将来の展開に伴うリスク情報を状況報告書に記載すること（第289条1項，第315条1項）によって，キャッシュ・フロー情報，セグメント情報，リスク情報の，附属説明書および状況報告書における報告と開示の拡充が図られた。くわえて，新たに設けられた第5章において，①連結会計原則の開発と勧告，②会計規定の立法化のための連邦法務省に対する助言，③ドイツ代表として国際的な会計基準設定機構（IASB）に関与すること等を任務とする，プライベート・セクターの会計委員会（第342条）もしくは連邦法務省所管の会計審議会（第342a条）の，選択的設置を可能とする会計基準設定主体の法的枠組みが用意された。その結果，1998年3月，ドイツ版FASBともいうべき第342条準拠のドイツ会計基準委員会（以下，DRSC）が創設された。DRSCは以後，対外的にはIASBの基準設定活動に対するドイツの積極的関与の足がかりとしての役割と同時に，国内的には連邦法務省への立法助言権限を活かしつつ，EU会計指令と連携した，会計規準形成を主導する機関としてその機能を高めていくこととなる。

さらに，HGB第292a条の改正と第264a条の新設によって，非上場企業および人的商事会社にまで免責条項の適用を拡大し，第264条以下の年度決算書および連結決算書の義務的作成・開示などを定めた2000年2月の「資本会社&Co. 指令法（KapCoRiLiG）」と，コーポレート・ガバナンス改革を進めるための，連結会計規定の改正などを内容とする，2002年7月の「透明化・開示法（TransPuG）」の制定によって，ドイツは会計規準国際化への途をさらに加速させることとなった。

DRSCはまた，「公正価値指令」（「EC第4号，第7号指令および銀行会計指令の

改正指令」・2001年9月）の，2003年末までの国内法化を目指し，「EU公正価値会計指令転換のための提案」（01年11月）によって，特定の金融資産と負債について公正価値評価を可能とすることなどを提言した。連邦政府は，この提案を受けて，EU理事会の「IAS適用命令」（02年7月）および「EU会計指令の改正指令・現代化指令」（03年年6月・後述）の転換とともに，これを「国際的会計基準の導入および決算書監査の質の確保に関する法律：会計法改革法（BilReG）」（後述）として法案化・閣議決定（04年4月21日）し，連邦議会の審議に付したのである。

2　EU会計指令の現代化

いわゆる「EU会計指令の現代化」は，前述の「会計領域の国際化：国際的調和化のための新戦略」を受けた「金融サービス：行動大綱の策定」（98年10月）の現実化を目指した1999年5月のEU委員会「金融市場大綱の転換：行動計画」（以下，「行動計画」）において，金融資産の公正価値評価と法定決算書監査の質の改善等を基本内容として，EC第4号および第7号指令を国際会計基準（IAS）の動向に適合させて現代化すべきことを提唱したことに始まる。

2000年2月，EU委員会は，上の「行動計画」にそった，「EC第4号，第7号指令の改正指令提案」によって，国際的な事業活動を展開する域内企業（中小規模の企業や銀行および保険企業を除く）の会計が資本市場の要請に応えるためには，EC指令の早急な現代化が必要であること，とりわけ域内企業がIASに基礎をおき，かつEC指令を充足するには，評価における障害を取り除くための指令の改正，すなわち金融資産の公正価値評価が急務であるとした。

また2000年3月末，リスボンで開かれたEU理事会は，企業の円滑な資金調達，資本コストの削減およびEUにおける経済の成長と雇用の促進のため，金融サービスのための透明で効率的な域内資本市場の早急な実現を強く求め，2005年を「行動計画」転換の期限として，規制市場で有価証券取引を認められている共同体内企業の，決算書の比較可能性改善のための措置をとるべきことを決議した。

そしてEU委員会は，同じ年の6月，「EUの会計戦略・将来措置」において，「国際的に認められた会計基準」に準拠した決算書による比較可能性および等価性の確保と価値計上基準の統一化，2005年以降，すべての上場企業のIASにもとづく連結決算書の作成や，決算書の透明性，信頼性確保の前提として高品質の法定監査の必要など，意思決定・目的適合的な情報の質を改善するため，EC会計指令の現代化の基本方向を提示した。

さて，2001年9月の「公正価値指令」前文・〈提案理由〉ではまず，「国際的に認められた会計基準」とEC第4号，第7号指令および銀行会計指令との整合性をはかるため，特定の金融資産および負債の，付すべき時価（公正価値）にもとづく評価を認める方向でこれらの指令を改正すべきであり，それによって欧州企業は，その決算書を現在の国際的レベルでの発展と一致して作成することができるとした。ついで，この指令改正の目的は，金融商品の表示と評価を扱うIASの適用を可能にすることであり，そこから共同体内の金融情報の比較可能性を保証するために，加盟国は，特定の金融商品について公正価値指向会計を導入する義務を負うことを明示した。

これらにもとづき，基幹指令たる第4号指令の改正では，新たに第7a章・「公正価値による評価」が設けられ，そこにおいて第42a条（連結決算書に限定して，デリバティブを含む金融商品の公正価値による評価）をはじめ，第42b条（市場価値もしくは一般に認められた評価モデル・方法による公正価値の評価），第42c条（公正価値評価による価値変動額の，損益計算書における《時価差額準備金》としての表示），第42d条（上記42b条および42c条に関する附属説明書での記載）の各条が挿入された。

EU理事会はまた，02年7月の「IAS適用命令」（「国際会計基準の適用に関するEU議会および理事会命令」）をもって，資本市場の効率的な機能性を確保するため，企業決算書の高レベルで透明かつ比較可能な財務情報の調和化を目指して，共同体内への国際的会計基準の受け入れと適用を目的（第1条）とし，2005年以降，資本市場指向企業に対して，IAS/IFRSにもとづく連結決算書の作成を義務づける（第4条）とともに，上場企業の年度決算書と非上場企業の

年度決算書および連結決算書にもIAS/IFRSの選択的適用を認める（第5条）としたのである。

ただし,「IAS適用命令」では，国際会計基準の共同体内での承認は，EC指令第4号および同第7号での基本的要求，すなわち，決算書が企業の財産・財務および収益状態の実質的諸関係に合致する写像を伝達すべきことを前提としている。これによって，IAS適用の有無にかかわらず，会計指令に表れた一般規範（実質的諸関係の伝達要請）が引き続き，共同体共通の会計要件として働くことで，共同体内の企業が同じ競争条件に立つことが確認されたのである。あわせてEU委員会は，03年9月の「IAS承認命令」において，IASのEU域内における適用可能性と，その承認にあたって法的安定性を確保し，決算書作成の実質的規範・法的枠組みを担保するため，政策的・技術的レベルの二重のエンドースメント・メカニズムの必要を提唱した。

3 「EU現代化指令」の概要

EU理事会は，2003年6月18日，01年9月の「改正指令」をさらに拡充させた「EU会計指令の改正指令」（「特定の法形態の会社，銀行およびその他の金融機関ならびに保険企業の年度決算書および連結決算書に関する指令を改正する2003年6月18日付けEU議会および理事会指令・2003/51/EG」），いわゆる現代化指令を発した。

EU委員会は，この改正をもって，現行のEU会計規定を今日最良の会計実務に適合させたとした上で，2005年以降，すべての上場企業の連結決算書にIAS適用を義務づけるなどを定めた「IAS適用命令」を補完したものであるとした。そして，IASをすべての企業に適用しない加盟国にあっても，該当する500万社にのぼる企業が，同様に価値の高い決算書の提出を求められているとして，引き続きEU会計の要件を指示している第4号および第7号指令は，現代化されなければならないとした。

しかしその上で，EU委員会は，「いくつかの加盟国での，年度決算書と課税との結びつきを顧慮して，それぞれの国に合ったテンポで，IASに転換するこ

とが肝要である。したがって，加盟国は，その置かれている状況に応じて，国内の会計要件をIASと徐々に適合させながら，さまざまな改正を行っていくべきであろう」(03.5.6の委員会声明) とし，とくに課税所得の算定基礎となる個別決算書に関わる国内法への転換については，加盟国選択権に委ねるとした配慮を示したのである。

さて，「現代化指令」は，4つの会計指令，すなわち年度決算書に関する第4号指令，連結決算書に関する第7号指令および銀行会計指令，保険企業会計指令の改正からなり，これを，「履行に必要な法規定および行政規則の制定」(「改正指令」第5条) によって，2005年1月1日までに国内法に転換すべきことを加盟各国に指示した。

いま，基幹指令たる第4号指令を中心に，主な改正点を示せば以下のようである。

(1) 引当金および後発事象 (勘定表記と定義)

まず改正第4号指令・第9条および第10条では，引当金の英文表記をこれまでの"負債および費用に対する引当金 Provisions for liabilities and charges"に代えて，単に"引当金 Provisions"とする勘定名称に改めた上，引当金の定義を示した第20条1項においても，これに従って「その性質が明確に限定され，かつ貸借対照表日には発生の可能性が高いか，もしくはその発生時点が不確実な債務は，引当金として表示しなければならない」とし，つづく第3項 (価値修正引当金の禁止) および「その必要とする総額を超えてはならない」とした第42条1項においても，この科目表記をもって示すべきものとした。

また後発事象については，第31条 (評価の一般原則) 第1項において，慎重原則の遵守を定めたc)文の下文bb)を，「当該年度もしくはそれ以前に発生したすべてのリスクは，それが仮に貸借対照表日と貸借対照表作成日との間に判明したものであっても，顧慮されなければならない」とした上で，新たに1a項を設け「加盟国は，前項前下文によって算定された金額に加えて，それが仮に貸借対照表日と貸借対照表作成日との間に判明したものであっても，当該年度

もしくはそれ以前の年度に発生したすべての予測しうるリスクおよび推測しうる損失を顧慮すべきことを，許容もしくは指示できる」とした文言をもって，これを加盟国選択権とした。

（2） 付すべき時価（公正価値 fair value）

すでに，連結決算書に限って，デリバティブを含む金融商品の公正価値評価を定めた01年9月の「公正価値指令」での諸規定（第42a条以下，第42b, c, d条・前述）に加えて，改正第4号指令では第42e条を新たに挿入し，「加盟国は，第32条（取得もしくは制作原価での評価—筆者）とは別に，すべての会社もしくは各会社集団が，金融商品を除く特定の種類の財産対象物を，付すべき時価 beizulegender Zeitwert（公正価値 fair value）にもとづいて評価することを許容または指示できる」として，これを加盟国の裁量に委ねた上で，公正価値評価の適用を金融資産以外の財産対象物にまで拡大した。また第42f条では，第31条1項c)文（慎重原則の遵守—筆者）に拘らず，前42e条の価値修正によって財産対象物を評価した場合，その評価差額を損益計算書に表示することができるとした。

（3） 状況報告書（拡大と記載内容）

第4号指令の改正では，第2条1項に加文して，年度決算書の構成部分（従来は貸借対照表，損益計算書および附属説明書）の拡大について定めた上で，第7号指令・第16条において，「加盟国は，連結決算書に加えて，1節にいう状況報告書を拡大した構成部分とすることができる」とした。第4号指令ではさらに，状況報告書の記載事項を定めた第46条1項1号を改正して，「a) 状況報告書は，少なくとも実質的諸関係に合致する写像が生じるように，営業過程，営業成果または企業の状態を表示し，そしてそれがこうむる重要なリスクや不確実性を記述するものとする。状況報告書は，事業活動の範囲や複雑性に応じて，営業過程，営業成果または企業の状態を的確かつ包括的に分析することにある。b) 営業過程，営業成果または企業の状態の理解に必要な限りで，その

分析には，環境および労働関係の事項を含む，当該の事業活動にとって重要な財務的および非財務的な給付指標が含まれる」と定めている。

　ここでは，営業過程と企業の状態の実質的諸関係に合致する写像を伝達すべきとする一般的要請に沿い，情報内容のいっそうの拡充・豊富化に資する点で，リスクや不確実性とともに，環境や労働に関する情報が盛り込まれた状況報告書を，企業決算書の重要な構成部分・第4の年度決算書として位置づけた点が注目される。

（4）　監査意見（確認の付記の内容）

　改正第4号指令では，第51a条を挿入し，監査意見として表明すべき内容を次のように定めている。すなわち，「a）少なくとも，いかなる年度決算書が法律上の決算書監査の対象であり，またそれがいかなる会計原則に従って作成されたかを示す前書き；b）少なくとも，監査を実施するに当って準拠した監査原則についての表明を含む法律上の決算書監査の方法および範囲の記述；c）監査意見は，法定決算書監査人の判断では，年度決算書がその時々に基準となっている会計原則と一致して，実質的諸関係の写像を伝達しているかどうか，また同様に，それが法規定に合致しているかどうかについて確かな情報を提供するものであること。その監査意見が，無限定かさもなければ限定付きの確認の付記，もしくは消極的な監査意見として与えられたか，または法定決算書監査人の監査意見を述べる状態にない場合，監査意見が拒絶されること；d）確認の付記を限定することなく，法定決算書監査人が特別の方法で注意ぶかく行ったすべての状況を指摘すること；e）状況報告書が，当該年度の年度決算書と一致しているか否かについての意見」などがそれである。

　監査意見に関する規定の現代化は，公正価値評価，状況報告書と並んで「現代化指令」のもう1つの重要な柱である。EU委員会は，監査報告書における監査意見（確認の付記）の表現と構成の違いは，決算書の比較可能性を著しく低下させ，会計の重要な側面の理解を妨げるとし，これを回避して企業決算書の信頼性を確保するには，監査意見の形式と内容に関する要件を，国際的基準

にそってより調和的に定めることであるとしている。企業決算書が会計諸原則と一致して，実質的諸関係に合致する写像を伝達しているかどうかの確認は，資格ある会計監査人による監査意見がその共通の文脈において，どれだけ正確に伝えているかにかかっているからである。

4 「EU現代化指令」のドイツ法への転換

2004年4月21日に「企業決算書の統制に関する法律：会計統制法（BilKoG）」とともに閣議決定され，連邦議会の審議に付された「会計法改革法（BilReG）」は，同年10月29日に可決され，12月20日発布された。

連邦法務大臣Brigitte Zypriesは，法案の提出にあたり，投資家保護の強化と株式市場における企業報告の透明性，信頼性のいっそうの確保のための《10項目プログラム 10-Punkte-Programm》*を転換する，新しい2つの基本構想を議会の討議に委ねたとし，「我々は，金融市場での信用危機後，ドイツの財務上の環境条件を改善したいと望んでおり，その意味で企業報告書の透明性と自己統制は，市場における投資家の信頼を取り戻すために不可欠である。この法律はそのためのものである」と述べている。その背景には，近年，経営の失敗による企業リスクやそれに伴う会計スキャンダルが，株式市場において，企業の清廉性・健全性に対する投資家の信頼を著しく損ねたことなどがある。法案理由書でも，両法案の狙いは，高価値で透明な資本市場指向型の会計基準の形成および基準遵守の保証メカニズムの改善と，それによる資本市場企業の決算書の質的改善，決算書監査の強化にあることを強調している。

＊連邦政府は，03年2月，2002夏に策定した，いわゆる《10項目プログラム》の具体化として，企業の清廉性と投資家保護の強化のための《措置一覧 Maßnahmenkatalog》を提示した。そこでは，取締役会および監査役会役員の人的責任などでの株主訴権の改善，コーポレート・ガバナンス規範の開発，会計規準の不断の発展と国際的会計基準への適合，決算書監査人の役割の強化，独立機関による企業決算書の順法性の監視（エンフォースメント），証券市場改革の継続と監督権の拡大，などが措置されるべき課題とされている。

法案理由書によれば，「会計法改革法」は，前述の「IAS適用命令」（2002年7月）および「現代化指令」（03年6月），「会社規模基準修正指令」（03年5月），

さらに「公正価値指令」(01年9月)の4つのEU指令等を国内法に適合させるためのものであり，基本的には監査人の独立性の確保による決算書監査の強化，中小規模企業の規制緩和，国際会計基準の適用および会計法のEU指令への適合などを目指すものとしている。

ただし今次改正法では，状況報告書の内容，決算書監査人の監査意見（確認の付記）の様式，資本市場指向企業に対する厳しい透明化要請など，会計の比較可能性をヨーロッパ規模で緊急に改善すべく，いくつかの強制規定を商法会計法に適合させるにとどめ，《10項目プログラム》に掲げている，金融資産の計上と評価をはじめとして，全面的に国際的発展に近づけるための，会計と決算書監査に関する最良の法的枠組みの形成余地は，目下策定中の《会計法現代化法 Bilanzrechtsmodernisierungsgesetz》の立法構想に譲ることとしている。とりわけ，「現代化指令」による選択権行使や，商法会計法が指令を越えて国際的発展にどう適合し，また「公正価値指令」による強制的な公正価値評価に対して，どこまで道を開くべきかは，その構想の中で吟味されることになるという。

ここで，前記「現代化指令」からの転換部分を，対応するHGBの改正点で示せば，主には次の2点である。

(1) 状況報告書の記載内容

まず，改正第4号指令・第46条等での状況報告書については，これに対応してHGB第289条および第298条，第315条ならびに第340a条の各条が改正される。

HGB第289条および第315条は，いずれも資本会社と連結企業の状況報告書の記載に関する規定であるが，改正によって，企業活動の経済・社会関連の情報内容と比較可能性の点で，状況報告書のいっそうの改善が図られている。HGB第289条の改正は次のようである。

　　「1項・状況報告書には，実質的諸関係に合致する写像が伝達されるように，営業成果を含む営業過程および資本会社の状態を表示しなければならない。それに

は,的確かつ包括的で,事業活動の範囲や複雑性に適合した営業過程と会社の状態の分析が含まれるべきである。その分析には,事業活動にとって重要な財務的な給付指標が含まれ,かつ年度決算書に表示される金額と記載に関する説明がなされなければならない。さらに状況報告書では,資本会社にとって重要な,法定代表者の目標と戦略が記述され,同じく予想される発展に伴う,重要なチャンスとリスクが判断,説明され,その基礎となる前提が示されなければならない。」

「2項2号a)・リスク・ヘッジ取引の会計処理の枠内で把握される取引についての,あらゆる種類の重要な保証の方法を含む,会社のリスク管理の目標および方法,b)・会社による金融資産の,そのときどきの運用に関連して,また状況または予想される発展の判断にとって重要である限りで,会社がこうむる価格変動・損害・流動性リスクおよびキャッシュ・フロー・リスク。」

「3項(挿入)・(第267条3項にいう)大資本会社の場合,1項3文に相当するものには,それが営業過程または状況の理解にとって重要である限りで,環境や労働関連の情報のような,非財務的な給付指標が当てはまる。」

状況報告書におけるリスク情報の開示については,すでに第289条1項などに規定がおかれているが,同項4文をもって,企業の将来の発展に伴うリスクおよびチャンスに加えて,企業管理者の目標と戦略についても記述すべきこととしている。法案理由書によれば,それは企業経営の将来に関する目標と戦略が,とりわけ経営的観点からの,事業の発展と状態の理解に資する,国際的にも有用な情報とされ,これによって,企業の将来の発展に関する管理者の言明能力を基礎づける,重要な前提が明確にされるとしている。改正指令の規定を超えたこの文言は,状況報告書における意思決定有用情報の質を高め,かつ投資家の"予想・実績比較 Soll-Ist-Vergleiche"を可能にするとみる。金融資産の運用や将来の価格変動,損害,流動性,キャッシュ・フローなどに関わる情報を,リスク管理の目標および方法とともに,状況報告書に記載するものとした2項2号a)もまた,指令の規定を超えた条項として注目される。

新しく挿入された3項では,改正第4号指令・第46条1項1号b)の規定にほぼ対応した内容で,重要な非財務情報として環境と雇用に関する事項の記載を求めている。とくに環境関係の記載は,年度決算書と状況報告書における環境的視点での記載を求めた,01年5月のEU委員会勧告(2001/453/EU)を拠りどころとしたものである。

（２）監査意見（確認の付記）

　決算書監査人の監査意見（確認の付記）に関する，第４号指令・第51a条などでの改正については，これに対応してHGB第322条が改正される。

　すなわち，第322条の改正は，監査意見の表明に関する第４号指令・第51a条での規定をさらに敷衍した内容であるが，とくに〈無限定〉，〈限定〉もしくは〈拒絶〉としての監査意見の表明は，企業の存続を危機に陥れるリスク情報も含めて，「決算書に対して法定代表者が負うべき責任の状況を顧慮して，分かりやすくかつ問題提起的になされなければならない」（２項）としている。すなわち，無限定の場合は，年度決算書または連結決算書が，法規定およびGoB，その他準拠すべき会計原則にもとづいて，企業の財産・財務および収益状態の実質的諸関係に合致する写像を伝達していることが「説明されなければならず」（３項），また，限定または拒絶の場合は，決算書による財産・財務および収益状態の実質的諸関係の伝達が限定されていること，あるいは監査人が，事実関係を明確にするためのあらゆる可能な方法をつくしても，監査判断をくだす状態にないことなどを「根拠づけなければならない」（４，５項），とされている。ここでは，決算書作成における法規定およびGoBへの準拠性と，実質的諸関係の写像伝達の有無が監査判断の基本点であることが明示されている。

おわりに

　ちなみに，「会計法改革法」とともに連邦議会において可決された「会計統制法」は，コーポレート・ガバナンスの強化とともに，企業決算書の法令遵守をチェックする，いわゆる"エンフォースメント・メカニズム（順法性監視体制）"の確立に狙いがある。この点で，連邦法務大臣は「会計統制法によって，投資家保護と企業の清廉性が持続的に強化されるはずである。企業決算書の順法性のチェックは，国内外の投資家の信頼を高めることになる」と述べ，会計上の誤りの迅速な解明と，不適切な会計処理を予防的に阻むための会計統制の法的基礎が与えられたとしている。

2003年6月の「現代化指令」をはじめ，一連のEU指令のドイツ法への今次転換は部分的なレベルにとどまるが，2005年以降のIAS適用の義務化を視野に，連邦政府はいま，その本格的な国内化・会計の機能領域のいっそうの拡大を構想する「会計法現代化法」の策定を急いでいる。

ともあれ，ドイツは当面，課税所得をはじめ，配分利益算定機能を担う個別決算書レジームを保持しつつも，会計のグローバル化という巨大な潮流の中で，免責条項（HGB 第292a条）失効後の「2005年問題」と連動して，資本市場指向・情報機能拡充型の会計規準形成へのアンビバレントな対応を迫られている。商法会計法のパラダイム転換がなるか，ドイツの葛藤と選択が注目される所以である。

〔引用・参考文献〕
(1) Richtlinie 2001/65/EG des Europäischen Parlaments und des Rates vom 27. Sept. 2001 zur Änderung der Richtlinie 78/660/EWG, 83/349/EWG und 86/635/EWG des Rates im Hinblick auf die im Jahresabschluss bzw. im konsolidierten Abschluss von Gesellschaften bestimmter Rechtsformen und Banken und anderen Finanzinstituten zulässigen Wertansätze, (27. 10. 2001, *Amtsblatt der Europäischen Union*).
(2) Verordnung (EG) Nr. 1606/2002 des Europäischen Parlaments und des Rates vom 19. Juli 2002 betreffend die Anwendung internationaler Rechnungslegungsstandards, (11. 09. 2002, *Amtsblatt der Europäischen Union*).
(3) Richtlinie 2003/51/EG des Europäischen Parlaments und des Rates vom 18. Juni 2003 zur Änderung der Richtlinie 78/660/EWG, 83/349/EWG, 86/635/EWG und 91/674/EWG über den Jahresabschluss und konsolidierten Abschluss von Gesellschaften bestimmter Rechtsformen, von Banken und Finanzinstituten sowie von Versicherungsunternehmen (17. 07. 2003, *Amtsblatt der Europäischen Union*).
(4) Entwurf Gesetz zur Einführung internationaler Rechnungslegungsstandards und zur Sicherung der Qualität der Abschlussprüfung 〈Bilanzrechtsreformgesetz–BilReG〉, (21. 04. 2004, Bundeskabinett).
(5) BMJ–Pressemitteilungen, Massnahmenkatalog der Bundesregierung zur Stärkung der Unternehmensintegrität und des Anlegerschutzes, (Berlin, am

25. Febr. 2003).
（6） 佐藤誠二『会計国際化と資本市場統合』森山書店，2001年，同「EUにおける会計国際化の新たな展開—「IAS適用命令」と「EU指令の現代化構想」に関連して—」『會計』第163巻第1号，2003年1月。
（7） 倉田幸路「会計基準の国際的調和化の動向とEUの会計戦略」『立教経済学研究』第54巻第4号，2001年3月。
（8） 稲見亨『ドイツ会計国際化論』森山書店，2004年，同「国際会計基準（IAS）への2005年対応に向けたドイツの会計制度改革—2003年12月15日付の「会計法改革法」法務省案の検討—」『西南学院大学商学論集』第51巻1号，2004年7月。

（佐藤　博明）

第15章 ドイツ会計基準 (DRS) における
会計認識領域拡大
　　　　―ドイツ版「概念フレームワーク」を中心に―

　　　　　　　　　　　は　じ　め　に

　ドイツにおける会計上の認識（計上能力）と測定（評価）を規定する会計基準は，目下のところ，商法典第三編「商業帳簿」における法規範とドイツ会計基準委員会（DRSC）の策定するドイツ会計基準（DRS）の2通りである。成文法主義を採るドイツの場合，直接的法効力を発揮するのが前者の商法典（以下，HGB）における法規範である。後者のDRSは，プライベート・セクターとしてのDRSC内の基準設定審議会（DSR）が策定する会計基準であるが，それ自体には直接的法効力は持たされていない。連邦法務省がDRSを承認し，それを公示するという授権行為がなされてはじめて，法効力を発揮する。しかも，DRSは，DRSC設置の根拠法規であるHGB第342条が指示するように，連結決算書の作成および開示のための会計基準に限定されている。
　しかし，2005年を達成目的としたEU金融証券市場の統合かつ上場企業の連結決算書に対するIAS適用義務化[1]を背景に，この数年の間，企業会計法の改革が急速に進展するなかで，DRSはドイツの会計実践に対して格段に意義を増してきている。しかも，DRSの性格は，IAS/IFRSとの同質性を前提にアングロサクソン流の会計基準としての色彩を強く帯びている。すなわち，ドイツを含む大陸法的アプローチが採る法的形式重視ではなく，意思決定有用性アプローチないし経済的実質論理に基づいた会計の認識および測定の会計基準としてDRSは開発され，展開されてきている。また，DRSCは，ピースミールに開発

する個別会計基準のDRSに加えて，IAS/IFRSの概念フレームワークに準じた「正規の会計の諸原則(枠組概念)」(GoR)草案[(2)](2002年10月)というドイツ版「概念フレームワーク」案を公表して，DRSの一層の論理補強も行ってきている。

そこで，本章においては，このドイツ版「概念フレームワーク」を中心に取り上げながら，DRSにおける会計上の認識(および測定)の問題がどのように取り扱われているのか，また商法会計制度との関係のなかで，今後どのような方向に展開しようとしているのかという点について，若干の整理を試みてみたい。

1　IAS/US-GAAPの開放とDRS

DSRは，現時点(2004年9月)において，総計21のDRS(図表15-1を参照)と29のDRS草案を公表している。

すでに述べたように，DRSは連結決算書の作成および開示のための会計基準であり，その前提は，国際的に認められた会計原則(international anerkannte Grundsätze)との同質性を担保することにある。その場合の国際的に認められた会計原則として，具体的にはIASないしUS-GAAPが想定されている。DRSを策定するDRSCは，1998年に成立した「資本調達容易化法(KapAEG)」[(3)]および「企業領域統制・透明化法(KonTraG)」[(4)]にその創設と活動の根拠を大きく依存している。

「資本調達容易化法」は，HGB第292a条を新設し，国際的資本市場を利用するコンツェルン親企業に対して，HGB法規範の遵守に対する免責条項を規定した。この免責条項は，国際的に認められた会計原則としてIAS/US-GAAPを想定し，それがEU指令の会計基準と等価値である場合には，IAS/US-GAAPに基づく連結決算書の作成と開示を許容するとする，IAS/US-GAAPに対する開放条項(Öffnungsklausel)である。

しかし，この開放条項は2004年12月31日には失効する時限立法であり，2005年以降，開放条項に代わる国内会計基準の整備が不可欠の条件となっている。また，時限立法のもとで，IAS/US-GAAPを適用するコンツェルン親企業の連結決算書に対する合法性を保証する上で，IAS/US-GAAP＝EU会計基準＝

図表15-1　DRSの一覧

文書番号	題　目	公示日
DRS第1号	HGB第292a条による免責決算書	2000. 07. 22
DRS第1a号	HGB第292a条による免責決算書 ―US-GAAPによる免責決算書：暖簾およびその他の無形固定資産―	2002. 04. 06
DRS第2号	キャッシュ・フロー計算書	2004. 07. 02
DRS第2-10号	信用機関のキャッシュ・フロー計算書	2004. 07. 02
DRS第2-20号	保険企業のキャッシュ・フロー計算書	2004. 07. 02
DRS第3号	セグメント報告	2004. 07. 02
DRS第3-10号	信用機関のセグメント報告	2004. 07. 02
DRS第3-20号	保険企業のセグメント報告	2004. 07. 02
DRS第4号	連結決算書における企業結合	2004. 07. 02
DRS第5号	リスク報告	2004. 07. 02
DRS第5-10号	信用機関および金融サービス機関のリスク報告	2004. 07. 02
DRS第5-20号	保険企業のリスク報告	2004. 07. 02
DRS第6号	中間報告書	2004. 07. 02
DRS第7号	連結自己資本および連結総利益	2004. 07. 02
DRS第8号	連結決算書における関連企業に対する投資の会計	2004. 07. 02
DRS第9号	連結決算書における共同企業に対する投資の会計	2004. 07. 02
DRS第10号	連結決算書における潜在的租税	2004. 07. 02
DRS第11号	関与者との関係についての報告	2004. 07. 02
DRS第12号	固定資産の無形財産価値	2004. 07. 02
DRS第13号	継続性の原則および誤謬の報告	2004. 07. 02
DRS第14号	外貨換算	2004. 06. 04

ドイツ会計基準の図式を担保する必要がある。IAS/US-GAAPとの同質性をEU会計基準の改正作業と同調して成立するための，ドイツ商法会計規範を補完し，補強するあらたな資本市場指向型の会計基準DRSの策定も求められることになる[5]。図表15-1に列挙した各種の連結決算書に係るDRSはそうした会計基準の国際化の流れのなかで開発・展開されてきていると捉えることができよう。

また，「企業領域統制・透明化法」によって新設されたHGB第342条はプライベート・セクターの基準設定主体としての会計基準委員会の設置を可能とし，この第342条に基づき創設されたのがDRSCである。HGB第342条が指示す

るように，DRSCの任務は，①連結会計に関する諸原則の適用についての勧告の開発，②会計規定に立法措置を講ずる場合の連邦法務省への助言，③国際的な会計基準設定委員会におけるドイツの代表にある。つまり，DRSCは，一方で，ドイツの利害を代表し，IASCの会計基準設定活動に参画し影響を与えると同時に，他方において，IASと同質化を目指すEU会計指令改正作業に連動して，国内会計基準DRSの立法化（商法規範化）に対して連邦法務省への立法助言機能を果たすものとして，積極的な位置づけが与えられている。また，「企業領域統制・透明化法」を通じて導入された，HGB第297条1項に基づくキャッシュ・フロー計算書およびセグメント報告，HGB第289条1項に基づくリスク情報の開示に関する具体的会計基準（DRS）の開発もDRSCに与えられた課題であった[6]。

　したがって，DRSCが策定するDRSは自ずとIASないしUS-GAAPを開放し，それらとの同質化ないし近似化を前提とする。これは，域内金融証券市場の統合を目指してEUが公表した，IASをもって域内の国際的に認められた会計原則とみなして，IASの策定に影響を及ぼしながら域内諸国の会計基準の収斂化を図るというEUにおける会計国際化戦略と同一路線上にあるものであり，資本市場指向化あるいは意思決定有用性アプローチにたつDRSの基本的性格は，所定のものとなっている点は疑いない。

2　概念フレームワークとDRS

　2002年10月，DRSC内の会計基準設定の担い手であるDSRは，「正規の会計の諸原則（概念枠組）」（Grundsätze ordnungsmäßiger Rechnungslegung (Rahmenkonzept)）という公開草案（以下，「概念フレームワーク」と略称）を公表した[7]。この公開草案の目的は，①会計基準設定審議会（DSR）の専門的活動に対する基盤を形成すること，②すべてのドイツ会計基準（DRS）を拘束する規制を含むこと，③計上，評価，分類に関する，および規制の対象になっていない事実関係に関する報告についての説明に関する演繹基礎を提供すること，④DRSの適用者および決算書の受け手に対する理解と解釈に役立つことに

ある。したがって,「概念フレームワーク」は,既存のDRSだけでなく,今後,開発されるDRSを含んだ全体を網羅したDRSの処理基準の基本的枠組みを形成する。なお,「概念フレームワーク」に示される正規の会計の諸原則は,連結決算書と連結状況報告書にとどまらず,個別決算書と状況報告書,さらには中間決算書についても適用領域とし,資本市場を利用するか否かに関わりなく,すべての法形態の企業にまで範囲が及ぶものとされている。これは,商法第342条が規定するDRSCの活動領域(資本市場指向的会社の連結会計)を越えて,DRSの適用対象の拡大を想定したものと位置づけられるだろう。

(1) 会計目的としての情報目的の明示化

さて,「概念フレームワーク」の特徴として,まず挙げられるのは,会計の目標と一般規範において,利益測定と並んで情報目的が明示化され,そこにおいて従来の法形式重視の立場を開放し,経済的実質の論理にたった会計事象への取り扱い(経済的観察法)が指示された点である。

すなわち,「会計の目標は,文書作成,情報および利益処分の計算上および現実の基礎としての利益決定にある。情報機能に関しては,過去の業績に関する報告という意味での会計の報告責任機能と意思決定基礎の準備という意味での会計の予測機能に区分される。会計報告責任も結局は,意思決定支援に用いられる」(第9項),「事象は,決算書および状況報告書において,基礎にある法形式を優先的に考慮するのではなく,その事象の経済的実質に応じて考慮されるべきである(経済的観察法)」(第15項)に代表してみられる規制である。もとより,この「概念フレームワーク」は,投資家の意思決定基礎を重視する諸会計概念を構築するアングロサクソン流の概念フレームワークとの同質性を図ることを目的として提示されたとはいえ,成文法主義にたつ法律と定款に規定される分配可能利益の測定も依然として包括されているのが特徴である。分配可能利益の測定機能と情報機能との相互依存・相互補完関係にたって,「概念フレームワーク」における各種原則の体系化が行われている。いま,それらを一覧表示すれば図表15-2のようになる。図表15-2にみられるように,これ

図表15-2 「概念フレームワーク」における基本原則の体系

【情報原則】	【利益算定原則】
情報原則（利用者指向） 意思決定関連性（重要性） 決算書，状況報告書の適時作成 完全性 信頼性 中立的報告 慎重性 明瞭性 一義性 理解可能性 相殺禁止 比較可能性	企業活動の継続性 個別評価 決算日原則 期間化 実現 損失見越原則

⇔ 相互依存

　までドイツ商法会計規範において，利益算定原則として機軸をなしていた，完全性，慎重性，明瞭性，相殺禁止の諸原則は，「概念フレームワーク」にあっては，情報原則として情報利用者の意思決定有用性の観点から位置づけられているのが特徴である。

（2） 資産，負債，収益，費用概念の拡大

　「概念フレームワーク」において，情報原則として位置づけられた完全性の原則はつぎのように定義されている。

　「貸借対照表においては，すべての財産価値および負債が，損益計算書においては，計上基準を満たすすべての収益および費用が記載されていなければならない。完全性の原則は，キャッシュ・フロー計算書，セグメント報告および自己資本増減表の作成の際にも遵守されねばならない」（第23項）。

　この場合，「概念フレームワーク」が指示する資産，負債，費用，収益とは何かである。それらの概念ついては，図表15-3のように示すことができる。

　これらの概念規定の特徴は，経済的便益を中心に各種の定義がなされていることにある。すなわち，資産および負債を将来の経済的便益の流入および流出と捉え，費用および収益については経済的便益の減少および増加とする，いわ

第15章　ドイツ会計基準（DRS）における会計認識領域拡大　233

図表15-3　「概念フレームワーク」における諸概念

資産 （第66項）	過去の事象に基づいて企業の支配権のもとにある資源。企業への財産投入の結果もしくは外部の利用可能性に基づいて，将来の経済的便益の流入が期待され，この将来の経済的便益が支払手段もしくは支払手段等価物の維持もしくは増加に対して直接的もしくは間接的に貢献する。なお，資産の存在にとって法的所有権は拘束的なものでなく，決定的なのは，資産に内在する経済的便益に対する支配権である。
負債 （第70項）	過去の事象に基づく企業の第三者に対する現在の義務。義務の履行により，資源の流出が期待される。なお，負債の存在にとって，基礎となる義務が法的なものか否かは重要でない。
自己資本 （第73項）	所有者の請求と結びつく。
費用 （第78項）	報告期間内の経済的便益の減少。経済的便益の減少は，支払手段もしくは支払手段等価物の直接的な流出，負債の増加もしくは資産の減少の形態をとる。
収益 （第75項）	報告期間内の経済的便益の増加。経済的便益の増加は，支払手段もしくは支払手段等価物の直接的流入，資産価値の増加もしくは負債の減少の形態をとる。

ゆる資産負債アプローチが採用されている。この資産負債アプローチを採ることによって，法形式重視の概念規定からの離脱が図られ，将来キャッシュ・フロー（「概念フレームワーク」においては，支払手段および支払手段同等物の流入・流出）と結びついたアングロサクソン流の概念との同質化が図られている点は，第2の特徴として挙げられよう。

（3）　計上基準における蓋然性の導入

「概念フレームワーク」の特徴として第3に挙げられるのは，決算書における計上，把握，説明の基本原理として，アングロサクソン流の蓋然性（Wahrscheinlichkeit）概念が導入された点である。そこでは，経済的便益の流入および流出に対して50％を超える確率のもとで発生するならば蓋然的であるとする。これまで，ドイツでは引当金の計上要件等について50％以下でも計上能力を認める解釈論は存在していたが，商法規範上は発生の確率についての要件は明確でなかった。この点について，「概念フレームワーク」は，IASBと

FASBの概念フレームワークにおいては，将来便益の流入および流出がProbableであるとき，それに関連する項目の計上あるいは記録が義務づけられているのに対して，ここでは，50％以上としており，これはIAS 37号の引当金の計上において，Probableは，more likely than not（発生しない確率より発生する確率が高い）としていることと比較して，計上基準はIASの内容と一致しているという。

　この蓋然性の定義を前提にすれば，収益は，経済的便益の流入が蓋然的であり，信頼性をもって測定されるとき，また，費用は，経済的便益の流出が蓋然的であり信頼性をもって測定されるときには，それぞれ損益計算書において計上命令が付与される。したがって，後述するように，「概念フレームワーク」では，現行商法が認める計上選択権を排除する。しかし他方で，基礎原理としての蓋然性は，信頼性の原則を付加することにより，不確実な事象にとっての将来予測要素の参入を一層，合理的なものとする。「概念フレームワーク」が，「不確実な事象の表示は信頼性を損なわない。そのことは，不確実な事象を評価するという問題については，期待価値の見積によって担保される。同様に，不確実な事象は，たとえば，情報に対する根拠と仮定が示され，納得のいく説明がなされれば，信頼性をもって報告されうる」（第24項）と述べるところである。

（4）　実現可能性の導入

　さて，上述の蓋然性の導入は必然的に実現可能性の導入も意味することになる。「概念フレームワーク」は，実現原則について，「将来の経済的便益の増加が蓋然的であり，信頼性をもって測定されるときには，利益が計上されなければならない。利益は，決算日に実現しているか，実現可能でなければならない」（第40項）と規定する。また，損失見越原則については，「将来の経済的便益の減少が蓋然的であり，信頼性をもって測定されるときには，損失は計上されなければならない。損失の実現は問題でない」（第42項）と規定する。したがって，この実現原則と損失見越原則に基づけば，発生の蓋然性と測定の信頼性を満たせば未実現損益は計上可能となる。また，「概念フレームワーク」に

よれば，実現原則と損失見越原則は，収支をどのように期間区分する（期間区分原則）のかを規定するものだという。

現行商法第252条第1項4号による期間区分原則は決算日時点での実現を前提に未実現利益を排除している。また，同じ商法第252条第1項4号は，決算日までに発生した予見することができるリスクおよび損失は，それが決算日と年度決算書作成日の間に初めて知り得たとしても，すべて計上しなければならないと規定する。この規定は予見可能を規定するのみであり，蓋然性概念を導入すべきとしている。

（5）　公正価値（Fair Value）による評価

「概念フレームワーク」の特徴として第5に挙げられるのは，IFRS/US-GAAPと同様に，「公正価値（Fair Value）」を一部導入した混合評価アプローチが採用されている点にある。資産の評価基準として，取得原価または製造原価もしくは「付すべき時価（beizulegend Zeitwert）」が，また，負債の評価基準としては償還金額もしくは「付すべき時価」が用いられる。ここでいう「付すべき時価」とはIAS 32号でいう公正価値を意味する。情報原則としての意思決定関連性の原則に従えば，原価指向モデルは適合しなく，特定の資産，とくに金融資産について，公正価値評価は歴史的原価と比較して正確な企業状況の写像を伝達することになる。他方，信頼性の原則の観点からは，純粋な時価モデルは適していない。また，特定の資産，とくに有形固定資産に関しては，市場価格は意思決定関連的でない。したがって，「概念フレームワーク」は，「資産もしくは負債のどの範疇を（継続記録する）取得原価あるいは製造原価もしくは償還金額で評価すべきであるのか，どの範疇を付すべき時価で評価すべきであるのかに関する決定は，意思決定関連性の原則および信頼性の原則を慎重に考慮すべきであり，法とDRSに委ねられている」（第88項）としている。

（6）　慎重原則からの離脱

「概念フレームワーク」について特徴として第6に挙げられるのは，これま

でドイツ会計規範の特徴を示していた債権者保護思考に根ざした保守主義の原則である慎重原則が利益算定原則ではなくして，情報原則として掲げられた点である。

「概念フレームワーク」は，慎重原則に関してつぎのように規定している。

「慎重原則は評価原則でなく，不確実な期待と関連する見積規準である。財産，負債，収益，費用は，それ故，過大評価されても過小評価されてもならない。財産および収益の恣意的な過小評価もしくは負債および費用の過大評価による秘密積立金の形成は，慎重原則と両立しない」(第26項)。ここでは，評価原則の遵守は企業および企業集団の状態への適切な描写を確保するもので，その意味で，慎重原則は支配的な利益算定原則として必要でなく，信頼性原則と結びついて，適切な描写を可能にする情報原則として位置づけられている。

（7） 計上選択権の排除

「概念ステートメント」が掲げる決算書は，①貸借対照表，②損益計算書，③キャッシュ・フロー計算書，④セグメント報告，⑤資本増減計算表，⑥附属説明書から構成される。これらの決算書において，「概念フレームワーク」の指示する計上条件を満たすすべての事象が何らかの形で認識され，表示されなければならない。これによって，現行商法が規定する資産および負債に関する計上選択権は排除される。決算書において計上要件を満たすものはすべて計上義務（計上命令）であり，満たさないものは計上禁止となる。

「概念フレームワーク」の示す計上要件に合致する事象のうち，商法上の選択権が付与されているものにはつぎのものがある。これらについては計上命令に変更することが要請される。

・社債割引発行差金（HGB第250条3項）
・承継暖簾（HGB第255条4項）
・繰延税金資産（HGB第274条2項）
・1987年1月1日以前に法的請求権を取得した直接的年金債務引当金（商法典施行法第28条1項1文）

第15章　ドイツ会計基準（DRS）における会計認識領域拡大　　237

　また，「概念フレームワーク」の示す計上要件に合致しない事象で，商法上の計上選択権が付与されているものには，つぎのものがある。これらについては計上禁止に変更することが要請される。
- ・翌営業年度3ヶ月以内に埋め合わされる修繕引当金（HGB第249条第1項3文）
- ・費用性引当金（HGB第249条2項）
- ・営業経営の開業費および拡張費（HGB第269条）
- ・準備金的性格を伴う特別項目（HGB第273条）

　こうした商法における計上選択権の排除は，会計操作を制約し，会計目標である報告責任を達成するための前提要件であるとされ，情報機能を重視した位置づけになっている。

　さて，ここで取り上げたもの以外にも，計画外減価記入として減損評価が導入されるなど，論ずるべき内容はあると思われるが，上記7点にわたって，「概念フレームワーク」の主要な特徴点について紹介した。つぎに改めて，「概念フレームワーク」の特徴をとりまとめるならば，「概念フレームワーク」は，既存の商法会計上の利益算定原則（正規の簿記の諸原則（GoB））との連携を意識しつつ，意思決定有用性の観点にたって，会計の情報機能を優先させながら，資産負債アプローチ，公正価値の一部導入，実現概念の拡大，慎重原則からの離脱など，アングロサクソン流の概念フレームワーク，とくに，IASの概念フレームワークとの同質化を積極的に図っている点にみられる。そこでは，債権者保護の論理にたって資本維持ならびに分配可能利益の算定を重視する既存の商法会計規範（GoB）と大きく隔たった概念規定が意識的に構築されている。これらは，「概念フレームワーク」が枠づけようとする資本市場を指向する個別会計基準DRSそのものの性格にたどることができるが，EU企業に対するIAS適用期限にあわせて，会計概念の基本枠組みを策定する必要性にも大きく影響されていると思われる。とくに資産負債アプローチを採用することによって，見積と予測に基づく将来キャッシュ・フローと結びつく，将来の経済的便益の流入・流出およびその増減によって，資産・負債・費用・収益概念を構

築し，決算書に計上される会計事象の認識領域を拡大している点に主要な特徴があるといえよう。

3　認識領域拡大と会計法改革

「概念フレームワーク」は，現行法および現存の会計基準を解釈し発展させるためのガイドラインであり，将来の発展の目的にとっては，現行法に依存せずに公式化を行い，個別規定についても現行法および現存の会計基準と一致しない部分が含まれているという。また，「概念フレームワーク」は特定の事象について規定するDRSではなく，会計の枠組条件を規定するものだとされている。つまり，「概念フレームワーク」は今後，DSRの活動を方向付ける前提となるものであり，将来を含めたDRSすべてを拘束するために作成された，文字通りの枠組概念（Rahmenkonzept）でもある。目下のところ草案段階とはいえ，「概念フレームワーク」で示された各種の定義と規定は，ドイツにおける会計基準設定の将来に及ぼす影響は少なくないと考えられる。

しかし，ここで注目すべきことは，DRSにしても，「概念フレームワーク」にしても，過去や現在の商法会計規範のなかから論理的に派生した会計基準や概念ではないという点である。それらはIAS/US-GAAPをいわば借用・転用して展開された会計基準や概念である。大陸法型の成文法主義を採り，しかも伝統的に債権者保護と資本維持に立脚して商法会計規範を中心に成立するドイツの会計制度において，投資意思決定目的を重視し，英米法的ないし会計プロフェッションに基準設定を委ねるアングロサクソン型の会計基準をそのまま商法のなかに取り込むことは，社会的合意の上から馴染むものでない。そこには，EUにおける金融証券市場の統合とEU企業の資本市場における競争基盤の強化というグローバリゼーションの政策目標とひろく国際的なデファクト・スタンダードとしてのIAS（IFRS）の適用という開放政策を通じて，借用・転用が合理づけられた会計基準と概念であると考えることが妥当だろう。

しかも，すでに述べたように，成文法主義の国ドイツの場合，DRSあるいは「概念フレームワーク」は直接的な法効力を発揮するものでない。DRSは連邦

法務省がそれを承認し，公示するという授権行為がなされて，法効力を発揮する。また，「概念フレームワーク」もDRSが法効力を持ち得てはじめて，論理的規制力を持つ。商法会計規範の免責条項を示した商法第292a条やDRSCの創設を根拠づけた商法第342条は，法の権威によってアングロサクソン流の会計基準と概念を組み入れることを合理づけ・合法化するための法施設ということができよう。

この関係について，俯瞰しようとしたのが図表15-4である。図表15-4において網掛けの矢印は，開放政策によってIASが直接・間接的に商法に適用される経路を示しており，①は商法第292a条の商法免責条項により直接IASが適用されるケース，②はIASがDRSに反映され，正規の連結会計の諸原則（GoK）[8]になり一般条項として，間接的に適用されるケース，③はIASを反映したDRSが連邦法務省の授権を受け商法規定に導入される場合を想定している。そして目下，ドイツにおいて急務とされているのが，①の免責条項の失効期限の2005年のあと，会計2005年問題への対応として，③をベースに遂行される商法会計規範の改正作業である。

現在，2005年のIAS適用期限を目前に，連邦法務省，連邦財務省が共同発表した「企業健全化および投資家保護の強化のための連邦政府の措置一覧（10項目プログラム）」[9]（2003年3月25日）の政治スケジュールに沿って，ドイツ商法の抜本的改正を企図した「企業会計法改革法（BilReG）」案[10]が連邦政府から公表されている。この「企業会計法改革法」案は，EU理事会が公布した「IAS適用命令」，「EU指令の現代化指令」，「会社規模基準指令」，「公正価値指令」の4つの命令および指令をドイツ商法に転換し，商法のパラダイム転換を図るものと捉えられている。また，「企業会計法改革法」案は，配当，税目的の個別決算書は維持するものの，資本市場指向会社に対するIAS適用の道を連結決算書だけでなく，情報目的の個別決算書にまで開いているのが特徴である[11]。

たしかに，DRSおよび「概念フレームワーク」は，DRSC（DRS）の法的権限やそこから導出される会計情報の客観性・信頼性あるいは商法会計規範（および商法確定決算主義）との整合性の観点から多方面から批判が提起されてい

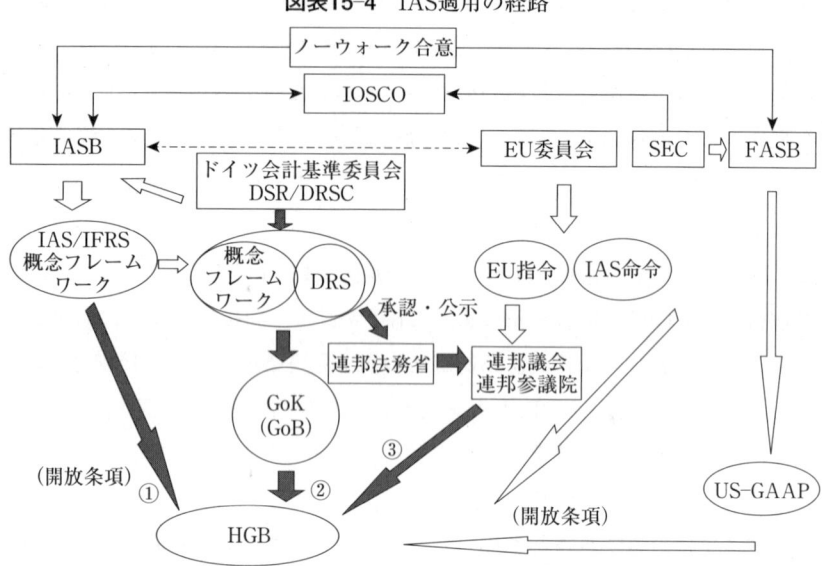

図表15-4　IAS適用の経路

```
                    ノーウォーク合意
           ┌────────────────────────────────┐
           │        IOSCO                   │
  IASB ←─── ドイツ会計基準委員会 ──→ EU委員会  SEC ⇨ FASB
           │     DSR/DRSC
  ↓                                ↓
 IAS/IFRS    概念                EU指令  IAS命令
 概念フレーム ⇒ フレーム DRS
  ワーク       ワーク      承認・公示
                ↓         連邦法務省 → 連邦議会
                GoK                   連邦参議院
               (GoB)
  (開放条項)         ③
          ①    ②                          US-GAAP
              HGB              (開放条項)
```

る[12]。しかし，1998年以降にみられる商法改正作業の内容は，EUの開放政策に支えられて，着実に，アングロサクソン型の意思決定有用性アプローチに基づく会計事象の認識拡大を受け入れる方向にあると考えられる。

(注)

(1) *Anwendung internationaler Rechnungslegungsstandards Verordnung (EG) 1606/2002 des Europäischen Parlaments und des Rates vom 19. 7. 2002.*

(2) *Entwurf Grundsätze ordnungsmäßiger Rechnungslegung (Rahmenkon-zept),* Deutscher Standardisierungsrat (DSR), Stand 16. 10. 2002.

(3) *Gesetzesbeschluß des Deutschen Bundestages, Gesetz zur Verbesserung der Wettbewerbsfähigkeit deutscher Konzerne an Kapitalmärkten und Erleichterung der Aufnahme von Gesellschafterdalehen (Kapitalaufnahmeerlei-cherungsgesetz-KapAEG, Deutscher Bundesrat;* Drucksache 137/98, vom 13. 02. 1998.

(4) Gesetzesbeschluß des Deutschen Bundestages, *Gesetzes zur Kontrolle und Transparenz im Unternehmensbereich (KonTraG),* Deutscher Bundesrat; Drucksache 203/98, vom 06. 03. 1998.

(5) 佐藤誠二著『会計国際化と資本市場統合』森山書店，2001年，138-145頁参

照。
（6） 同上書，145-151頁参照。
（7） この公開草案は，125項からなる諸規定ならびに附属資料としてのA．理由書（35項目），B．法およびDRSとの比較，C．IFRSおよびUS-GAAPとの比較によって構成されている。以下，「概念フレームワーク」を参照・紹介するにあたって，規定の項番号のみ示し，附属資料の個別の所在については省略する。
（8） ここでいう正規の連結会計の諸原則（GoK）とは，J. Baetge等に依拠して，HGB第297条2項2文の連結会計に対する一般規範・一般条項を指す。HGB第297条2項2文の規定はつぎのようである。「連結決算書は，正規の簿記の諸原則（GoB）に準拠して，連結集団の財産状態，財務状態および収益状態の実質的諸関係に合致した写像を伝達しなければならない」。J. Baetge等はGoB，正規の連結処理の諸原則（GoKons）および連結決算書の目的を満たす補完的諸原則を併せて，それをGoKと呼んでいる。この点については，J. Baetge/H-J. Kirsch/S. Thiele; Konzernbilanzen, 5. Aufl., 2000, 佐藤博明監訳『ドイツ連結会計論』森山書店，2002年の第1章第3節を参照。
（9） Bundesministerium der Justiz, Bundesministerium der Finanzen Mitteilung für die Presse; Bundesregierung stärkt Anlegerschutz und Unternehmensintegrität, Maßnahmenkatalog der Bundesregierung zur Stärkung der Unternehmensintegrität und des Anlegerschutzes, am 25. 02. 2003.
（10） *Entwurf Gesetz zur Einführung internationaler Rechnungslegungs-standards und zur Sicherung der Qualität der Abschlussprüfung（Bilanzrechtsreformgesetz-BilReG）vom 15. 12. 2003.*
（11） 「企業会計法改革法」案においては，商法に第315a条を新設して，資本市場指向的企業だけでなく，資本市場を指向しない（上場や有価証券の取引認可しない）企業にまで，連結決算書のIAS適用を許容し，さらに，第325条のなかに第2a項，第2b項を新設して，情報目的に限定して，個別決算書に対するIAS適用を許容する規定を導入することを提案している。
（12） ドイツにおける「概念フレームワーク」への批判，問題点について紹介したものとして，つぎを参照。森川八洲男「ドイツ版概念フレームワークの構想」『企業会計』55巻10号，2003年10月号，4-13頁。木下勝一「ドイツの概念フレームワーク公開草案の論点」『會計』第166巻第6号，2004年6月，830-845頁。

（佐藤　誠二）

第16章　ドイツ商法における公正価値会計指令の転換

はじめに

　EUにおける経済成長の促進と雇用を創出するための「金融サービスに関する行動計画」は，カーディフにおけるEU議会（1998年6月）の要求にもとづいて，EU委員会により統合金融資本市場設立計画として1999年に起草され，5ヵ年の完成期間を経て2004年末に終了する。「金融サービスに関する行動計画」は，EU域内における経済成長と雇用創出のための金融資本市場の改革に関する大綱原則である。かかる大綱原則は，これを達成するための中核的な戦略としてEUの会計戦略をふくむ。

　EU会計領域における行動計画の大綱は，「EUの会計戦略：将来措置」（2000年6月13日）として具体化され，2002年7月に連結決算書に限りEU会計指令と国際会計基準（IAS）との統合を実現している。

　EUの会計戦略は，5ヵ年にわたる「金融サービスに関する行動計画」の終了と同時に2004年末にひとまずその役割を終えるが，国際会計基準（IAS）ならびにアメリカの財務会計基準審議会（FASB）との協調化からEU会計指令と国際会計基準（IAS）／国際財務報告基準（IFRS）との統合化の黎明期に入ったといえる。EUとEU委員会は，IAS適用命令（2002年7月19日）にしたがって域内資本市場において連結決算書を作成する上場企業に対して2005年1月からIAS適用を義務づけている。これと同時に，EU委員会は，IAS適用命令を全企業に適用しない加盟国に対して，IASの適用を促進するために第4号指令（個

別決算書指令）および第7号指令（連結決算書指令）について，いわゆる現代化指令を成立（2003年6月）させている。

このEU会計指令の現代化に先駆けて成立したEU指令が公正価値会計指令（2001年5月31日成立，2001年11月27日公布）である。EUが公正価値会計指令を制定した背景は，33の証券市場に分散している現在のEU域内証券市場をまとめて統合金融資本市場（統廃合または相互承認と相互乗入れによる）を設立することにより，伝統的金融商品とともにデリバティブの利用の促進，年金ファンドによる投資拡大，IASとEU会計指令との統合およびEU産業界からの制度化の要請にしたがったものである。EU会計指令は，債権者保護と取得原価主義のなかで形成された背景をもつ。したがって，金融資産に限定されるとはいえ，EUの公正価値会計の導入は会計史上画期的な転換である。

本章の目的は，EU会計指令をIASに統合する会計戦略の一環として，ドイツ基準設定審議会により起草された「ドイツ商法における公正価値会計指令の転換草案」[1]を個別決算書に限定して紹介し，その意義について明らかにすることである。

1 ドイツ商法個別決算書における公正価値会計指令の転換

ドイツ基準設定審議会は，「ドイツ商法における公正価値会計指令の転換草案」の前書きで次のように述べている。

2001年10月27日にEU会計指令が公示されたことにより，第4号指令および第7号指令は，いわゆる金融商品の公正価値評価のために改正される。このため，公正価値会計指令は，2003年末までにドイツ国内法に転換しなければならない。ドイツ基準設定審議会は，会計規定に関連する立法を計画する際に，連邦法務省に諮問する役割を有する。したがって，ドイツ基準設定審議会は，いかにドイツ商法をEU会計指令に適合すべきかについて草案を作成した。この場合，EU会計指令に規定された加盟国の選択権行使が問題になる，と。

以下，ドイツ基準設定審議会によるドイツ商法の個別決算書における公正価値会計指令の転換草案について紹介する。ドイツ基準設定審議会は，最初に，

ドイツ商法へ導入するEUの改正会計指令の意義と特徴を整理して，(1) 改正会計指令の内容，(2) 加盟国の選択権（個別決算書）に区別して次のように述べている。

（1） 改正会計指令の内容

改正会計指令には，金融商品評価に関する規定が含まれる。改正会計指令には，IAS 39号「認識と測定」とは対照的に，金融商品の定義，金融商品の種類，「公正価値」，ヘッジ取引および金融商品の認識と認識中止ならびにヘッジ取引の処理に関する詳細な規定は含まれていない。EU委員会が指示する方法は多くの選択権を示しており，加盟国がそれぞれの会計慣習にしたがって金融商品の公正価値評価への急速または緩やかな移行を可能にしている。

（2） 加盟国の選択権：個別決算書に関する義務，選択権または禁止

個別決算書は，会社法と税務上の結果（配当・税金）に関連している。したがって，改正会計指令において加盟国の選択権の行使に特別の意義が与えられている。伝統的な個別決算書と連結決算書に与えられているそれぞれの課題の相違から，異なる評価原則を法律で規定するか，承認することが妥当である。個別決算書における取引事象を連結決算書で異なった形で表示することは，説明の必要性とコストの増大をもたらす。これは，銀行が売買目的で保有する金融商品のように，頻繁に繰返される取引事象に当てはまる。

商法典（HGB）第292a条において開かれた可能性すなわち限定期間内に個別決算書と異なる会計原則にしたがって連結決算書を作成する可能性は，国際資本市場に参入しようとする資本市場指向の連結企業親会社の要求と，税法および会社法の包括的改革を求める要請との妥協の産物である。

未実現利益の表示は，資本維持の原則に対立する。資本会社の場合，配当抑制は事前に計画されるが，人的会社は，このような計画を転換することはできない。商法上の選択権から，金融商品の公正価値評価は，税務上の義務になるであろう。これは，税務上，資産および負債として計上されていないデリバテ

ィブに当てはまる。また，ヘッジ取引におけるヘッジ対象取引の価額変動もこれに該当する。要するに，自己資本の部の区分項目に計上された売却可能金融商品の価値変動差額が，税務上いかなる処理で容認されるか予測できない。貸借対照表上の評価と区分項目の設定による損益計上との抱き合わせによる一括計上を商法で撤廃する場合，この未実現評価損益の設定が税務上容認されることは保証されない。

ドイツ基準設定審議会は，個別決算書と連結決算書の商法上の統一的解決，すなわち選択権を設定しないために統一評価原則を提案する。しかしながら，個別決算書上，公正価値評価を承認するか，法律で命令するかの判断は，税務上の影響について連邦財務省との合意にもとづき行われることになろう。

つづいて，ドイツ基準設定審議会は，商法へ導入されるEUの個別決算書指令（改正第4号指令）の検証により（1）金融商品の認識，定義，（2）貸借対照表における評価，（3）損益作用の3つの問題に区別して転換草案を説明している。

① 金融商品の認識，定義

国際会計基準審議会（IASB）の概念フレームワークは，特定項目について2段階のテストを規定している。第1に，年度決算書項目について定義上の前提条件が存在しなければならない。第2に，当該項目の認識基準を満たしているかが検証される。IAS 39号によれば，金融商品とは，取引当事者の一方に金融資産をもたらし，他方に金融負債または自己資本をもたらす契約である。企業は，金融商品の契約上の定めにより取引当事者になる場合，金融商品を貸借対照表に計上しなければならない。

EU委員会は，金融商品の定義を断念した背景を，金融資本市場の急激な発展と新しい金融商品の発生により全金融商品を包括する概念定義が困難になったという理由で裏付けている。EU会計指令は，デリバティブをふくむ金融商品の公正価値評価を規定または承認するとしか述べていない。貸借対照表計上能力については詳述していない。

商法における貸借対照表計上の根拠は，第246条１項に規定されている。財産と負債の概念は，定義されていない。これは，正規の簿記の諸原則（GoB）から導かれる。金融商品概念は，商法で使用されているが，その定義はない。金融商品概念は，信用機関の特別規定においてのみ見られ，売買目的有価証券，デリバティブ，為替取引，貴金属とともに同一の権利を有する。

IAS 39号と同様に金融商品の評価規定を適用するために，次のように計上規定に補完規定を挿入すべきである。

提案：「第246条　完全性，相殺禁止
(1)　年度決算書は，法律上別段の定めがないかぎり，すべての財産対象物，負債，計算区分項目，費用および収益をふくまなければならない。デリバティブから生じる請求権と義務は，１文の意味における財産対象物または負債とみなされる。所有権留保により取得した財産対象物または自己もしくは他人の債務のために第三者に担保として供与した財産対象物または担保以外の他の方法で譲渡した財産対象物は，担保差出人の貸借対照表に記載しなければならない。これらは，現金の預け金が対象になる場合にかぎり，担保受取人の貸借対照表に記載しなければならない。」

② 　**貸借対照表における評価**

改正会計指令第42a条は，すべての金融商品の公正価値評価を規定している。この原則について，例外が設けられている。EU会計指令第42a条の分類は，IAS 39号のそれに一致している。次頁の表から明らかになる。

この点に関するかぎり，HGB第253条は，補完しなければならない。金融商品の使用により，実際の取引または投資もしくは資金調達方法と関連して引き継がれるリスクは，第三者に移転することができる（ヘッジ）。

ヘッジとは，現存の項目または将来の項目を価額リスクまたはキャッシュ・フロー・リスクから守ることを意味する。

公正価値ヘッジとキャッシュ・フロー・ヘッジは，リスク・ヘッジの作用において異なる。公正価値ヘッジを用いて，ヘッジ対象である基礎取引の市場価格変動はヘッジされる。キャッシュ・フロー・ヘッジは，状況に左右される収支についてその確定を目的とする。補償関係は，ヘッジ対象である基礎取引と

図表 16-1

グループ	当初評価	後続評価
デリバティブ	取得原価	公正価値／損益作用
売買目的金融商品	取得原価	公正価値／損益作用
売却可能金融商品	取得原価	公正価値／損益作用または非損益作用
満期保有金融投資	従来通り取得原価	従来通り取得原価継続
貸付金，売上債権	従来通り取得原価	従来通り取得原価継続
売買目的金融商品でもなくデリバティブでもない債務	従来通り償還金額または履行金額	従来通り償還金額または履行金額
発行企業の株式証券	従来通り額面金額	従来通り額面金額

ヘッジ手段の取引から構成される。従来，商法ではヘッジ手段の取引の計上および評価はヘッジ対象である基礎取引に対応していた。これに対して，今後，ヘッジ対象である基礎取引の計上および評価が，ヘッジ手段である取引に対応する。公正価値の事例として，金利スワップを用いた確定利付信用のリスク・ヘッジが挙げられる。

　取引契約の締結に際し，最初に，確定利付信用と変動利付再融資が，そのつど取得原価で記録される。さらに，金利スワップが記帳される。取引契約を締結するときの金利スワップの取得原価はゼロである。なぜなら，金利スワップは，市場の諸条件により締結されるからである。

　キャッシュ・フロー・ヘッジの事例として，取得価格を外貨で支払う有形固定資産の取得が挙げられる。為替先物取引により通貨リスクはヘッジされる。為替先物取引は，公正価値で計上される。価額変動は，まず，自己資本に集績される。有形固定資産の取得時に，ヘッジ取引により集績された損失または利益は，取得時において報告通貨に換算された取得原価に算入される。

　したがって，ヘッジ対象取引は，継続的に取得原価で計上されるのではなく，ヘッジ取引の貸借対照表計上から生じる価値で計上される。この点に関す

るかぎり，HGB第253条は，次のように補完すべきである。
　提案：「第253a条　金融商品の価値計上
　（１）　第253条１項から離脱し２項から４項を条件として，デリバティブをふくむ金融商品は，公正価値で評価しなければならない。
　（２）　契約当事者の双方が現金または他の金融商品により決済する権限を有する商品契約は，デリバティブとみなされる。ただし，次の商品契約は，そのかぎりではない。
　　１　商品契約は，購入，売却または自己使用について期待される会社の需要をヘッジするために締結され，今後も引き続きこの目的のために使用される
　　２　商品契約は，当初からこの目的に決められている
　　３　商品契約は，商品の引渡しをもって決済とみなされる
　（３）　１項は，次の債務に適用される。
　　１　売買目的金融商品の部分として保有される債務
　　２　デリバティブである債務
　（４）　１項は，次のものに適用してはならない。
　　１　満期まで保有する非デリバティブ
　　２　非売買目的のために企業が創設し保有する債権と債務
　　３　子企業に対する持分，関連企業に対する持分，共同企業に対する持分，会社が発行する株式証券，企業結合時の反対給付契約ならびに支配的見解により貸借対照表上，他の金融商品と異なる形式で記載される特殊な性質をもつ他の金融商品」
　提案：「第253b条　ヘッジ対象の基礎取引の価値計上
　　ヘッジ取引の時価会計の枠組みにおいてヘッジ対象の基礎取引とみなされる資産または負債，もしくは当該資産または負債の特定の部分は，ヘッジ取引の貸借対照表計上により決定される価値で計上しなければならない。」

EU会計指令は，第42b条において，公正価値を確実に算定できない場合には，いかに公正価値を算定し，いかなる価値を計上すべきかを規定している。この点に関連してHGB第255条は，次のように補完すべきである。
　提案：「第255a条　付すべき時価
　（１）　付すべき時価は，第253a条にしたがって，次の方法のうち１つにより決定しなければならない。
　　１　市場価格が確認可能な金融商品については，付すべき時価は，この市場価格に一致する。金融商品全部についての市場価格は決定することができないが，その個別部分または同種金融商品についての市場価格を決定することが

可能であるときは，当該金融商品の市場価格をその構成部分の市場価格または同種金融商品の市場価格から導くことができる。
　2　市場価格が確認不能な金融商品については，付すべき時価は，一般に認められた評価モデルと評価方法を用いて決定する。
（2）　1項で述べたいずれの方法によっても確実に評価することができない金融商品は，第253条にしたがって評価される。」

③　損　益　作　用

公正価値会計指令第42c条は，貸借対照表に公正価値で計上された金融商品の価額変動は，原則として，損益計算書に記載しなければならないと規定している。売却可能金融商品については選択権がある。売却可能金融商品の価額変動は，自己資本の部に記載することができる。特別規定は，ヘッジ取引の貸借対照表計上のためにある。

EU会計指令の規定は，IAS 39号に一致している。アメリカのUS-GAAPによれば，売却可能金融商品について選択権はない。したがって，売却可能金融商品の価額変動は，自己資本の部に記載しなければならない。

ドイツ商法に公正価値会計指令を転換するために，売却可能金融商品についての価額変動の損益作用的または損益中立的な会計処理の加盟国選択権を企業選択権としてドイツ商法に転換しないことを提案したい。損益計算書における未実現利益の表示は，売買目的金融商品に限定される結果，価額変動時点から実現時点までは極めて短期間である。売却可能金融商品については，評価と費用・収益の実現との抱き合わせの一括計上は中止され，貸借対照表においては情報伝達の目標が，損益計算書においては資本維持の目標が追求される。

改正EU会計指令は，自己資本の部における特別項目をいつ調整すべきか，詳細な原則を規定していない。改正EU会計指令は，IAS 39号が規定しているように，実質上の価値減少の兆候があった場合に損失を損益作用的に記録することについて言及していない。詳細な規定は商法に採択すべきではなく，ドイツ基準設定審議会に委任すべきである。
　提案：「第255b条　時価変動

（１） 金融商品が第253a条にしたがって評価される場合，価額変動は損益計算書に記載しなければならない。以下の場合，価額変動は，この原則から離脱して，直接自己資本の部の区分項目に適正な名称を付して記載しなければならない。
  1 金融商品がヘッジ手段であり，かつ価額変動が損益計算書に記載されないか，部分的にのみ記載されるヘッジ会計の枠組みにおいて記載される場合，または
  2 価額変動が貨幣項目に関連する為替相場変動差異に起因しており，実質的に独立した国外の事業単位に対する会社の正味持分の一部である場合
（２） 非デリバティブの売却可能金融資産の価額変動は，区分項目に適切な名称を付して直接，自己資本の部に記載しなければならない。
  1 区分項目は，区分項目に表示された金額が１項および２項の適用に関して不要になった場合，これを取り崩さなければならない。取り崩しは，これ以外の場合は認められない。」

以上が「ドイツ商法における公正価値会計指令の転換草案」の内容である[(2)]。

2　公正価値会計指令のドイツ商法への転換の意義

ドイツ基準設定審議会による「ドイツ商法における公正価値会計指令の転換草案」の分析から，次のような特質が明らかになる。
（１） IAS／IFRSとEUの第４号指令，第７号指令および銀行会計指令との整合性を維持するために，公正価値会計指令は，伝統的な株式・債券ならびに特定の金融資産および金融負債について公正価値評価を規定した。とくに，公正価値会計指令は，2001年から強制適用になったIAS 39号（金融商品評価に関する会計基準）を無限定で適用することを規定した。

　しかし，公正価値会計指令は，全資産と負債に全面的に適用されるわけではなく，当面，取得原価評価を補完する役割を果たす。このため，土地，建物，機械，装置，長期金融負債などの長期資産・負債は，従来どおり取得原価で評価する。
（２） 公正価値会計指令は，連結決算書における特定金融商品の評価について強制適用され，個別決算書の特定金融商品の評価についても連結決算

書における特定金融商品評価との整合性を考慮して原則的に選択権を認めない。ただし，個別決算書の公正価値評価は，とくに売却可能金融商品の時価評価にともなう未実現評価損益を貸借対照表の資本の部の区分項目に計上する税務処理に関連して，区分項目「時価評価差額金」の設定を連邦財務省がいかに判断するか，すなわち非課税項目として認めるか否かに左右される。公正価値評価によって生じる未実現評価損益の税務上の処理は，基準性原則をつうじてドイツ商法会計が税務会計と連携するために，公正価値会計指令を制定するうえで極めて重要な意義を有する。

(注)
(1) Aufforderung zur Stellungnahme durch den Deutschen Standardisierungsrat (DSR) zum Vorschlag der Umsetzung der EU-Fair-Value-Richtlinie in deutsches Recht, Deutsches Rechnungslegungs Standards Committee e. V..
(2) 本項1における公正価値会計指令転換草案の分析については，執筆者が原資料からの忠実な引用を断念し，要約引用の形式を採用したことをお断りしておく。

(川口　八洲雄)

第17章　ドイツの年金給付の会計
―ドイツ会計基準公開草案19号―

はじめに―ドイツにおける年金給付会計の背景―

　ドイツ会計基準公開草案19号「連結決算書における年金給付債務および類似の債務」（以下，公開草案19号）の背景として，ドイツ年金給付会計の現状を見ておく必要がある。

　1997年度の年金統計によれば[1]，企業年金の保証財産は，直接的な年金給付確約（57%），年金金庫（22%），直接保険（13%），共済金庫（8%）から成る内容であった。また，商法典（以下，HGB）および商法典施行法による年金給付債務についての会計処理について，貸方計上選択権が直接的年金給付債務の旧確約と間接的年金給付債務・類似の給付債務に認められたのに対し，直接的年金給付債務の新確約に貸方計上義務が求められていた。

　しかし，この年金給付債務の会計処理に関し，企業年金の領域において存在している不確実な債務の一般的な貸方計上選択権に対する批判[2]，間接的な年金給付債務の領域で，時価で年金財産を記載することに対する批判[3]が出され，HGB第252条の一般原則を遵守した財産評価が必要であるとされた。その結果，年金給付債務の領域では，税務上の評価と商法上の評価の分離が唯一の打開策であり，その打開策は，IAS/US-GAAPに準拠した会計国際化の方向に年金給付債務会計のドイツ基準を適応させる点でも正しいという議論が行われ[4]，1998年の資本調達容易化法（KapAEG）以降，この傾向がいっそう強まった。

すなわち，資本調達容易化法（KapAEG）にもとづき新設されたHGB第292a条の国際化開放条項により，適用会計基準の多元主義が生み出されたことを契機に，ドイツの国際企業のなかで，IAS/US-GAAP準拠の年金給付債務の会計処理が連結決算書の決算実務において展開された。このため，ドイツの国際企業の個別決算書と連結決算書において年金給付債務の会計処理が異なるという状況が見られた。

具体的に適用会計基準から見てみると，2002年度のVolkswagen社の連結決算書では，IAS 19号（従業員給付）に準拠した年金給付債務の予測給付債務評価方式（PUCM）が採用されたのに対し，Volkswagen社の個別決算書では，所得税法第6a条の年金数理方式による年金給付債務の会計処理が行われた[5]。また，Daimler-Chrysler社の連結決算書の年金給付債務は，SFAS 87号に準拠した予測給付債務評価方式により処理されたのに対し，個別決算書の年金給付債務の処理について，所得税法第6a条の年金数理方式が採用されていた[6]。このことから，ドイツの年金給付債務の会計処理方法として，①所得税法第6a条の年金数理方式と②IAS/US-GAAPの予測給付債務評価方式が採用されていたことがわかる。

本章で考察する公開草案19号は，年金給付債務に関する会計処理方法について，IAS/US-GAAPの予測給付債務評価方式への接近を試みたものであると同時に，商法会計規範システムの枠組みのなかでドイツ会計基準形成を目指したところに特徴があった。

1　公開草案19号の年金給付債務の適用対象と適用範囲

公開草案19号が対象としているのは，企業に対する活動にもとづき確約または付与され，その開始を生物学的な成果から特徴づけられる自然人に対する直接的および間接的な給付債務であり，年金給付債務および永年勤続給付債務や共済年金給付債務といったような類似の債務が対象である。また，年金給付債務は，法律の諸規定，契約（明示的な確約）にもとづき，経営慣習にもとづき，あるいは，従業員に対する処遇の公平の原則にもとづき発生する。企業に対す

る活動として，自然人のすべての直接的または間接的な活動が該当する。ここにいう自然人とは，従業員およびその他の受給者であり，すべての受給者が従業員と表現されている。法的に独立した年金主体である共済金庫，年金金庫，年金基金および生命保険会社については，公開草案19号の対象外である[7]。

公開草案19号は，以上のように適用対象を限定しているが，これに対し，雇用関係の終結後の給付とならんでその他の長期・短期の臨時の給付を付加しているIAS 19号の方が広義である[8]（IAS/US-GAAPと公開草案との相違点）。

公開草案19号が適用対象としている年金給付債務の形態は，
（1） 直接的確定年金給付
（2） 間接的確定年金給付
（3） 多事業主年金給付
（4） 類似の年金給付債務
であり，その内訳は，図表17-1に示すとおりである。

図表17-1 公開草案19号の年金給付債務の形態

直接的年金給付確約
　　――在職従業員予想年金給付債務
　　　・年金給付確約
　　　・定額年金給付確約
　　　・確定拠出建年金給付確約および報酬転換確約
　　　・確定拠出建最低年金給付
　　　・確定拠出建年金給付
　　――年金受給者および退職従業員に対する終身の予想年金給付債務
間接的年金給付確約
類似の年金給付債務

（出所）E-DRS 19から作成。
（付記）確定拠出建年金給付は，ドイツでは法的に許容されていないが，部分的に確定拠出建最低年金給付（企業年金法第1条2項2号）に含まれている。確定拠出建年金給付は，アングロアメリカの法で普及しており，それゆえに，連結対象の外国の企業の場合の連結決算書に見ることができる[9]。

2 年金給付債務引当金の貸方計上選択権から貸方計上義務

公開草案19号の年金給付債務の会計処理に関する基本的ルールは，直接的年金給付確約のなかの定額年金給付確約の計上・評価の方法として明示されている。

公開草案19号は，年金給付債務の会計処理の基本ルールとして，定額年金給付確約の計上について，年金給付債務に関し不確実債務として引当金貸方計上義務を求めている。この年金給付債務引当金の貸方計上義務は，1987年1月1日以前の年金確約（商法典施行法第28条1項による旧年金給付確約）に関しても適用されるとした[10]。この公開草案19号の提案は，旧年金給付確約に対する貸方計上選択権から貸方計上義務への変更に伴って，年金給付債務引当金の認識領域の拡大であったが，その理由づけとして，旧年金給付確約に関する計上選択権は，正規の簿記の諸原則（GoB）に合致していない。本公開草案で考えている処理ルールは，国際的に認められた会計規定と一致してすべての直接的年金給付確約の完全な計上を行うべきであり，この限りで，現在部分的にドイツの会計で見られる債務の不完全な認識を減少すべきである。このため，現在存在している選択権（商法典施行法第28条1項）の放棄によって，決算書の比較可能性が改善されるとされ，旧年金給付確約の貸方未計上から貸方計上への移行の成果影響額は，利益準備金への組入れ，または，利益準備金との相殺にもとづく成果中立的な認識によって緩和されるとした[11]。

3 年金給付債務の予測給付債務評価方式による測定

公開草案19号は，年金給付債務の測定について，IAS/US-GAAPが採用している予測給付債務評価方式の導入を提案し，その構成要素のなかの過去勤務費用および保険数理差損益の即時の成果作用的な認識を提案している[12]。しかし，過去勤務費用の即時の成果作用的認識を公開草案19号が求めたのに対し，IAS/US-GAAPは，期間配分を行うことを要求しているといった違いがある[13]。

公開草案19号は、予測給付債務評価方式のもとで、定額年金給付確約について年金給付債務の現在価値の記載と測定を求めている。

公開草案19号によれば、定額確約の年金給付債務の現在価値による記載が満期および終身の予想年金給付債務について同様の取り扱いであり、年金給付債務の現在価値が最低年一回、決算基準日に保険数理法によって測定されなければならないとした。現在価値は、毎年の予想年金給付債務の総額（予想年金給付現在価値）に各保険数理の割引利子を減算した金額から計算する。毎年の予想年金給付債務は、終身の予想年金給付債務の測定に関する原則にしたがって計算する。さらに、契約上の終身規則にもとづく調整および給付減額の状態が考慮されなければならない。終身の予想年金給付債務の金額は、実際に可能な勤務期間に比例した給付持分として計算する[14]。

公開草案19号は、この年金給付確約債務の現在価値の測定として、保険数理の評価方法である予測給付債務評価方式が適用されなければならないと提案した[15]。これは、ドイツの年金給付債務の測定方法として採用されてきた所得税法第6a条の年金数理方式からの離脱を図ったものである。

公開草案19号は、年金給付債務の予測給付債務評価方式を採用し、保険数理法による測定を提案するが、その際、保険数理の前提が重要であると考えている。なかでも、保険数理の前提とされる年金給付債務の割引計算の利子率は、同一通貨での期限適正的な第1クラスのAランクの社債の収益性によって計算するが、高い投資リスクを近似的に考慮するために、補助的に、適度な付加率を加えた適正期限の国債の収益性を採用することができるとする[16]。また、保険数理の前提とされる将来予想報酬および年金の増大についても、企業個別的に考慮されなければならないが、予想報酬の増大は、インフレーション、企業帰属期間、従業員キャリア歴、従業員退職および労働市場の需給関係を国の社会給付の将来の変化と同様に考慮しなければならない[17]。

4 保険数理差損益の認識方法

公開草案19号は、年金給付債務の予測給付債務評価方式・保険数理法を採用

するが,その際の重要な論点の1つが保険数理差損益の認識方法をめぐっての回廊的な解決に関する議論であった。公開草案19号が過去勤務年度に属する保険数理差損益の即時の認識をもとめているのに対し,IAS 19号/SFAS 87号は,保険数理の性格を有する損益の配分を次年度以降に行う回廊的方法を許容している[18]。

この保険数理差損益の認識方法・回廊的方法に関し,公開草案19号は,
「年金給付債務の計上・評価に関するドイツ会計の調和化の方向で,保険数理差損益の認識の問題がとくに目的適合的である。IAS 19号の現行の会計処理ルールによれば,次年度以降の保険数理差損益の配分が許容される。しかし,IASBは,現在,回廊的解決の可能な廃棄を議論しているが,このことに関する意思決定については,IASBの業績成果報告書プロジェクトと関連している。」[19]
と考え,IAS 19号の現行の基準に依拠して,一定の限度の枠内で保険数理差損益の配分が許容されるときに,公開草案も回廊的方法に適応していかなければならないとする。公開草案19号が考える提案は以下の内容である[20]。

──過去勤務費用および保険数理差損益は原則として直接的に年金給付債務の貸借対照表における計上と損益計算書における認識を行わなければならない。保険数理差損益は,回廊的解決の枠内で将来の期間に認識することが代替的に認められる。

──未認識の保険数理差損失は,企業にとって隠れた負担金,未認識の利益は隠れた準備金を表している。

──年金給付確約の減額および支払い停止からの損益は,回廊的解決によっても減額または支払い停止の時点で損益計算書において認識されなければならない。

──保険数理差損益は,累積的未認識保険数理差損益が報告期間の前期末に年金給付債務の現在価値の10%を超えないときは,認識しないことができる(回廊的解決)。10%限度を超える金額は,確約対象の従業員の予想年金給付債務の平均残存寿命期間にわたって,または,それより短い期間にわたって配分されなければならない。

──間接的な年金給付確約の場合に,保険数理差損益は,年金保証資産の測定

にあたっても発生し得る。年金保証の積立不足の測定に関する保険数理差損益は，報告期間の前期末に累積的未認識の保険数理差損益の残高が年金給付債務の10%か年金保証資産の付すべき時価の10%のいずれか高い方の額を超えないときは，認識しないことができる。10%限度を超える金額については，確約対象の従業員の予想年金給付債務の平均的残余寿命期間，またはそれより短い期間にわたって配分されなければならない。

公開草案19号の「回廊的解決に関する説明」[21]によれば，
「IAS/US-GAAPによれば，会計処理は，企業にとって年金プランの安定性を提示すべきである。このことは，回廊的解決によって達成されるべきである。その際，報告期間の期首に年金給付引当金の発展が査定され，そして，この査定価値が会計処理に適用され，報告期間の期末に，実際の発展が測定される。期首の査定価値に対する期末の実際の価値の差額は，保険数理差損益として表示される。この差額は直接的に会計処理をしてはならない。保険数理差損益は，報告期間の前期末の前年度からの累積的未認識保険数理差損益残高が期末時点の年金給付債務の現在価値および期末時点の年金保証財産の時価からのマキシマムの10%以上であるときに限って，認識されなければならない。」[22]
ということである。損益計算書における即時的認識か，それとも回廊的アプローチによる認識かについての議論の余地を残している。

5 定額年金給付債務の予測給付債務評価方式の他の年金給付債務への準用

以上が公開草案19号の定額年金給付確約に関する会計処理ルールであったが，公開草案19号によれば，この年金給付債務の予測給付債務評価方式は，企業掛金建年金給付確約および報酬転換確約，企業掛金建年金給付確約・最低給付保証，企業掛金建年金給付確約，年金受給者および退職従業員に対する終身予想年金給付債務，間接的年金給付確約，多事業主年金給付，類似の給付債務に関しても適用される。ただし，それぞれの年金給付確約の条件にもとづく制約がある。

企業掛金建年金給付確約の終身の金額は，決算基準日までの年金確約の枠内で支出した掛金によって使用者がすでに資金提供した年金給付である（企業年

金法第2条5a項)。報酬転換確約の終身の金額は，決算基準日までにすでに報酬転換によって資金提供した年金給付である[23]（企業年金法第2条5a項）。

　企業掛金建年金給付確約・最低給付保証は，原則として，最低年金給付の現在価値で記載されなければならない。この確約が企業掛金によって確約財産を累積する直接的確約であり，そして，この確約財産の価値発展に債務の金高が結び付いているならば，債務は，確約財産の簿価によって決定される。確約財産の簿価が最低年金給付の現在価値と一致しないときは，年金給付債務は，最低年金給付の現在価値で評価しなければならない。累積財産の付すべき時価が簿価を上回るときは，経済的負担に欠けているために，その差額の大きさで引当金を設定してはならない。企業掛金建年金給付確約・最低給付保証の終身の金額は，決算基準日までに従業員に確約し支出した掛金の金高と，この掛金の帰属収益から生物学的リスクの支弁を控除した金額で費消した掛金である。この確約の終身の金額は，従業員退職後に，累積財産の帰属収益分が増加する。従業員退職後の財産減少は，年金受給者の終身の金額を減少する（企業年金法第2条5b項）。しかし，最低年金給付は，リスク費用負担を控除した退職までに支払われた企業掛金総額から付与されなければならない[24]（企業年金法第1条2項2号）。

　企業掛金建年金給付確約は，企業掛金による累積財産の簿価で評価されなければならない[25]。

　年金受給者および退職従業員に対する終身予想年金給付債務は，反対給付を期待してはならない債務を表している。反対給付を期待してはならない債務に関し，その現在価値で記載した不確実債務引当金が設定されなければならない（HGB第253条1項2文に関連したHGB第298条1項）。この現在価値は，企業が提供しなければならない将来予想給付の評価基準日における割引価値を表している。企業掛金建年金給付確約の場合，企業掛金の累積財産の簿価で評価されなければならない[26]。

　年金給付確約に関連した保証積立不足に関し，不確実債務引当金を設定する貸方計上義務がある。貸方記入の保証積立不足は，年金確約の結果生じた決算

基準日の債務範囲と保証資産の間の差額として計算される。保証積立不足の計算の場合，年金確約の結果生じた債務は，直接的年金給付確約の原則によって評価されなければならない。保証積立不足の計算の場合，保証資産は，付すべき時価で評価されなければならない。決算基準日に市場価値が信頼できる決定をすることができないときは，見積により時価評価しなければならない[27]。

「間接的年金給付確約保証の場合の補充責任に関して，これまで貸方計上義務がなかった（商法典施行法第28条1項2文）が，貸方計上義務は，本理由書に挙げた理由から命令できる。貸方計上義務の保証欠損の測定に関して，法的に独立した年金主体の保証財産は，法的に独立した年金主体の財産がその債務の給付のために時価で実現されるときにはじめて補充責任が果たされるのであるから，時価で評価される。」[28]

多事業主年金給付の枠組みのなかで企業がリスク適正な掛金支払いを行っているときは，債務と資産は持分に応じて帰属していなければならない。さらに，資本投資リスクと生物学的リスクの共通的な引き受けと並んで，なんらそれ以上のリスクを引き受けない（負担繰延がない）ときは，企業は，多事業主年金給付の持分に応じた年金給付確約の計上・評価を，直接的年金給付確約の計上・評価に準じて分離して実施しなければならない。持分に応じた帰属ができないときは，債務と財産は見積り計算しなければならない[29]。

類似の給付債務に関し，不確実債務引当金の設定の貸方計上義務がある。類似の給付債務の確約または付与の結果生じた債務は，定額企業年金給付の原則によって評価されなければならない。類似の給付債務とは，

a) 企業に対する活動原因から確約され，または付与されている，そして

b) その発生が基準的に生物学的な成果に依存している，

取引事象の年金給付確約である[30]。

6 年金給付債務の表示

公開草案19号によれば，年金給付確約債務ならびにこの確約に関連した債務については，HGB第298条1項に関連したHGB第266条3項の年金給付債務および類似債務に対する引当金として表示し，永年勤続給付債務や共済年金給付債務のような類似の給付債務は，その他の引当金として表示しなければならな

い。また，決算基準日になお未定の法的に独立した年金施設掛金の経過期間に関する金額は，債務として表示しなければならない。年金給付債務および類似の給付債務の結果生じた損益は，利子部分を除いて，経常損益として表示し，利子部分は，財務損益として表示しなければならない[31]。

　この場合，公開草案19号は，財産価値の表示に関して，IAS/US-GAAPとの間に相違点があった[32]。

――IAS 19号によれば，年金プラン財産と年金給付債務の対照にもとづく計上義務を有する引当金と財産価値の測定は，未認識保険数理差損益ならびに未認識過去勤務費用を考慮して行う。したがって，年金給付引当金は，財産価値に対して消極価値を仮定することになり得る。このことは，とくに，法的独立主体側で保有されている年金プラン財産の価値が年金給付債務の大きさを超えた場合に該当している。しかし，計上義務を有する財産価値の大きさは，決算企業が将来，経済的な効用として処分可能である持分に限定される（IAS 19号）。そのような効用として，たとえば，掛金返還または掛金減額がある。財産価値の測定にあたって，保険数理差損失未消却額ならびに過去勤務費用が編入されなければならない。US-GAAPによって計上義務のある借方科目は上限の制限によって制限されない。

　また，公開草案19号は，追加最小負債に関しても，IASとUS-GAAPとの間に相違点がある[33]。

――SFAS 87号は，年金プランの非継続の場合に年金給付債務の保証（累積給付債務ABO）に，法的独立主体の財産と年金給付引当金が足らないといった場合に，追加最小負債の表示を求めている。年金プランの非継続の場合の年金給付債務は，将来の俸給上昇を算入しない年金給付債務として測定している。追加最小負債は，成果中立的に下限保証の大きさで設定されなければならない。追加最小負債は，IASでは設定が許されていない。

　さらに，公開草案19号は，信託モデルによる年金プラン財産の立案に関し，IAS/US-GAAPとの間に相違点があった[34]。

――企業の財産価値が信託会社に計上されている企業の直接的年金給付債務の

保証と資金調達の目的のためにのみ財産価値がもっぱら，かつ破綻せずに運用を許容されるという基準で引き渡される場合，そのようなモデルに対応した形態の場合（信託契約協定）の当該財産価値は，IAS/US-GAAPによる年金プラン財産としての前提条件を充たしている。その結果，当該財産価値の収益は，企業の年金給付支出を減少させる。さらに，それは，年金給付債務と相殺計算する。HGBと正規の簿記の諸原則によれば，この財産価値は，引き続き，計上企業側の経済的所有物としてみなされ，年金給付債務との相殺計算が許されない。

7　連結附属説明書における報告

公開草案19号は，法律上の諸規定を超えて，各決算基準日に，直接的年金給付と間接的年金給付に関する附属説明書における報告が行われなければならないとしている。

公開草案19号は，異なる年金給付確約を有する企業の場合，各確約ごとの報告を別途に表示するか，または，意味のあるものについてグループ化することができるとし，国内と海外のプランによった地理的な差別化や確定俸給プランと最終俸給プランの分離によったプランのリスクの重要な差異といった区分表示に意味があるとしている[35]。

さらに，公開草案19号は，企業掛金建年金給付確約の場合，年金給付確約の結果生じた計算期間の費用を報告すること，類似の給付債務については，それが連結決算書の言明能力に関し重要である場合にのみ説明することを求めている。また，多事業主年金給付の場合に，年金給付確約の持分に応じた測定が信頼できる金額の報告を行っていないときは，「年金給付確約の種類および形態」[36]，「どのような多事業主年金給付の場合に使用者が構成員であるか」[37]，「現在の保険料率の大きさおよびその発展の予想」[38]，「保険料義務を有する俸給総額」[39] に関する報告を附属説明書で行う必要があるとしている。

以上の他に，公開草案19号が連結附属説明書に求めている報告として，2003年12月31日以降に始まる事業年度の決算から初度適用されることに関連した以

下の経過的措置がある。すなわち,
——公開草案19号の会計処理ルールを遵守した場合に，前事業年度との貸借対照表と損益計算書に関する比較数字を連結附属説明書において説明し，連結自己資本への初度適用の影響額を連結附属説明書に報告しなければならない，
——公開草案19号の初度適用から生じた年金給付債務および類似の給付債務の評価額と旧評価方法にもとづき生じた評価額との間の差額については，比較期間の期首に測定し，そして，利益準備金に組入れるか，または，公示的に利益準備金と相殺するかしなければならない，
ということである[40]。

おわりに—公開草案19号の年金給付債務会計基準の特徴—

ドイツ会計基準の開発が現行法に拘束されるため，公開草案19号の年金給付債務に関する会計基準は，商法上の計上・評価・表示の規定に一致していなければならない。しかし，その一方で，連結決算書の情報価値を高め，国際的な基準に従った連結会計原則の開発を行うというドイツ会計基準の趣旨からは，商法の欠缺を補充し，選択権を排除するというだけでは充分でなく，商法を修正することもまた必要であるとの立場から[41]，年金給付債務の引当金に関し，貸方計上選択権から貸方計上義務への転換が，そして，所得税法第6a条の年金数理方式から離脱して，IAS/US-GAAPの予測給付債務評価方式への変更が公開草案19号で提案された。

この結果，公開草案19号は，連結決算書において，年金給付債務に関し，「完全な貸借対照表計上」[42]と「目的適合的な評価を保証する」[43]ことにより会計の認識領域を新たに拡大する方向に切り替え，IAS/US-GAAPに適応させた商法改正を提案した。現実的には，ドイツの国際企業は，連結決算書の決算実務において，HGB第292a条の免責条項を適用した形で，年金給付債務の予測給付債務評価方式のIAS/US-GAAP適用の会計行動を採ってきたが，公開草案19号により，このドイツ国際企業の会計行動が年金給付債務に関するド

イツ会計基準に一致することとなる。しかも，年金給付債務のドイツ会計基準（公開草案19号）が親企業の法形態・資本市場指向性から独立して適用されるべきものであるとともに，個別決算書に関する指針としても有効である[44]と考えられていることが特徴的である。

　以上，年金給付債務に関する会計の認識領域の拡大がドイツ会計基準の開発を通じて商法会計規範システムに組み込まれる方向づけをしたこと，これが公開草案19号の意義であったと考えることができる。

（注）
（1）　Petersen, J., Rechnungslegung für Pensionsverpflichtungen nach HGB, US-GAAP und IAS, Düsseldorf 2002, S. 19.
（2）（3）（4）　*Ebenda*, S. 64-66.
（5）　Volkswagen AG., Geschäftsbericht für das Geschäftsjahr 2002.
（6）　Daimler-Chrysler AG., Geschäftsbericht für das Geschäftsjahr 2002.
（7）　Deutscher Standardisierungsrat（DSR）, Entwurf-Deutscher Rechnungslegungs Standards Nr. 19 Pensionsverpflichtungen und gleichartige Verpflichtungen im Konzernabschluss vom 13. März 2003, S. 10.（E-DRS 19）
（8）　E-DRS 19, S. 25.　　　　　（9）　E-DRS 19, S. 12.
（10）　E-DRS 19, S. 12-13.
（11）　E-DRS 19, S. 21.
（12）　E-DRS 19, S. 13.　　　　　（13）　E-DRS 19, S. 25.
（14）　E-DRS 19, S. 13-14.　　　 （15）　E-DRS 19, S. 14.
（16）（17）　E-DRS 19, S. 14-15, S. 22.　（18）　E-DRS 19, S. 29.
（19）（20）　E-DRS 19, S. 27.　　（21）（22）　E-DRS 19, S. 16, S. 29.
（23）　E-DRS 19, S. 14.
（24）（25）　E-DRS 19, S. 15.
（26）（27）　E-DRS 19, S. 16.　　（28）　E-DRS 19, S. 22.
（29）　E-DRS 19, S. 16.　　　　　（30）　E-DRS 19, S. 23.
（31）　E-DRS 19, S. 17.
（32）　E-DRS19, S. 25.
（33）（34）　E-DRS 19, S. 25-26.　（35）　E-DRS 19, S. 17.
（36）　E-DRS 19, S. 18.　　　　　（37）（38）（39）　E-DRS 19, S. 18-19.
（40）　E-DRS 19, S. 18.

(41) (42) (43) (44)　E-DRS 19, S. 3.
(付記)　本章で取り上げたドイツ会計基準公開草案19号は，2003年3月13日公表のものである。本章の執筆時点では，公開草案19号のままであること，さらに，IAS/US-GAAPの状況もこの時点のものである。

(木下　勝一)

第18章 ドイツ引当金会計の欧州的側面とその意味

はじめに

　欧州裁判所の存在が，ドイツの会計制度にとって大きな意味を持つようになっている。1つは，欧州裁判所の判決が，直接的に，ドイツの制度改革を迫る要因になるという点である。これに関しては，ドイツのEU法違反を確認した欧州裁判所の判例が想起できるであろう。そこでは，EC指令の転換義務違反が確認され，それに伴い，ドイツにおいて2000年に「資本会社 & Co. 指令法（KapCoRiLiG）」が制定されるに至った[1]。

　いま1つは，欧州裁判所の先決的判決（Vorabentscheidung）というEU特有の訴訟手続き[2]を介して，ドイツ会計規準の欧州的側面をめぐる解釈問題が浮上している点である[3]。ただし，この場合，対照的な2つのケースが想定される。一方は，ドイツの従来の会計慣行に対して，欧州裁判所がそれに相反する趣旨の判断を下すケースである。他方は，先決的判決をつうじて，ドイツの会計慣行が（結果的に）EUのレベルで容認もしくは追認されるケースである。

　ドイツの引当金会計をめぐる論点は，最近になって，欧州裁判所の先決的判決の事例のなかで確認できるようになった。とくに2003年1月7日のBIAO判決では，信用リスク（カントリー・リスクならびに支払能力リスク）に係る引当金の計上問題が争点になっている[4]。

　本章の目的は，ドイツ会計制度にとり欧州裁判所の存在が重みを増している事態を踏まえて，最近の判例（BIAO判決）を素材に，とくに引当金会計の新

たな側面を描き出すことである。

1 BIAO判決の概要

(1) 対象となる事例

BIAO事件は，フランス法に服するBIAO銀行（Banque Internationale pour l'Afrique Occidentale SA）とハンブルク税務署（大企業部門）との法係争である。パリ（フランス）に所在するBIAO銀行は，ハンブルク（ドイツ）にBIAO-Africa銀行という名称の支社を有し，その支社の業務は，途上国への貸付に特化していた。

本件では，BIAO-Africa銀行の1989年度に対する事業税が問題とされている。事業税の額は，決算日（1989年12月31日）時点における，未決取引（schwebende Geschäfte）からの偶発損失引当金の判断にかかっている。すなわち，BIAO-Africa銀行のリスク部分関与（Risikounterbeteiligung）による偶発損失引当金の取扱いが争点である。

リスク部分関与は，南米チリの国営銅採掘会社（Corporación nacional del cobre de Chile）に対して，ドイツのBHF銀行（Berliner Handels- und Frankfurter Bank KGaA）が行った貸付にもとづくものである。BHF銀行は，1987年3月に，銅輸出のための事前融資契約をチリの採掘会社と交わしていた。BHF銀行は，それに伴う貸倒れのリスクを分散するため，同年にBIAO-Africa銀行と契約を結んだ。それは，チリの採掘会社の不払いに対して，部分関与にみあう補償を定めるものであった。当該契約は，融資の額および期間に応じて幾度も延長された。その場合，チリの採掘会社による返済の遅滞はなかった[5]。

以上の事実関係の概略は，図表18-1に示すとおりである。

1989年度の決算日に関連する部分関与は，BHF銀行の1989年7月1日の申し出によるものである。それに従い，BIAO-Africa銀行は，BHF銀行が被りうる貸倒れリスクにかかわって，最大1,500,000ドルまで補償することを求められた。部分関与から得る利息（報酬）は，未回収の貸付相当額の0.875％と

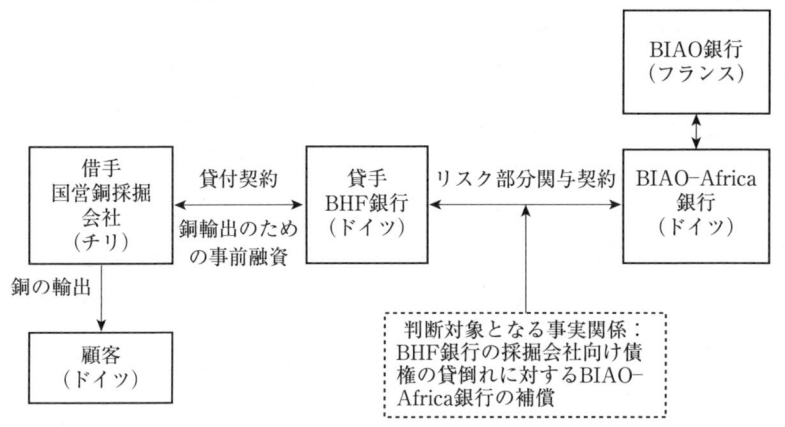

図表18-1 BIAO判決の対象となる事実関係

```
借手                貸付契約         貸手              リスク部分関与契約    BIAO-Africa      ←→   BIAO銀行
国営銅採掘    ←――――――→    BHF銀行       ←――――――――→    銀行                       (フランス)
会社             銅輸出のため      (ドイツ)                                 (ドイツ)
(チリ)          の事前融資
  │
  │ 銅の輸出
  ↓
  顧客                              ┌─────────────────────┐
(ドイツ)                            │ 判断対象となる事実関係：     │
                                    │ BHF銀行の採掘会社向け債      │
                                    │ 権の貸倒れに対するBIAO-      │
                                    │ Africa銀行の補償             │
                                    └─────────────────────┘
```

（出所）Scheffler, W., Steuerbilanz und EuGH: Vorabentscheidungszuständigkeit, true and fair view und Vorsichtsprinzip, Wertaufhellung, *StuB* 7/2003, S. 298 を一部修正。

された。

　チリの採掘会社は，1989年度分の返済をBHF銀行に対して期限どおり行った。BHF銀行は，BIAO-Africa銀行の1989年度の決算日（1989年12月31日）の後に，部分関与にもとづく利息を送金した（1990年2月および4月）。

　BIAO-Africa銀行の1989年度の貸借対照表および個別項目の監査は，1989年12月31日以前に予行された。その時点で，部分関与に係る当該年度分の返済は完了していなかった。部分関与そのものについては，1989年11月20日に，経済監査士によって，ドイツ規定により求められる貸付証拠書類および採掘会社の会計資料を含めて予備監査されていた。BIAO-Africa銀行の年度決算書は，1990年3月23日に信用制度法にもとづき期限どおり作成され，署名された。部分関与―総計約2,550,000マルク―は，BIAO-Africa銀行の貸借対照表合計額（約42,450,000マルク）の6％，また保証債務を含む信用リスク総計（72,330,000マルク）のほぼ3.5％に相当した。

　BIAO-Africa銀行は，BHF銀行との契約にもとづく部分関与を，EC第4号指令第14条の意味での保証債務ないし潜在的債務として，1989年度の貸借対照表に掲記した。

同時に，BIAO-Africa銀行は，チリのカントリー・リスクに対して，EC第4号指令第20条1項およびドイツ商法典（HGB）第249条1項1文の意味での偶発損失引当金を計上した。これに関し，BIAO-Africa銀行は，その経済的および政治的状況を考慮して，チリのカントリー・リスクの評価に取り組んだ。その場合，国別信用ランキングをもとに，同行の経済監査士により開発されたポイント方式が用いられた。BIAO-Africa銀行は，採掘会社の1988年度の業績が好調であったにもかかわらず，カントリー・リスクを高めに見積もった。そこでは，とくに1989年度の銅価格の下落および同年11月10日付で報道された銅鉱員のストライキ予測が考慮された。したがって，およそ2,550,000マルクのリスク部分関与に対して，その約25％，すなわち638,000マルクの偶発損失引当金が設定された。

さらに，BIAO-Africa銀行の場合，カントリー・リスクに係る偶発損失引当金のほかに，潜在的な支払能力リスク（Bonitätsrisiko）に対して引当金を一括的に設定する必要があった。この一括引当金は，BIAO銀行の過去の平均貸倒率にもとづいて設定された[6]。

（2） 訴訟当事者の主張

BIAO-Africa銀行による信用リスクの会計処理をめぐる本件は，事業税に対してのみ意味を持つ。争点となる引当金は，事業税の当時の管轄であったハンブルク西税務署（法人部門）により否認された。税務署の見解によれば，債務保証のような取引の貸方計上は，主債務者の不払いによる補償請求が明確になった場合にはじめて考慮される。このため，ハンブルク西税務署は，1993年11月10日付の決定でもって事業税の額を引き上げた。

それに対し，BIAO銀行は1993年11月19日に異議申し立てを行ったが，税務署はそれに応じなかった。そのため，同行は，1996年12月18日付でハンブルク財政裁判所に提訴した。同行の主張は，チリのカントリー・リスクに係る引当金の計上が許され，それにみあう形で，1989年度の事業税が減額されるべきというものである[7]。

このような状況の下で，ハンブルク財政裁判所は訴訟手続きを中断し，欧州裁判所の判断（先決的判決）を求めた。その場合，付託された問題は，カントリー・リスクを偶発損失引当金をつうじて貸借対照表上で認識すべきかどうかという点，さらに追加的に，潜在的な支払能力リスクを個別引当金ではなく一括引当金により考慮する場合，そのことが個別評価原則に調和するのかどうかという点である。

（3）　解釈の対象となる引当金関連規定

　1985年の会計指令法（Bilanzrichtlinien-Gesetz）により，一連のEC指令（第4号指令，第7号指令，第8号指令）がドイツ国内法（HGB）に転換された。以来，EC指令の会計規定とHGBのそれは基本的に対応関係にあるものとみなされている。

　カントリー・リスクに係る偶発損失引当金については，EC第4号指令第20条1項が該当する。それによれば，「引当金として，その性質が明確に限定されており，決算日に蓋然性がある，もしくは確実であるが，その金額または発生時点について未確定である損失または債務が計上されなければならない」。これに相当するドイツの引当金規定は，HGB第249条1項1文である。すなわち，「引当金は，不確定債務および未決取引から発生するおそれのある損失に対して設定されなければならない」と規定されている。

　また，争点であるBIAO-Africa銀行の部分関与は，偶発債務（保証債務）として開示することが求められる。これを規定しているのが，EC第4号指令第14条である。それによれば，「貸借対照表上，保証債務を貸方に計上することが義務づけられていない場合には，これを貸借対照表に注記もしくは附属説明書に記載しなければならない」。これに対応する内容が，HGB第251条において確認できる。

　さらに，引当金の一括評価の問題にかかわって，EC第4号指令第31条（評価の一般原則）が重要である。とくに同条1項cの「慎重原則はいかなる場合においても遵守しなければならない」（慎重原則），また同項eの「借方項目およ

び貸方項目はその構成要素ごとに個別に評価しなければならない」(個別評価原則) という規定には留意する必要がある。これらの一般原則もまた，ドイツのHGBに引き継がれ，第252条に定められている。

3　欧州裁判所の判断

(1)　先決的判決の内容
①　カントリー・リスクに係る引当金の計上について

　2003年1月7日付で欧州裁判所が下した先決的判決は，偶発損失引当金の問題について，次のような内容になっている。
　「EC第4号指令は，問題となる損失または債務に関し決算日に蓋然性もしくは確実性が認定される限り，同指令第14条により貸借対照表に掲記される義務にもとづき，第20条1項の意味での予想されるべき損失または債務を貸借対照表の貸方に引当金として計上することを排除するものではない。」[8]
　この判決主文をみる限り，欧州裁判所の立場は，争点のカントリー・リスクに係る引当金の計上可能性を否定するものではない。つまり，リスクの蓋然性もしくは確実性が認定できれば，EC第4号指令に抵触することなく，引当金の計上は可能という判断である。
　この判断の論拠は，判決の理由書から読み取ることができる。それは以下のような内容である。
　チリの採掘会社の支払能力に問題はなく，返済に滞りがなかったことは明らかである。しかし他方で，二重のリスク要因が存在していた。1つは，1989年の銅価格の下落，いま1つは，同年11月にチリの銅鉱員によるストライキの予測報道があったという点である。したがって，BIAO-Africa銀行は，部分関与にもとづく利息を受け取れないことに加えて，契約上，1,500,000ドルの金額をBHF銀行に支払う可能性を有していた。採掘会社がBHF銀行に返済を行ったのは，決算日の後，しかし貸借対照表の作成時点よりも前であった。その際，BIAO-Africa銀行は，契約どおり利息の一部を受け取った。
　EC第4号指令第14条は，保証債務を貸方に掲記することが義務づけられていない場合，これを貸借対照表に注記もしくは附属説明書に記載することを指

示している。貸借対照表の貸方に保証債務を計上すべきかどうかは，原則として国内法にもとづき判断される。場合によっては，国際会計基準（IAS）が考慮の対象になる。問題の保証債務は，付託裁判所（ハンブルク財政裁判所）の見解によれば，明確にEC第4号指令第14条が指示するものである。保証債務は，ドイツ法に従い適切にBIAO-Africa銀行の貸借対照表に掲記されていた。またEC第4号指令第20条1項によると，決算日に蓋然性もしくは確実性のある損失または債務だけが貸借対照表の貸方に引当金として計上することが認められる。EU委員会の見解によれば，EC第4号指令第31条1項cに示された慎重原則，および実質的諸関係に合致する写像原則（いわゆるtrue and fair view命令―筆者）にもとづき，当該損失に対して引当金の設定が要請されるという。

EC第4号指令第14条に従い，貸借対照表に掲記された義務にもとづき引当金を設定することが可能かどうかは，当該義務に関して，決算日に損失または債務が蓋然的もしくは明確であったかどうかに左右される。本件においては，当該義務に対する引当金の設定が必要であろう。蓋然的もしくは確実な損失が貸借対照表に反映されないのであれば，それは，慎重原則および実質的諸関係に合致する写像原則に調和しないものとなろう。

したがって，付託裁判所は，BIAO-Africa銀行の部分関与による損失または債務が，決算日に蓋然的もしくは確実なものであったかどうかを判断しなければならない。もしそのように判断されない場合，貸借対照表の貸方に引当金を計上する根拠は存在しない[9]，と。

② **引当金の一括評価の問題について**

ところで，潜在的な支払能力リスクに対する引当金の一括評価の問題に関して，欧州裁判所の判決主文では直接の言及はない。ただし，欧州裁判所は引当金の一括評価の問題に関して理由書のなかで次のような立場を示している。

引当金の一括評価の可能性については，EC第4号指令第31条1項eにもとづき，借方項目および貸方項目に含まれる財産対象物が個別に評価されるべきという点で問題になる。しかし，欧州裁判所は（先例のDE+ES判決において―筆

者）実質的諸関係に合致する写像原則に照らせば，個別評価により会社の財務状態に関する写像が伝達されない場合，同条2項に従い個別評価原則からの離脱が可能であると判断した。不確実な点が多く，そして複雑な要因が存在する本件のような場合，一括評価は，慎重原則および実質的諸関係に合致する写像原則を確保するための適切な方法になりうる[10]，と。

つまり，欧州裁判所が強調する，慎重原則そして実質的諸関係に合致する写像原則の確保という命題のためには，個別評価原則からの離脱が本件にもあてはまるという判断である。この限り，個別評価のかわりに，一括評価を最適な評価方法とみなすことが可能であるという[11]。

（2） 先決的判決の意味

このように，欧州裁判所の先決的判決（BIAO判決）は，EC第4号指令における引当金関連規定の解釈を争点とするものであった。その場合，カントリー・リスクに係る偶発損失引当金の計上の当否は，決算日時点での，部分関与にもとづく債務または損失の蓋然性，もしくは確実性の認定に依存することが明確にされた。その意味で，本件に対して，偶発損失引当金の計上可能性が否定されたわけではない。しかも，貸借対照表において当該リスクへの明確な言及がない場合，慎重原則および実質的諸関係に合致する写像原則に調和しないという解釈が，引当金許容の論拠として導き出されている。もっとも，こうした要件の個別具体的な判断は，ドイツの付託裁判所，すなわちハンブルク財政裁判所の管轄であるとの見解が示された。

さらに，潜在的な支払能力リスクに対する引当金の一括評価が問題になった。これとの関係で争点になるのは，EC第4号指令第31条1項eにいう個別評価原則との整合性である。もっとも，同条2項は，もし企業の財務状態に関する写像が正しく伝達されない場合には，個別評価原則からの離脱が可能であることを定めている。この点をふまえて，本件に対する欧州裁判所の判断は，引当金の一括評価が，慎重原則および実質的諸関係に合致する写像原則の確保のために適切な方法となりうる，ということを明示するものであった。つまり，

引当金の一括評価の許容の根拠もまた，慎重原則および実質的諸関係に合致する写像原則の遵守の観点から導き出されているといえよう。

おわりに

本章は欧州裁判所の先決的判決の事例（BIAO判決）を素材に，ドイツの引当金会計について考察を試みたものである。近年，ドイツ会計制度に対して，欧州裁判所がその存在感を示す場面が多くなっている。すなわち，ドイツの会計係争の判断に欧州裁判所が関与する事態が続いており，引当金会計をめぐる係争もその例外ではない。

BIAO判決においては，信用リスク（カントリー・リスクならびに支払能力リスク）に係わる引当金の取扱いが重要な争点になった。これに関し，欧州裁判所の立場は，引当金の計上問題についてEC第4号指令の解釈のための一般的な指針を呈示することにとどめるものであった[12]。換言すれば，欧州裁判所の判断は，EC第4号指令の引当金規定の運用に際し，慎重原則と実質的諸関係に合致する写像原則の遵守が重要な点を大枠で示す一方，個々の詳細には踏み込まず，その解釈をドイツの付託裁判所（ハンブルク財政裁判所）に委譲するものであった。ここで注目を要すべきは，こうした欧州裁判所の判断が結果的にみれば，ドイツの引当金をめぐる会計慣行を容認する形をとった点である。つまり，欧州裁判所のBIAO判決は，慎重原則と実質的諸関係に合致する写像原則（true and fair view命令）を両立させたうえで，この2つの原則の遵守の観点から，争点の引当金会計実務をEUレベルにおいて追認するケースになっている[13]。

（注）
（1） KapCoRiLiGにより，これまで決算書の公示義務の免除および簡便化措置の恩恵を受けていた一定の中規模企業に対して，開示面での規制の強化が図られることになった。詳しくは，稲見亨『ドイツ会計国際化論』森山書店，2004年，第6章を参照されたい。
（2） 欧州裁判所の先決的判決とは，欧州経済共同体（EEC）条約第234条を根拠

とし，加盟国の裁判所が係争問題を処理するにあたってEU法の解釈が必要となった場合に，この判断を欧州裁判所に求める制度である。
（3）　ドイツにおける一連の先決的判決問題の概略については，稲見亨「欧州裁判所の判例にみるドイツ会計の国際的側面」『會計』第164巻第1号，2003年7月，79-90頁を参照されたい。
（4）　このBIAO判決のさらなる争点として，第1は，欧州裁判所の決定権限が資本会社以外の法形態に対する規定の解釈に，さらには商法だけではなく税法の領域にかかわる問題に及ぶのかどうか，第2は，決算日の後に生じた貸付金回収の認識をつうじて，EC第4号指令第31条1項c，bb（HGB第252条1項4号）の文言を超えて，貸倒リスクの減少にみあう引当金の遡及的な評価替えが可能かどうか，という問題がある。
（5）　EuGH, Urteil vom 7. 1. 2003, Rs. C-306/99, S. 8.（Tz. 45-49）; in http://www. curia. eu. int/jurisp/cgi-bin, Stand: 31. 08. 2004.
（6）　*Ebenda*, S. 8-10.（Tz. 50-61）
（7）　*Ebenda*, S. 10.（Tz. 63-65）
（8）　*Ebenda*, S. 21.（Tz. 127）
（9）　*Ebenda*, S. 17-18.（Tz. 97-112）なお，この判決理由書において，本件のような取引事象に対し国際会計基準（IAS）の適用可能性が示唆されている点もまた重要な論点となろう。
（10）　*Ebenda*, S. 19.（Tz. 116-117）
（11）　*Ebenda*, S. 19.（Tz. 119）
（12）　Scheffler, W., Steuerbilanz und EuGH: Vorabentscheidungszuständigkeit, true and fair view und Vorsichtsprinzip, Wertaufhellung, *StuB* 7/2003, S. 300.
（13）　この欧州裁判所による先決的判決を受けて，ドイツの付託裁判所（ハンブルク財政裁判所）は，その趣旨に沿う形で，2003年11月28日の判決でもって争点の偶発損失引当金の計上を容認するに至った（FG Hamburg, Urteil vom 28. 11. 2003, Ⅲ 1/01, *BB* 22/2004, S. 1220.）。ただし，税務署がこれを不服として上訴したことにより，このBIAO事件は，上級審であるドイツ連邦財政裁判所（BFH）に持ち込まれることになった。

（稲見　亨）

索　引

あ行

新しい負債概念 …………………………179
アメリカ公認会計士協会 ………………5
IAS36号 ………………………………61, 111
IAS38号 ………………………………61, 111
IAS承認命令 …………………………216
IAS適用命令 …………214, 215, 216, 220
IASB ……………………………39, 42, 43, 49
IASC ……………………………………39
IAS/IFRS ……………………………8, 10
IFRS 3 号 ……………………………61, 111
IFRS公開草案 ………………………160, 161
IFRS公開草案『株式報酬』 ……………154
IFRS公開草案第 4 号 …………………43

意思決定有用性アプローチ ……12, 240
一元観 …………………………………187
一時差異 ……………198, 199, 200, 201
一括引当金 ……………………………270
一般に認められた会計原則(GAAP) …42
インカム・アプローチ …………………55
EC第 4 号，第 7 号指令 ……212, 215, 216
EU委員会 ………………212, 214, 215, 216
EU会計指令 ……………………………211, 213
EU会計指令の改正指令 …………214, 216
EUの会計戦略・将来措置 ……………215
EU理事会 ………………………214, 215, 216

永久差異 ………………………………198

エンドースメント・メカニズム ……216
エンフォースメント・メカニズム …223
APBオピニオン25号 …………………153
FASBステイトメント → SFAS
FASB Invitation to Comment ………154
FRS 3 号「財務業績報告」……………185
HGB第264条 2 項 ……………………212
HGB第289条 ……………………………221
HGB第292a条 ………………8, 9, 212, 213
HGB第322条 ……………………………223
HGB第342条 ……………………………9
SFAS 5 号 ………………………………168
SFAS87号 ………………………………67
SFAS105号 ……………………………141
SFAS106号 …………………………67, 74
SFAS121号 ……………………………79
SFAS123号 ……………………153, 159, 161
SFAS130号 ……………………………185
SFAS133号 …………………125, 142, 144
SFAS141号 ……………………………111
SFAS142号 ……………………………111
SFAS143号 ……………………………170
SFAS144号 ………………40, 43, 80, 97
SFAS149号 ……………………………143
SFAS150号 …………………………125, 128

欧州裁判所 ……………………267, 272, 275
オプション価格 ………………………154
オプション価格決定モデル ……………153
オプション価値測定法 …………………158

オプション権利失効 …………157, 158
オプション付与日 ………………153
オプション・プライシング・モデル　63

か行

外貨ヘッジ ………………………145
会計基準の国際的形成 ……………39
会計基準の国際的調和化 …………39
会計基準の設定方式 ………………5
会計指令法 ………………………212
会計統制法 …………………220, 223
会計認識対象の概念的転換 ………178
会計認識領域(の)拡大 …1, 2, 3, 4, 39, 47, 49, 67, 77
会計プロフェッション ……………5
会計法改革法 ………………214, 220
会計法現代化法 ……………221, 224
会計理論構造の変化 ………………3
回収可能価額 ………………………86
回収可能性 …………………………91
回収可能性テスト ………82, 83, 97
蓋然性 ……………………………233
(会計)概念フレームワーク ……7, 228
回廊的方法 ………………………258
拡張損益計算書 ………186, 188, 194
確率加重アプローチ ………………82
過去勤務原価 ………………………69
貸方計上義務 ………………253, 256
貸方計上選択権 ……………253, 256
仮想的な市場取引 …………………25
「価値適合」理論 …………………33
合衆国環境保護庁(EPA) ………173
稼得利益 ……………………………28
株式報酬 …………………………153
貨幣価値(monetary value) ……130, 135

加盟国選択権 ……………………218
為替先物取引 ……………………248
環境修復義務 ……………………173
環境修復債務会計 ………………173
環境修復負債(の)認識 …………173
環境修復負債認識(の)指針 ……174
監査意見(確認の付記) ……219, 221, 223
間接的確定年金給付 ……………255
間接的な年金給付債務 …………253
完全受給資格取得日 ………………76
完全性の原則 ……………………232
カントリー・リスク …………270, 272

期間差異 …………………………198
企業会計法改革法(BilReG)案 …239
企業結合 …………………………112
企業結合会計 ………………112, 115
企業固有の測定 ……………………56
企業にとっての価値 ………………57
企業領域統制・透明化法(Kon TraG)
　　　　　　　　　　　…212, 213, 228
期限無限定(indefinite) …………97, 105
基準設定機関 …………………5, 6, 7
期待キャッシュ・フロー ………147
期待キャッシュ・フロー・アプローチ
　　　　　　　　　　　………172, 178
期待現在価値法 ……………82, 178
キャッシュ・アウトフロー ……170
キャッシュ・フロー・ヘッジ ……145, 146, 247
キャッシュ・フロー・リスク …222, 247
行列様式 …………………………190
銀行会計指令 ………………215, 217
勤務費用 ……………………68, 74
金融市場大綱の転換：行動計画 …214

金融商品 …………………………57, 142
金融商品会計プロジェクト …………125
金融商品評価 …………………………245
金利スワップ …………………………248

偶発事象の発生 ………………………169
偶発損失 ………………………168, 169
偶発損失事象 …………………………168
偶発損失の計上基準 …………………168
偶発損失引当金 …………271, 272, 274
繰延税金資産 ……198, 199, 200, 201, 202, 203, 204, 205, 207, 208
繰延税金費用 …………………201, 202
繰延税金負債 ……198, 199, 200, 201, 202, 207, 208
クリーン・サープラス関係 …………184
グルーピングの主要資産 ………………86

経済的観察法 …………………………231
計上選択権 ……………………………236
継続事業からの純利益（損失）…192, 194
GoB → 正規の簿記の諸原則
　ゲオベ
減価アプローチ ………………202, 203
原価評価モデル …………………………12
現在価値 …………………………………56
現在価値技法 …………………………82, 172
現在の義務 ……………………170, 179
検証不能性 ……………………………105
原則主義アプローチ ………44, 45, 46, 47, 48, 49
減損会計 …………………40, 43, 49, 120
減損会計基準 ……………………………79
減損会計処理 ……………………………87, 88
減損会計処理法 ……………………80, 83
減損会計の適用指針 ……………………87

減損（損失）……………………………62, 121
減損（損失）の測定 …………………82, 83
減損損失の測定法 ………………………86
減損テスト ……………………………82, 98
減損の兆候 ………………………81, 83, 89
減損の戻し入れ ………………………83, 87
減損評価 ………………………………97, 98
現代化指令 ……………………220, 224
現代負債会計 …………………………67
権利獲得勤務期間 ……………………155

公正価値 …………………24, 25, 54, 56, 58, 80, 81, 83, 84, 96, 102, 115, 130, 132, 141, 144, 147, 148, 171, 235
公正価値会計 …………………………53, 121
公正価値会計指令 ……………………244
公正価値指令 …………213, 215, 218, 221
公正価値測定 …………………………25, 148
公正価値測定技法 ……………………172, 173
公正価値テスト …………………………97
公正価値評価 ………53, 57, 118, 184, 214, 215, 218, 219
公正価値（の）評価技法 ………………55
公正価値ヘッジ ………………………144, 247
公正価値法 ……………………………154, 163
構成単位（component）………………98
肯定的判断アプローチ ………………202, 203
後発事象 ………………………………217
公表市場価格 ……………………………82
合理的（に）見積可能 ………168, 169, 175
国際会計基準委員会 …………………39
国際会計基準審議会 …………………39
コスト・アプローチ ……………………55
個別評価原則 …………………………274
コーポレート・ガバナンス …………213,

220, 223
『コメント招請書』…………………154
混成の適用会計基準 ………………9
コントロール ……………………21

さ行

財産対象物 ………………………218
最小価値法 ………………………158
最小方法 ……………………69, 75
再測定 ………………………190, 195
財務会計概念ステイトメント …………6
財務会計概念ステイトメント第7号…56, 82
財務会計基準審議会 ………………5
財務会計基準ステイトメント → SFAS
財務業績 …………………………184
財務業績計算書 ………………186, 188
財務業績報告 ……………………187
財務業績報告書 …………183, 185, 189
財務の区分 …………………189, 190
先渡購入契約 ……………………130
Sarbanes-Oxley法 ………………44

時価・公正価値評価モデル …………12
時価評価基準 ………………………2
時価評価差額金 …………………252
時価変動 …………………………250
識別可能(な)キャッシュ・フロー …81
識別可能(な)資産 ………116, 117, 119
事業税 ………………………268, 270
事業の区分 …………………189, 190
試験研究(R&D) …………………22
自己創出(の)のれん ………………101
資産除却債務会計 …………………170
資産除却負債 ……………………170

資産認識 …………………………21
資産のグルーピング ………………88
資産(・)負債アプローチ …3, 148, 183, 194, 233
資産(・)負債法 …………199, 200, 208
市場関連価値 ……………………71
市場出口価格 ……………………58
実現可能性 ……………………12, 234
実現原則 …………………………235
実質的諸関係に合致する写像…212, 216, 218, 219, 220, 221, 223
支払能力リスク …………………270, 274
資本維持 …………………………250
資本会社＆Co.指令法………………213
資本市場指向 ……………220, 212, 224
資本市場統合 ……………………211
資本調達容易化法(KapAEG) …212, 228
収益性(の)低下 …………………79, 92
収益認識の遅延 ……………………31
収益・費用アプローチ ……………183
10項目プログラム ……………220, 221
純期間退職後給付費用 ……………74, 77
純期間年金費用 ……………………77
使用価値 ……………………57, 60, 83
状況報告書 ………213, 218, 219, 221, 222
情報原則 …………………………232
使用目的保有資産 …………………80
将来加算一時差異 ………………199
将来キャッシュ・アウトフロー ……178
将来キャッシュ・フロー ……54, 79, 91, 149, 172
将来キャッシュ・フローの現在価値 …2, 87, 178
将来キャッシュ・フローの公正価値 84
将来キャッシュ・フローの見積 90, 172

将来経済便益の犠牲 ……………179
将来減算一時差異 ……………199, 200
将来事象会計 …………39, 47, 48, 179
将来事象の発生 ………………168
将来損失事象 …………………167
将来損失事象(の)計上 ………167, 176
将来損失事象の認識条件 ………177
将来予測 ………………2, 4, 7, 92
将来予測要素 …………1, 2, 6, 67, 77
除却資産原価 …………………171
所得税法第6a条の年金数理方式 ……257
所有主持分関係（ownership relationship) ………………135, 137
新出発法 ………………………113
真正合併 ………………………114
慎重原則 …………236, 271, 273, 275
信用制度法 ……………………269
信用リスク ……………………267, 275
G4 + 1 ……………………………39
G4 + 1特別報告 ………………186
G4 + 1ポジションペーパー ……187

ストック・オプション …………153
スーパーファンド法 ……………173
Statement of Position 96-1 ………173

正規の会計の諸原則（枠組概念）(GoR)
…………………………228, 230
正規の簿記の諸原則 …7, 8, 212, 223, 256
正規の連結会計の諸原則(GoK) ……239
成長率の仮定 …………………90
先決的判決 ……………………267, 274
全部のれん ……………………122

早期（に）計上 …………79, 87, 92, 167

想定された公正価値（implied fair value) ……………………98
総認識利得損失計算書 …………186
測定属性 ………………………19
組織的方法 ……………………69, 75
その他の包括利益 ………28, 29, 31
損失見越原則 …………………235

た行

ダーティ・サープラス関係 ………184
退職後医療給付等会計 …………67, 73
第2の損益計算書 ………………186
Daimler-Chrysler社の連結決算書 …254
多元的測定モデル ………………54
多元的評価技法（テクニック）……55, 104
多元的評価モデル ………………63
多事業主年金給付 ………………255
段階的認識計上 …………………175

中長期計画 ……………………90
直接的確定年金給付 ……………255
直接的年金給付債務 ……………253

追加最小負債 ……………70, 73, 262
追加発生可能損失額 ……………169

定時償還金融商品 ………………129
適用会計基準の選択 ……………11
適用会計基準の選択行動 …………13, 14
デリバティブ ……125, 142, 143, 144, 246
デリバティブ会計基準 …………148

ドイツ会計基準（DRS) ……………227
ドイツ会計基準委員会（DRSC）…8, 9, 10, 11, 12, 213, 227

ドイツ会計基準公開草案19号 …253, 254
ドイツ基準設定審議会 ……………244
ドイツ商法会計法 …………………212
ドイツの概念フレームワーク公開草案
　……………………………………11
当期業績主義 ………………………28
透明化・開示法 ……………………213
true and fair view …………………212
トラスト優先証券 …………………129
取引価格主義 …………………………1
取引ベースの会計 ………………19, 20

な行

内部創出のれん ……………………120

二元観 ………………………………187
2005年問題 …………………………224
認識 ……………………………………15
認識の基準点 …………………175, 176
認識対象 ………………………………18
認識対象の変化 ………………………3
認識の会計 …………………17, 20, 30
「認識の会計」理論 …………………17

年金会計 ………………………………67
年金給付確約債務の現在価値 ………257
年金給付債務 ……………256, 261, 262
年金給付（債務）引当金 ………256,262
年金費用（純期間年金原価）…68, 72
年金プラン財産 ……………………262
年金プラン資産 …………………71, 72
年金プラン資産の実際利益 …………68

ノーウォーク合意 ……40, 42, 44, 48, 49
のれん ……………………95, 98, 117

のれんの減損テスト ………98, 102, 106
のれんの想定公正価値 ……100, 101, 106

は行

売却可能金融商品 …………………246
売却処分予定資産 ……………………83
パーチェス法 …………61, 113, 114, 118
85年商法典 …………………………212
発生の可能性 ………168, 171, 175, 176
パブリック・セクター ………………47
パラダイム転換 ……………………224
判断規準 …………………………21, 23

引当金 ………………………………217
非財務的な給付指標 ……………219, 222
評価差額 ………………………………4
評価引当金 ………198, 202, 205, 207, 208
費用収益アプローチ …………………3

不確実性 ………168, 171, 172, 175, 177
負債概念の変化 ……………………170
負債認識 ………………………………23
負債の拡大 ……………………………3
負債の公正価値 ……………………177
負債見積計上 ………………………175
負債領域拡大 ………………………133
付すべき時価（公正価値）(beizulegend
　Zeitwert) ……………215, 218, 235, 249
附属説明書 ……………………213, 215
プット・オプション ………130, 131, 136
負ののれん …………………………117
プライベート・セクター …………47, 48
プラン資産の実際利益 ………………75
プロフェッショナル会計制度 ………17
分離可能 ……………………………116

分離可能性 ……………96, 103, 104, 120

ヘッジ ………………………………144
ヘッジ取引 …………………………245
Bayer社の連結・個別財務諸表 ………13

包括利益 ………………………………27
包括利益計算書 ………………27, 29, 191
報告単位 ………………………………98
報酬費用 ……………………………153
法人税費用 …………………………201
法定決算書監査人 …………………219
保険企業会計指令 …………………217
保険数理現在価値 ……………………68
保険数理差損益 ……………256, 257, 258
保険数理(の)仮定 …………………76, 77
保険数理法 …………………………257
保守主義 ………………………………31
保守主義会計 …………………………32
保証債務 ………………………269, 271
本源の価値法 …………………153, 163
Volkswagen社の連結決算書…………254

ま行

マーケット・アプローチ ……………55

未拠出累積給付債務 ………69, 70, 72, 73
未決取引 ………………………268, 271
未実現評価損益 ……………………246
見積損失 ……………………………168
見積と判断 …………………………168
見積の構造的変更 …………………176
未認識移行債務 ………………………75
未認識移行資産 ………………………75
未認識過去勤務原価 ………………72, 75

未払年金原価 …………………70, 72, 73
無形資産 ……………61, 71, 95, 97, 118
免責条項 ………………………213, 224

持分価値評価 …………………………33, 34
持分株式(を)発行 ……………128, 130
持分の結合 …………………………114
持分プーリング法 ………61, 113, 119
持分プーリング方式 …………………95
持分変動計算書 ……………29, 31, 186

や行

US-GAAP ……………………………8, 10

予想失効率 …………………………160
予想・実績比較 ……………………222
予想退職後給付債務 …………74, 76, 77
予測給付債務 ……………68, 69, 72, 73
予測給付債務評価方式 ……254, 256, 257
予測要素 ………………………………84

ら行

利益算定原則 ………………………232
利益縮小 ………………………………30
利子費用 ………………………………68, 75
リスク管理 …………………………222
リスク情報 ……………………213, 223
リスク・ヘッジ ……………………247
リスク・ヘッジ取引 ………………222
利得(または)損失 …………………69, 75

類似の年金給付債務 ………………255
累積退職後給付債務 …………74, 76, 77

わ行

割引現在価値法 …………………63

割引前キャッシュ・フロー …81, 86, 89
割引率 ………………………………90

現代会計の認識拡大

2005年7月1日 初版第1刷発行

編著者 Ⓒ 加藤 盛弘
発行者 菅 田 直 文
発行所 有限会社 森山書店　東京都千代田区神田錦町
　　　　　　　　　　　　1-10林ビル（〒101-0054）
　　　TEL 03-3293-7061　FAX 03-3293-7063　振替口座 00180-9-32919

落丁・乱丁本はお取りかえします　　　　　　印刷／製本・シナノ

本書の内容の一部あるいは全部を無断で複写複製することは，著作権および出版社の権利の侵害となりますので，その場合は予め小社あて許諾を求めてください。

ISBN 4-8394-2012-2